Ralf Georg Reuth
Hitlers Judenhass

RALF GEORG REUTH

Hitlers Judenhass

Klischee und Wirklichkeit

Mit 26 Abbildungen

Piper
München Zürich

Mehr über unsere Autoren und Bücher:
www.piper.de

Kurt Reuth
in memoriam

FSC
Mix
Produktgruppe aus vorbildlich
bewirtschafteten Wäldern und
anderen kontrollierten Herkünften

Zert.-Nr. GFA-COC-001223
www.fsc.org
© 1996 Forest Stewardship Council

ISBN 978-3-492-05177-4
© Piper Verlag GmbH, München 2009
Satz: Kösel, Krugzell
Druck und Bindung: CPI – Clausen & Bosse, Leck
Printed in Germany

Inhalt

5

Inhalt

»Wenn jeder Versuch, den Faschismus (und Nazismus) zu historisieren und a fortiori ihn mit anderen Phänomenen der Gegenwart zu vergleichen, als ein schuldhafter Versuch des ›Verstehens‹ im Hinblick auf die von diesem Regime begangenen Verbrechen betrachtet wird, dann bleibt den Historikern [...] nichts anderes übrig, als zu schweigen.«

(François Furet 1998)[1]

Einleitung:
Historisierung statt Ideologisierung

Der nationalsozialistische Völkermord an den europäischen Juden zählt, so der Philosoph Peter Sloterdijk, neben den Untaten Stalins und Maos zu den »Vernichtungsuniversen« des vergangenen Jahrhunderts[2]. Er ist zum Trauma geworden für die Überlebenden und deren Nachkommen und auch für die Deutschen, in deren Namen dieser Völkermord begangen wurde. Die Ungeheuerlichkeit der industriellen Vernichtung von Millionen Menschen, für die Auschwitz zur Chiffre geworden ist, scheint sich der intellektuellen Fassbarkeit zu entziehen. Forderungen werden deshalb laut, jegliche historische Darstellung zu unterlassen, weil sie das schlechthin Unbegreifliche begreiflich zu machen versuche und deshalb zwangsläufig scheitern müsse.

Der Hitler-Biograf Joachim C. Fest bezeichnet dieses Anliegen als eine »Art dämonologischer Verdrängung«[3]. Denn solche Thesen sperrten Hitler aus der Geschichte aus. Damit setzen sie genau jenes Grundprinzip der Geschichtswissenschaft außer Kraft, nach der jede Epoche ihre eigenen Fragen aufwirft, um mit ihrer Hilfe ein immer tieferes Verständnis des Vergangenen zu ermöglichen. Zu diesem gehört auch eine Versachlichung des Diskurses. Tabus, Volkspädagogik und Bewältigungsrituale führen in die falsche Richtung, sind sie es doch, die Mythen- und Legendenbildungen begünstigen. »Erst eine betont nüchterne, von moralisierenden Anklängen freie Geschichtsschreibung schafft die Grundlage, um die historische wie politisch-moralische Tragweite der durch den Nationalsozialismus verübten Massenverbrechen zu ermessen«, schreiben Eckhard Jesse, Uwe Backes und Rainer Zitelmann in ihrem Sammelband *Schatten der Vergangenheit*[4]. Die Forscher knüpfen damit an die Forderung nach einer »Historisierung« des Nationalsozialismus an, wie sie von Martin Broszat bereits Mitte der 80er-Jahre vorgebracht worden war[5]. Der Münchner Historiker hatte davor gewarnt, den Nationalsozialismus und dessen Verbrechen auf ihre »Abnormität« zu reduzieren und als eine »Insel der deutschen Zeitgeschichte« zu sehen[6]. Vielmehr gelte es, diese genau so wie andere Epochen und Zeiträume zu erfassen. Der Völkermord an den Juden könne nur adäquat verstanden werden, wenn er in den Kontext der deutschen und europäischen Geschichte integriert werde.

Doch Broszats Forderung verhallte weitgehend ungehört. Wer sich heute in seinem Sinne mit dem Holocaust oder seiner Vorgeschichte beschäftigt, läuft Gefahr, sich nicht nur dem Vorwurf emotionaler Kälte und mangelnden Feingefühls auszusetzen, er wird womöglich auch verdächtigt, die Verantwortung der deutschen Nation zu relativieren oder gar ganz von ihr weisen zu wollen. Solche Bezichtigungen musste sich der 1998 nach seiner Frankfurter Paulskirchenrede als »geistiger Brandstifter« titulierte Schriftsteller Martin Walser gefallen lassen. Er hatte 2002 im Verlauf einer Berliner 8.-Mai-Diskussion mit dem damaligen Bundeskanzler Gerhard

Schröder zum Thema »Nation, Patriotismus, Demokratische Kultur« darauf hingewiesen, dass nicht zuletzt das brutale Versailler Diktat der Sieger des Ersten Weltkrieges Ursache für Hitlers Aufstieg zur Macht und damit auch für Auschwitz gewesen sei.

Wenn wir auf die Vorgeschichte und Geschichte des Nationalsozialismus zurückschauen, tun wir dies fast nur noch aus der Perspektive von Auschwitz. Aller deutscher Antisemitismus, der dabei aus der Zeit vor Hitler zutage gefördert wird – sei es der Wilhelms II., sei es der der Alldeutschen um Heinrich Claß oder der innerhalb des kaiserlichen Heeres, der während des Ersten Weltkrieges in einer »Judenzählung« gipfelte –, all das gerät damit automatisch in einen ursächlichen, deterministischen Zusammenhang mit Auschwitz. Dass die Juden im wilhelminischen Deutschland am Ende des 19. Jahrhunderts emanzipiert waren und auf einen beachtlichen sozialen Aufstiegsprozess zurückblicken konnten, der von einer weitgehenden Anpassung an die kulturellen Normen und Wertvorstellungen des deutschen Bürgertums begleitet war – solche historischen Realitäten bleiben bei dieser eindimensionalen Perspektive ausgeblendet. Allein der im Kaiserreich als Reflex auf die Emanzipation und auf den gesellschaftlichen Aufstieg der Juden aufkommende Antisemitismus im Bürger- und vor allem im Kleinbürgertum bleibt im Fokus, nicht aber, dass es sich hierbei um gesellschaftliche Wechselwirkungen handelte, die auch in anderen europäischen Staaten nachzuweisen sind. So legte zum Beispiel in Frankreich die Spionageaffäre um den jüdischen Hauptmann Alfred Dreyfus und die damit einhergehende Diskussion um die Rolle der gesellschaftlich

privilegierten Juden einen weitverbreiteten radikalen
Antisemitismus offen. In den Ländern der Donaumonarchie war dies nicht anders. Ganz zu schweigen vom
zaristischen Russland, dem Hauptland des europäischen
Antisemitismus, wo sich die jüdische Bevölkerung seit
den 80er-Jahren des 19. Jahrhundert immer wieder blutigen Pogromen ausgesetzt sah, die schließlich zu einer
regelrechten Völkerwanderung der Juden nach Westen
führten.

Je mehr der nationalsozialistische Völkermord und
seine Vorgeschichte aus dem historischen Kontext gerissen werden, desto weniger berücksichtigt bleiben all
diese Wirklichkeiten, desto plausibler erscheint die Ver-
sion von der deutschen Sonderentwicklung, die weit
in die Geschichte zurückreiche, desto eingängiger wird
die These vom »Tätervolk«, von den Deutschen als den
»willigen Vollstreckern« Hitlers, wie sie der amerikanische Soziologe Daniel Jonah Goldhagen in den
90er-Jahren präsentierte.[7] In dessen isolierter, zutiefst
unhistorischer Betrachtung, in der nicht einmal die dramatischen revolutionären Umbrüche der Jahre 1914 bis
1923 reflektiert werden, wird den Deutschen sozusagen ein »antisemitisches Gen« unterstellt. Während
Goldhagens Buch hierzulande zum Ereignis werden
konnte, erklärten renommierte jüdische und israelische
Holocaust-Forscher wie etwa Raul Hilberg und Yehuda
Bauer die Auslassungen des Amerikaners – eben wegen
ihrer isolierten Betrachtung – für wissenschaftlich »wert-
los«[8].

Die zunehmende Neigung, die Geschichte der Deutschen auf den Völkermord an den Juden zu verkürzen,
korrespondiert mit dem sozial- beziehungsweise struk-

turgeschichtlichen Ansatz, der die gegenwärtige Vergangenheitsbetrachtung dominiert. Historische Zäsuren werden dabei eingeebnet, menschliches Planen, Entscheiden oder Handeln treten zurück. Die politisch Verantwortlichen werden Produkt und Spielball gesellschaftlicher Strukturen und Prozesse. Hitler und der Völkermord werden damit gleichsam automatisch zum Resultat einer tief im Kaiserreich gründenden deutschen Sonderentwicklung, die vor dem Ersten Weltkrieg einen besonders aggressiven Antisemitismus hervorgebracht habe, der in dem Völkermord an den Juden seinen nahezu zwangsläufigen Höhepunkt und Abschluss gefunden habe.

Doch nicht nur die Fixierung auf den Holocaust und der inzwischen alles beherrschende sozial- beziehungsweise strukturgeschichtliche Ansatz, dessen Protagonist in Deutschland seit langem Hans-Ulrich Wehler ist[9], prägten die Diskussion um die Geschichte des Nationalsozialismus mit seiner mörderischen antisemitischen Weltanschauung. Hinzu kommt eine immer noch virulente Scheu, das zweite totalitäre Regime des 20. Jahrhunderts, den Kommunismus, mit seinem weltumspannenden Erlösungsanspruch, der ebenfalls mit Abermillionen Menschenleben bezahlt worden ist, in den Diskurs einzubeziehen, wie Hannah Arendt dies schon in ihrem 1951 erschienenen Buch *Elemente und Ursprünge totaler Herrschaft* versucht hatte.[10] Die Totalitarismustheorie sei ein Konstrukt des Kalten Krieges, mit dem die sozialistischen Länder verunglimpft werden sollten, hieß es damals in der Kritik. In Deutschland hatte die Aufarbeitung der nationalsozialistischen Diktatur und die Frage nach der deutschen Schuld, wie sie in den 6oer-Jahren gestellt wurde, den Antifaschismus und damit den Kommunismus zusätzlich aufgewertet. Dies führte in der Geschichtsschreibung nicht nur zu einer eklatanten Verharmlosung, sondern auch zu einer teilweisen Ausklammerung des revolutionären Kampfes der Kommunisten gegen die erste deutsche, die Weimarer Republik und schließlich sogar zu einer rigorosen Abwehrhaltung gegenüber dem Unterfangen, das eine totalitäre System mit dem anderen zu erklären.

Noch gut erinnerlich ist die Ächtung des Historikers Ernst Nolte, der einen »kausalen Nexus« zwischen Gulag und nationalsozialistischen Konzentrationslagern herstellte, das heißt, den Bolschewismus in einen ursächlichen, weil ursprünglicheren Zusammenhang mit dem Nationalsozialismus brachte.[11] Nolte wurde von dem bekannten Literaturkritiker Marcel Reich-Ranicki im Zuge des »Historikerstreits« Mitte der 8oer-Jahre als gefährlicher Apologet des Nationalsozialismus gescholten, der »Wahnsinn und Methode« miteinander verbinde und Juden mit Insekten vergleiche.[12] Bei diesem ungeheuerlichen Antisemitismus-Vorwurf wurde übersehen, dass der »kausale Nexus« für Nolte nicht etwas »Objektives« darstellte, sondern in den Wahnvorstellungen des Menschheitsverbrechers Hitler begründet war.

Jene ideologische und emotionale Überfrachtung des Diskurses mit seiner Totschlagrhetorik, die Nolte zu Zuspitzungen verführte, gibt es außerhalb Deutschlands nicht. So meint François Furet, der führende Geschichtsschreiber der Französischen Revolution und Autor des Epochenwerkes über den Kommunismus *Das Ende der Illusion*[13], bei allen Unterschieden zu Nolte über dessen Arbeiten[14], sie gehörten zu den wichtigsten über die Periode der beiden Weltkriege in Europa: »Weil die einzige gründliche Methode, an das Studium der beiden völlig neuartigen Ideologien und politischen Bewegungen, die Anfang unseres Jahrhunderts in Erscheinung traten, heranzugehen – den marxistisch-leninistischen Kommunismus und den Faschismus in seiner italienischen und deutschen Form –, nur darin bestehen kann, dass man sie gemeinsam behandelt, als die beiden Gesichter einer akuten Krise der liberalen Demokratie […]«[15] Der Harvard-Wissenschaftler Richard Pipes ist davon überzeugt, dass die Frage der jüdischen Beteiligung am Bolschewismus von mehr als akademischem Interesse sei, denn die Unterstellung, dass die »internationale Judenschaft« den Kommunismus erfunden habe, um die christliche beziehungsweise arische Zivilisation zu zerstören, habe die »ideologischen und psychologischen Grundlagen für die ›Endlösung‹ durch die Nazis« geliefert.[16] Und der amerikanische Historiker Henry L. Feingold konstatiert, dass das Bild des Juden als Führer der bolschewistischen Bewegung »sowohl in Europa als auch in den Vereinigten Staaten zu einem Hauptgrund für den Antisemitismus« geworden sei.[17]

Solche Positionen sind auch Ausdruck eines sich verändernden Bewusstseins gegenuber dem Kommunismus. Besonders in der Zeit nach dem Zusammenbruch des Sowjetimperiums hatte sich die Wahrnehmung desselben und seiner Geschichte durch die für viele überaus schmerzvolle Aufarbeitung vorübergehend gewandelt. Die französische Autorengruppe um Stéphane Courtois stellt in ihrem *Schwarzbuch des Kommunismus*[18] die Verbrechen kommunistischer Regime als »Roten Holo-

caust« dar. Der *Schwarzbuch*-Autor Alexander N. Jakowlew, Gorbatschow-Freund und Mitbegründer der
Perestroika, spricht in seinem erschütternden Fazit über
die Sowjetunion von einem »Konzentrationslager namens Sozialismus«[19]. Sie und andere knüpfen damit
Ende der 90er-Jahre an den »Historikerstreit« an. Doch
die große Kontroverse, wie sie noch zehn Jahre zuvor
die Gemüter erregt hatte, blieb – abgesehen von ein paar
schrillen Einwänden[20] – aus. Das Zeitalter der Globa-
lisierung mit all seinen sozialen und ökonomischen
Folgen für die Menschen in den westlichen Industriege-
sellschaften hat Gleichgültigkeit aufkommen lassen gegenüber den großen Katastrophen des 20. Jahrhunderts.
Nur noch der Völkermord an den europäischen Juden
scheint als einzige »Insel« im Meer des Vergessens bestehen geblieben zu sein. Und der Blick darauf ist nach
wie vor durch politisch-weltanschauliche, wissenschaft-
lich-strukturelle und emotional-volkspädagogische Faktoren verstellt.

Im vorliegenden Buch sollen im Broszat'schen Sinne
einer »Historisierung« Ursprünge und Wesen des nationalsozialistischen Antisemitismus thematisiert werden.
Dabei wird die Person Hitlers ganz bewusst in den Mittelpunkt gestellt, denn dieser verkörperte wie kein zweiter die »braune« Weltanschauung. Er war die Ideologie,
und er gebot über die Ableitungen aus derselben, das
heißt, ohne Hitler hätte es wohl kein Auschwitz gegeben. »Ohne sein politisches, dem Bösen zugewandtes
Genie wäre alles anders verlaufen«, meint Furet und
weist darauf hin, dass »die Historiker unserer Epoche,
die vom Determinismus und dem soziologischen Verständnis der Geschichte besessen sind, […] gerne die ak-

zidentiellen Merkmale der europäischen Tragödie und die Rolle [übersehen], die bestimmte Persönlichkeiten darin gespielt haben«[21].

Wer sich mit Hitlers radikal-antisemitischer Ideologisierung auseinandersetzt, beschäftigt sich zwangsläufig mit den großen Biografien, die über ihn geschrieben wurden. Dies gilt vor allem für die seit Ende der 90er-Jahre erschienene zweibändige Biografie des britischen Sozialhistorikers Ian Kershaw.[22] Die *Frankfurter Allgemeine Zeitung* feierte dessen Buch als »Meisterwerk« und räumte ihm die Deutungshoheit über Hitler ein, die zuvor bei Fest lag.[23] In Kershaws zweieinhalbtausend Seiten über Hitler sieht Fest vor allem eine Fleißarbeit. Die Person Hitlers werde »zum bloßen Sammelpunkt gesellschaftlicher Kräfte reduziert« und »damit nahezu hinwegdisputiert«, obwohl sie den »gesamten Weltenlauf« verändert habe.[24] Fest selbst hingegen deutet Hitler als das dämonische Abbild seiner Epoche. Wie niemand sonst scheint Hitler deren Missgefühle, Ressentiments und vor allem deren große Angst aufzufangen und konsequent in Macht umzusetzen, meint der Biograf, dessen psychologisierend-literarisch ausgestalteter Hitler das böse Genie ist, das Ideen »stets nur als Instrumente benutzt« habe.[25] Fests Biografie löste diejenige Allan Bullocks[26] ab, der Hitler ganz im Ranke'schen Sinne einer traditionellen Geschichtsschreibung thematisiert und als den gestaltenden, nihilistischen und prinzipienlosen Machtpolitiker interpretiert.

Was die Ursprünge und das Wesen von Hitlers Judenhass anbelangt, liegen die Deutungen der drei Hitler-Biografen gar nicht so weit auseinander, auch wenn dem Thema von Bullock und Fest ungleich weniger

Raum zugebilligt wird. Diese Ähnlichkeit hat dazu beigetragen, dass das von den drei Biografen gezeichnete
Bild nahezu unerschütterlich die Geschichtsschreibung
beherrscht, obwohl es ausschließlich auf Selbstzeugnis-
sen Hitlers basiert. Dabei hat doch Fest selbst und
durchaus zu Recht über diesen geschrieben, dass es die
»Grundanstrengung« von Hitlers Leben gewesen sei,
»die eigene Person zu verhüllen und zu verklären […]
Kaum eine Erscheinung der Geschichte hat sich so gewaltsam mit pedantisch anmutender Konsequenz stili-
siert […]«²⁷

Nicht zuletzt deshalb erscheint es notwendig, anhand
der Quellen und der neuesten Literatur mit unverstell-
tem Blick zu hinterfragen: Wann und wodurch wurde
Hitler zum fanatischen Judenhasser? Geschah dies im
antisemitischen Schmelztiegel Wien während des Ersten
Weltkrieges oder erst in den Wirren der Nachkriegszeit,
als Niederlage, Revolution und Versailler Friedensvertrag das geschlagene Deutschland bis in die Grundfes-
ten erschütterten? Die Frage nach dem Zeitpunkt und
den Umständen der antisemitischen Ideologisierung Hitlers korrespondiert mit einer anderen, weiterreichenden
Frage, nämlich der, ob Hitlers Radikal-Antisemitismus
und in dessen Folge der Völkermord an den europäischen Juden tatsächlich Resultate einer bereits im
19. Jahrhundert eingeleiteten deutschen Fehlentwick-
lung waren. Gefragt wird in diesem Buch auch, ob Hitler eine in sich geschlossene, wahnwitzige antisemitische
Weltanschauung besaß. Und schließlich: Inwieweit bestimmte Hitlers Judenhass Politik, Strategie und Kriegs-
führung? Hinsichtlich des Völkermords an den europäischen Juden schließt sich damit die überaus kontrovers

diskutierte Frage an: War dieser Völkermord ideologisch determiniert beziehungsweise intendiert, oder war er eher die Folge eines unspezifischen Judenhasses Hitlers und eines Prozesses, der sich verselbstständigt hatte durch die Dynamik eines irrationalen und sich gleichsam automatisch radikalisierenden Systems?

Die im Nachfolgenden gegebenen Antworten werden ein gänzlich anderes Bild vom Judenhasser Hitler vor dem Leser entstehen lassen, als es Bullock, Fest, Kershaw und andere gezeichnet haben. An Hitlers Monstrosität ändert dies freilich nichts. Sie wird eher noch größer.

1. Das Unerhörte:
Der frühe Judenfreund

Folgt man dem gängigen Deutungsmuster, war Hitler schon vor dem Ersten Weltkrieg ein Judenhasser. Tatsächlich aber existiert vor dem Spätsommer 1919 – Hitler war damals 30 Jahre alt – kein einziges zeitgenössisches Zeugnis, das ihn als solchen ausweisen würde. Einzig in der Rückschau, in seinem millionenfach aufgelegten Machwerk *Mein Kampf*, präsentierte sich Hitler als früher fanatischer Antisemit. Er schrieb das Traktat im Jahr nach dem gescheiterten Putsch vom 9. November 1923 während der Landsberger Festungshaft. Der Häftling war damals für die Völkischen so etwas wie ein Held geworden, hatte er seinen Hochverratsprozess doch zu einer öffentlichen Anklage gegen die Zustände in Deutschland genutzt und seinen dilettantischen Umsturzversuch während der Verhandlungen moralisch zu legitimieren versucht. Sein Putsch aber war gescheitert, Hitler war inhaftiert worden und fürchtete nun, seinen Anspruch auf die Führung der äußersten Rechten zu verlieren. Diese war zwar in mehrere Gruppierungen zersplittert, konnte aber bei den Reichstagswahlen vom Mai 1924 in einer Listenverbindung mit anderen völkischen Gruppierungen beachtliche 6,6 Prozent der Stimmen auf sich vereinigen. Um die Führung, die er formal niedergelegt hatte, weiter beanspruchen zu können, glaubte Hitler, ein programmatisches Buch vorlegen zu müssen. Hinzu kam ein weiteres Motiv, das als Untertitel auf dem Umschlag des im Juli 1925 erschienenen ersten Bandes des Buches zu lesen war. Dort stand unter dem Titel *Mein Kampf*: »Eine Abrechnung«[1].

Entstanden war bekanntlich ein von letzten Wahrheiten nur so strotzendes, schwer lesbares Buch, das neben viel antisemitischer Ideologie und politischer Phraseologie auch biografische Passagen enthält. Diese dienten vor allem dazu, Hitlers weltanschauliche Ergüsse zu illustrieren. Die biografischen Passagen hatten aber noch eine andere Funktion: Hitler wollte sich seiner Leserschaft als lupenreiner Nationalsozialist und Antisemit präsentieren. Schon sein Geburtsort Braunau am Inn wurde mit Sendungssymbolik überfrachtet, wenn er darauf hinwies, dass der Ort an der Grenze »jener zwei deutscher Staaten [liegt], deren Wiedervereinigung uns jüngeren als eine mit allen Mitteln durchzuführende Lebensaufgabe erscheint«[2]. Während seiner Jugend in Linz will er ein leidenschaftlicher Anhänger der großdeutschen Nationalstaatsidee geworden sein. Und in Wien, wo er sich zwischen 1909 und 1913 aufhielt, habe er dann die »Wandlung vom schwächlichen Weltbürger zum fanatischen Antisemiten«[3] erfahren.

In der Metropole des österreichisch-ungarischen Vielvölkerstaates habe er nämlich durch einen »wahrhaft bösen Anschauungsunterricht« begriffen, dass »der Jude« »Bazillenträger«, »Made im faulenden Leibe« und »geistige Pestilenz« sei, »schlimmer als der schwarze Tod von einst«[4]. Denn »der Jude« stünde hinter der Prostitution ebenso wie hinter Sozialdemokratie und

Marxismus. »Ich merkte mir die Namen fast aller Führer, es waren zum weitaus größten Teil ebenfalls Angehörige des ›auserwählten Volkes‹. Die Namen der Austerlitz, David, Ellenbogen usw., werden mir ewig in Erinnerung bleiben«[5], schrieb er in *Mein Kampf* über die Sozialdemokratie und fuhr fort, jetzt seien ihm »die Schleier irriger Vorstellungen über Ziel und Sinn der Partei« vom Auge gefallen und »aus dem Dunst und Nebel sozialer Phrasen erhebt sich grinsend die Fratze des Marxismus«[6]. Dieser »leugnet im Menschen den Wert der Person, bestreitet die Bedeutung von Volkstum und Rasse und entzieht der Menschheit damit die Voraussetzung ihres Bestehens«[7]. Kurzum: Im Verlauf seiner »Wiener Lehr- und Leidensjahre« will er bereits die »ganze Dimension« des »Judenproblems« erfasst und auch erkannt haben, dass dessen Lösung eine Überlebensfrage für die Menschheit sei.

Hitlers Selbstbild vom frühen Judenhasser wurde aufgrund einer ansonsten dürftigen Überlieferung von allen seinen großen Biografen, von Bullock über Fest bis hin zu Kershaw, im Wesentlichen kritiklos übernommen. Fest nimmt an, die »antisemitische Grundneigung Hitlers« sei schon in seiner Linzer Jugendzeit entstanden. In Wien – so Fest weiter – sei der Außenseiter Hitler dann vollends zum Judenhasser geworden: Für den gescheiterten Kunststudenten, im Männerasyl gestrandet und voller Ressentiments gegen Staat und Gesellschaft, sei der Antisemitismus »nur die gebündelte Form seines bis dahin ziellos vagabundierendes Hasses« gewesen, »der im Juden endlich sein Objekt gefunden hatte«[8]. Bezeichnenderweise trat Hitler dem »Antisemitenbund« bei, weiß Fest zu berichten, obwohl es einen Bund dieses

Namens, wie die spätere Forschung feststellt, zu diesem Zeitpunkt in Österreich gar nicht gab.[9]

Diese Sicht der Dinge lag nahe, denn Linz war eine Hochburg der Alldeutschen gewesen und das Wien des beginnenden 20. Jahrhunderts ein Zentrum des europäischen Antisemitismus. Dieser war vielgestaltig. Da war der alte, christlich motivierte Antijudaismus, der in den Juden die »Gottesmörder« sah. Da war der liberale Antisemitismus, der den Juden ihre Intoleranz und ihre »Nationalabsonderung« zum Vorwurf machte, und da war der linke Antisemitismus, demzufolge die Juden die Repräsentanten des kapitalistischen Geistes und des »Mammonismus« waren. Dem konservativen Denken war vor allem der Umsturzgeist der Juden anstößig. Der seit dem Ende des 19. Jahrhunderts aufkommende Rassenantisemitismus bündelte all diese Anklagen und Vorurteile und führte sie auf das Wesen der jüdischen »Rasse« zurück, sodass dieser Betrachtungsweise zufolge alle Anstrengungen, die Juden zu assimilieren, zwangsläufig scheitern mussten.

In Wien, der Hauptstadt des Vielvölkerstaates Österreich-Ungarn, in der 1910 etwa 175 000 meist aus dem Osten stammende Juden lebten (1857 waren es gerade einmal etwas mehr als 6000 gewesen), artikulierte sich all dies in unterschiedlichsten Ausdrucksformen: Hier predigte der Führer der Alldeutschen, Georg Ritter von Schönerer, das »Los von Juda! Los von Rom!« und beschwor den großdeutschen Nationalstaat. Hier agitierte der sprachgewaltige christlich-soziale Bürgermeister Karl Lueger gegen den Einfluss der Juden. Hier erschien zur Jahrhundertwende das weltweit beachtete pseudowissenschaftliche Machwerk des britischen Rassentheoretikers Houston Stewart Chamberlain über *Die Grundlagen des neunzehnten Jahrhunderts*[10]. Hier kursierten die okkultisch-rassistischen Schriften eines Guido von List und seines Lehrers Jörg Lanz von Liebenfels, dem Herausgeber der *Ostara*-Hefte, in denen die anthropologische Forschung zur Bewahrung der »europäischen Herrenrasse« propagiert wurde. Was lag da für die frühen Hitler-Biografen näher, als den Schilderungen Hitlers in *Mein Kampf* Glauben zu schenken?

Doch der Blick auf Hitlers Wiener Zeit, wie ihn die österreichische Historikerin Brigitte Hamann mit ihrem Buch *Hitlers Wien*[11] und lange vor ihr – in ersten Ansätzen – der amerikanische Hitler-Biograf John Toland[12] eröffnet, zeigt ein gänzlich anderes Bild. Das Ergebnis ihrer Forschungen, in deren Verlauf sie auch das gesamte Umfeld Hitlers systematisch untersuchte, lautet zusammengefasst so: Hitler, die verkrachte Existenz aus dem Waldviertel, sei in Wien zwar mit der »Judenfrage« konfrontiert worden und habe in den Juden eine eigene Rasse gesehen, sei aber alles andere als ein Antisemit gewesen. Er habe vielmehr Bewunderung für die kulturelle Leistung der Juden aufgebracht, die Wohltätigkeit jüdischer Einrichtungen gewürdigt und nach seinem sozialen Absturz außerordentlich gute Kontakte zu jüdischen Männerheimbewohnern, Handwerkern und Händlern unterhalten.[13]

Das einzige Zeugnis, das Hitler in seiner Wiener Zeit als Antisemiten ausweist, das Buch seines Jugendfreundes August Kubizek *Adolf Hitler. Mein Jugendfreund*, entlarvt Hamann als Konstrukt. Die betreffenden Passagen seien nachträglich in das während des Krieges entstandene Manuskript eingefügt worden. Ku-

bizek sei 1945 von den Amerikanern wegen seiner privaten Beziehungen zu Hitler verhaftet und für 16 Monate
in das Anhaltelager Glasenbach gebracht worden. Das
Manuskript habe in seinem Haus überdauert und sei
nach seiner Entlassung von dem inzwischen arbeitslo-
sen Kubizek gründlich überarbeitet worden. Nunmehr
fehlten die Passagen, in denen Kubizek sich selbst antisemitisch äußerte. An ihrer Stelle würden Hitler, seinem Jugendfreund, jetzt antisemitische Äußerungen aus
Mein Kampf in den Mund gelegt. Hamann schlussfol-
gert daraus: »Deutlich liegt ihm daran, seinen Freund
schon in jungen Jahren als Antisemiten hinzustellen, der
ihn, Kubizek, verführt habe.«[14]

Gestützt auf eine Vielzahl von Belegen räumt Hamann außerdem mit einer Reihe von Klischees auf: »Die
Theorie, Hitlers Antisemitismus gehe auf einen jüdischen
Professor zurück, ist ebenso haltlos wie die Sensations-
geschichte, dass Hitler sich bei einer jüdischen Hure in
der Leopoldstadt mit Syphilis angesteckt habe. Als in
der Wiener Oper 1908 antisemitische Hetzkampagnen
gegen den früheren Operndirektor Gustav Mahler wüten, hält Hitler an seiner Verehrung für Mahler als Wag-
ner-Interpret fest.« In Begleitung seines Freundes Kubizek – so Hamann weiter – »erlebt der 19-jährige Hitler
Hausmusikabende im Hause Jahoda, das Familienleben
und die Kultur einer jüdischen Familie des Bildungsbür-
gertums, ist beeindruckt und macht nicht die leiseste antisemitische Bemerkung«[15]. Schon auf dem Stehparterre
der Oper habe Hitler Gelegenheit gehabt, das besonders
starke kulturelle Interesse von Juden kennenzulernen.
Selbst kulturell interessiert, habe Hitler möglicherweise
zu den Juden aufgeschaut. Überdies habe Hitler – so

Hamann weiter – allen Grund gehabt, jüdischen Wohl-
tätern dankbar zu sein. »Als er 1909 obdachlos ist […]
profitiert er vielfach von jüdischen Sozialeinrichtungen,
von öffentlichen Wärmestuben bis zu kostenlosen Sup-
penausgaben und den Spenden jüdischer Bürger für das
Meidlinger Obdachlosenasyl und das Männerheim in
der Brigittenau.«[16]

In dieser Zeit sind es Hitlers Kumpane, deren Aussagen das gängige Hitler-Bild auf den Kopf stellen. Da ist
etwa der Antisemit Reinhold Hanisch, der fassungslos
gewesen sei, als er später ausgerechnet von Hitler als ex-
trem antisemitischem Politiker gehört habe. Denn im-
merhin hätten sich Hanisch und Hitler im Männerheim
zerstritten, weil sich Hitler seinen jüdischen Freunden
zugewandt habe. Sein bester Freund sei der Glaubens-
jude Josef Neumann gewesen, ein gelernter Kupferput-
zer aus Niederösterreich, der Hitler mit einem Rock und
auch mit Geld ausgeholfen habe. Hanisch: »Neumann
war ein gutherziger Mann, der Hitler sehr gerne hatte
und den Hitler hoch achtete.«[17] Hitler soll mit ihm über
den Antisemitismus diskutiert und Heinrich Heine ver-
teidigt sowie die Leistungen jüdischer Komponisten wie
Mendelssohn und Offenbach gewürdigt haben.

Hanisch berichtete weiter von einem einäugigen
Schlosser namens Simon Robinson aus Galizien, der
Hitler von Zeit zu Zeit mit kleinen Beträgen ausgeholfen habe. Auch erwähnte er ein Postkartenverkäufer namens Siegfried Loeffner aus Mähren, der ebenfalls zu
Hitlers Bekanntenkreis gehörte. Und dann waren da
noch die jüdischen Händler Altenberg, Landsberger und
Morgenstern, die Hitlers Aquarelle und Zeichnungen
veräußerten. Letzterer habe den jungen Hitler an Privat-

kunden weitervermittelt, so an den jüdischen Rechtsanwalt Dr. Josef Feingold, der Hitler seinerseits gefördert habe. Hamann konnte die von Hanisch genannten jüdischen Weggefährten Hitlers samt und sonders nachweisen und sie außerdem in eine Verbindung zu Hitler stellen.

Hanischs bemerkenswerte Feststellungen korrespondieren mit anderen Aussagen, wie etwa der des anonym gebliebenen Männerheimbewohners aus Brünn. Der erinnerte sich dahingehend: »Mit Juden hat sich Hitler äußerst gut vertragen und sagte einmal, sie seien ein kluges Volk, das besser zusammenhält als die Deutschen.«[18] Äußerungen des ebenfalls obdachlosen Karl Honisch gehen in dieselbe Richtung. Und auch Hitlers letzter Männerheimgenosse Rudolf Häusler sei ratlos gewesen, als ihn seine Tochter lange nach dem Ersten Weltkrieg über den Antisemitismus seines damaligen Freundes ausfragte: In Wien hätte er gar nichts dergleichen bemerkt, meinte Häusler. Hamanns Fazit über die Aussagen Hitlers jüdischer und nicht-jüdischer Männerheimgenossen: Kein einziger von ihnen hatte es, nachdem Hitler als Politiker bekannt geworden war, für möglich gehalten, »dass derselbe Mensch, der sich mit Juden besonders gut verstand, nun plötzlich ein führender deutscher Antisemit sein sollte«[19].

Der frühe Hitler also ein Judenfreund? Es ist mehr als wahrscheinlich, dass er genau dies war, zumal es dem Selbstverständnis eines Künstlers, der er ja hatte sein wollen, entsprochen hätte, bei aller traditionellen Kunstauffassung eine gewisse Weltoffenheit an den Tag zu legen. Zu übermächtig ist jedoch das Klischee vom Wiener Judenhasser, wie es von Hitler selbst in die Welt gesetzt und dann von Bullock, Fest und vielen anderen unkritisch übernommen worden ist. Wie könnte es sonst sein, dass ausgerechnet Hamann und ihr wichtiges Werk *Hitlers Wien* immer wieder als Kronzeugen für die gängige Sichtweise vom originären Wiener Judenhasser herhalten müssen? Anders indessen geht der britische Historiker Kershaw mit den Thesen Hamanns um. Da ihre Arbeit einige Jahre vor seiner Hitler-Biografie erschienen ist, muss er davon Kenntnis nehmen. Er tut dies, indem er einige der von der Österreicherin zusammengetragenen Belege referiert und deren Aussagen auf den Kopf stellt: »Wahrscheinlich« – so der Brite – »hat Hitler tatsächlich, wie er später behauptete, während der Wiener Zeit begonnen, Juden zu hassen. Dabei war es im Moment kaum mehr als seine Interpretation der persönlichen Umstände und keine durchdachte ›Weltanschauung‹. Brachte er seinen inneren Hass einmal zum Ausdruck, fiel das in einer vom Antisemitismus vergifteten Umgebung gar nicht auf. Solange Hitler Juden brauchte, um seinen Lebensunterhalt zu verdienen, hat er seine wahren Ansichten verschwiegen und vielleicht sogar gelegentlich unehrliche Bemerkungen fallengelassen [...], die als Bewunderung der jüdischen Kultur verstanden werden mochten.«[20]

Laut Kershaw, der keinerlei Belege für seine aus der Luft gegriffenen Behauptungen vorweisen kann, hasste Hitler die Juden also wegen seiner persönlichen Lebensbedingungen. Als einen der Gründe führt er den Verlust der Mutter an, wie es schon John Toland in den 70er-Jahren tat. Der amerikanische Historiker neigt sogar zu der Annahme, dass die Schuldzuweisung für deren Tod an den jüdischen Arzt Eduard Bloch zu seinem späteren

Judenhass geführt habe. Doch gerade der Tod von Klara Hitler gibt für solche Interpretation nichts her, schätzte Hitler den Doktor doch zeit seines Lebens. Bereits als 18-Jähriger hatte er ein freundschaftliches Verhältnis zu ihm. Noch 1938, nachdem er als »Führer und Reichskanzler« in Linz eingezogen war, erwähnte er den »Edeljuden« lobend und ermöglichte ihm später sogar die Emigration in die Vereinigten Staaten.[21] Dort berichtete der Mediziner, dass der junge Hitler sicherlich noch kein Antisemit gewesen sei: »[…] er hatte damals noch nicht begonnen, die Juden zu hassen.«[22]

Kershaw nennt als weitere Gründe für Hitlers frühen Judenhass »Ablehnung, Isolation und zunehmende Not«[23]. Natürlich – Hitler war in Wien ganz unten, während viele Juden in Wirtschaft, Kultur und Journalismus erfolgreich waren. Aber der Großteil der in der Donaumetropole lebenden Juden waren Mittelstandsexistenzen. Hinzu kamen die aus dem Osten zugewanderten orthodoxen Juden, die im Straßenbild Wiens auffielen. Sie hausten unter recht erbärmlichen Bedingungen meist in der Innenstadt oder der Leopoldstadt, dem alten Judenghetto, wo ihr Anteil an der Bevölkerung bei etwa einem Drittel lag. Auch die Juden, mit denen Hitler in Wien persönlich zu tun hatte, waren entweder selbst »arme Hunde«, die sein Los teilten, oder es waren kleine Händler, die seine Zeichnungen verkauften und ihm somit das Notwendigste für seinen Lebensunterhalt sicherten. Warum sollte Hitler diese Juden gehasst haben?

Doch wann sonst wurde Hitler zum Judenhasser, wenn nicht während seiner Wiener Jahre? Etwa in München, wohin er im Mai 1913 kam? Natürlich gab es auch in der bayerischen Hauptstadt die radikal-nationalistischen Alldeutschen. Deren Vorsitzender Claß hatte im Vorjahr, 1912, eine unter Pseudonym verfasste antisemitische Tendenzschrift unter dem Titel »Wenn ich Kaiser wär…«[24] herausgegeben, die am rechten Rand der Gesellschaft auf beträchtliche Resonanz gestoßen war. Und natürlich gab es in München auch, wie überall in den Metropolen Europas, einen eher intellektuellen »Salon-Antisemitismus«, der auf den sozialdarwinistischen Rassentheorien fußte. Deren Verknüpfung mit großdeutsch-völkischen Vorstellungen kam hier angesichts des bayerischen Separatbewusstseins, das sich aus dem preußischen Vormachtanspruch in Deutschland immer wieder von Neuem speiste, hingegen weniger an. Natürlich gab es auch im Katholizismus religiös motivierte Ressentiments gegenüber den Juden und außerdem eine gewisse Abwehrhaltung gegenüber den so fremd anmutenden »Ostjuden«, die auch in München eine neue Heimat suchten. Doch München war nicht Wien, und der Antisemitismus hielt sich aufs Ganze gesehen in der etwas behäbigeren Welt der bayerischen Hauptstadt in überschaubaren Grenzen.

In den Schwabinger Künstlerkneipen, in denen Hitler »jene Form des Kontakts gefunden hatte, die er einzig ertrug, weil sie ihm Nähe und Fremdheit zugleich gewährte«[25] – wie Fest schreibt –, war man ohnehin eher links und lehnte den Antisemitismus ab. Da sich Hitler nach wie vor als Künstler begriff, passten allein schon deshalb antisemitisch-völkische Positionen nicht zu ihm. Kein Zeitzeuge erinnert sich dann auch, dass Hitler, der in München viel gelesen haben soll, Antisemit gewesen wäre oder auch nur über die Juden gesprochen hätte. Warum auch sollte er ausgerechnet dort flammen-

der Antisemit werden, wenn er es im »jüdischen Sün-
denbabel Wien« nicht geworden war? Hitler selbst
musste dies freilich in *Mein Kampf* behaupten. Dort
schrieb er, dass er in der »deutschen Stadt«, die sich so
vom »Rassenbabylon« Wien unterscheide[26], das »Verhältnis von Marxismus und Judentum einer weiteren
gründlichen Prüfung unterzogen habe […] In den Jahren 1913 und 1914 habe ich denn auch zum ersten Male
in verschiedenen Kreisen […] die Überzeugung ausgesprochen, dass die Frage der Zukunft der deutschen Nation die Frage der Vernichtung des Marxismus ist.«[27]

Und im Sommer 1914 änderte sich gewiss auch nichts
an Hitlers Verhältnis zu den Juden, wurde doch auch er,
der sich mit dem Malen von Aquarellen und Bleistift-
zeichnungen wieder einmal mehr schlecht als recht über
Wasser gehalten hatte, von der großen nationalen Euphorie mitgerissen. Dies belegt unter anderem eine Fotografie, die ihn am 2. August 1914 in der kriegsbegeistert sin-
genden Menge auf dem Münchner Odeonsplatz zeigt.
Die Frage, wer Jude war, oder diejenige nach der Rolle
der »jüdischen Rasse« interessierte zu diesem Zeitpunkt
gewiss niemanden mehr.

Christen, Juden und Atheisten zogen Seite an Seite
begeistert in den Krieg. Es hatte sogar den Anschein, als
würde die Emanzipation der deutschen Juden nunmehr vollendet. So rückte zum Beispiel der Industrielle
Walter Rathenau zum Leiter der Kriegsrohstoffabtei-
lung auf. Der Reeder Albert Ballin wurde Chef der
Reichseinkaufs GmbH. Zahlreiche andere Stellen in der
Kriegswirtschaft wurden ebenfalls von Juden besetzt.
Und auch die von den Patrioten jüdischen Glaubens bitter empfundene Diskriminierung, nicht Offizier werden

*Hitler in der kriegsbegeisterten Menge vor der Feldherrnhalle
am 2. August 1914 in München.*

zu können, gab es nicht mehr. Unter den jüdischen Soldaten glaubten viele, im Kriegsdienst eine Art letzter
Probe für ihre vollständige gesellschaftliche Anerkennung abzulegen. 12 000 der 100 000 im Weltkrieg kämpfenden Juden bezahlten ihre Liebe zum Vaterland mit
dem Leben.

Erst als der Weltkrieg im Westen zu einem zermürbenden und unvorstellbar grausamen Stellungskrieg geworden war, brachen antisemitische Ressentiments auf.
In den militärischen Dienststellen sammelten sich Hinweise und Meldungen über eine angebliche Drückebergerei der Juden. Dies veranlasste den preußischen Kriegsminister Adolf Wild von Hohenborn im Oktober 1916
dazu, eine statistische Erhebung über die Anzahl von

Juden im deutschen Heer durchführen zu lassen. Mit der »Judenzählung«, resümiert der Historiker Nachum Tim Gidal, wollten deren Initiatoren »statistisch beweisen, dass weniger Juden an der Front dienten als Nichtjuden und weit mehr Juden als Nichtjuden unter den ›Reklamierten‹ waren«[28]. Doch daraus wurde nichts. Nachdem das Ergebnis zunächst nicht veröffentlicht wurde, erklärte der neue Kriegsminister Hermann von Stein im Januar 1917 gegenüber dem Verband der deutschen Juden, dass »das Verhalten der jüdischen Soldaten und Mitbürger während des Krieges keine Veranlassung zu der Anordnung meines Herrn Vorgängers gegeben hat und damit nicht in Beziehung gebracht werden kann«[29]. Die »Judenzählung«, die heute aus der Perspektive von Auschwitz als eine Wegmarke hin zur Radikalisierung des Antisemitismus in Deutschland gewertet wird, brachte also das Ergebnis, dass an den Beschuldigungen nichts dran war.

Nachdem Hitler 1919 Politiker geworden war, verbreitete er freilich das Gegenteil, wenn er in seinen antisemitischen Brandreden die Rolle der Juden im Weltkriegsheer ansprach. Im April 1920, während einer Rede im Festsaal des Münchner Hofbräuhauses, geißelte er sie als »Feiglinge« und »Drückeberger« und verwahrte sich sogar gegen die Kennzeichnung »jüdische Frontsoldaten«. Und auch in *Mein Kampf* waren sie die »Drückeberger« und »Defätisten«. Überall wollte er das unterminierende Wirken der Juden ausgemacht haben, ob bei seinen Aufenthalten an der Heimatfront, ob im Beelitzer Lazarett (1916), ob während der Rekonvaleszenz in München (1917) oder während eines Fronturlaubs in Berlin. Doch damit nicht genug: Auch in den

Kanzleien und in der Wirtschaft hätten sie sich ausgebreitet, um einer Spinne gleich »dem Volke langsam das Blut aus den Poren zu saugen«[30].

Folgerichtig sieht Fest, dass sich Hitlers Antisemitismus in der Zeit des Ersten Weltkriegs fortentwickelt. Umrisse seines späteren Ausrottungsprogramms glaubt Fest bereits 1916 feststellen zu können, wenn er in seiner Biografie schreibt: »Voller Empörung begegnete er Drückebergern [...], registrierte er (während eines Aufenthaltes in der Heimat) Heuchelei, Egoismus, Kriegsgewinne, und erkannte, den fixen Zwängen aus Wiener Jahren getreu, hinter allen diesen Erscheinungen die Figur des Juden am Werk.« Mit unverhohlener Erbitterung habe er sich gegen diejenigen gewandt, die ihm seine Welt entzaubert hätten: gegen die »hebräischen Volksverderber« einerseits, von denen man zwölf- oder fünfzehntausend hätte »unter Giftgas« halten müssen, sowie gegen die Journalisten und Politiker andererseits.[31]

Solche Textfrequenzen sind phantastische Literatur und haben mit der Wirklichkeit nichts zu tun. Denn es gibt kein authentisches antisemitisches Zeugnis Hitlers aus den Kriegsjahren. Die wenigen überlieferten Briefe und Feldpostkarten des Freiwilligen an sein Münchner Vermieterehepaar Popp und an einen Assessor namens Ernst Hepp handelten von dem Marsch an die Front, die Hitler bald auf der britischen Insel wähnte. »Ich hoffe, wir kommen nach England«, schrieb der Ahnungslose.[32] Aus Flandern, wo die Fronten festgefahren waren und dies auch für Jahre blieben, berichtete er über seine Erlebnisse: von Sturmangriffen, vom »ununterbrochenen Eisenhagel«, von den grauenhaften Verlusten und natürlich von der Hoffnung zu überleben. Es ist die Perspektive des einfachen Soldaten Adolf Hitler, die sich in den Briefen widerspiegelt.

Ein einziges Mal – am 5. Februar 1915 – wurde Hitler am Ende einer neun Seiten langen Schilderung seiner Kriegserlebnisse politisch: »Ich denke so oft an München, und jeder von uns hat nur den einen Wunsch [!] daß es bald zur endgiligen [!] Abrechnung mit der Bande kommen möge, zum Daraufgehen, koste es was es wolle, und daß die, die von uns das Glück besitzen werden, die Heimat wiederzusehn [!], sie reiner und von der Fremdländerei gereinigter finden werden. das [!] durch die Opfer und Leiden [!] die nun täglich so viele Hunderttausende von uns bringen [!] daß durch den Strom von Blut, das hier Tag für Tag fließt gegen eine internationale Welt von Feinden, nicht nur Deutschlands Feinde im Außeren [!] zerschmettert werden, sondern dass auch unser innerer Internationalismuß [!] zerbricht. das [!] wäre mehr wert, als aller Länder Gewinn.«[33]

Es klingt hilflos, ja unbedarft, wenn Hitler hier schrieb, er möchte, »daß auch unser innerer Internationalismuß [!] zerbricht«. Dass dieser Kennzeichen alles Jüdischen sei, wie er später unbeirrbar glaubte – davon kann beim Weltkriegsgefreiten noch keine Rede sein, auch wenn Kershaw genau das suggeriert. Wenn der Kleinbürger Hitler von einem »inneren Internationalismuß« schrieb, dann hob er auf die unzureichende Geschlossenheit zwischen den deutschen Ländern ab. Ihm sei aufgefallen – so schrieb er in *Mein Kampf* (und hier ist seine Schilderung glaubwürdig, ist sie doch vielfach belegt) –, dass in den bayerischen Regimentern »mit außerordentlicher Konsequenz immer gegen Preußen

Hitler als Soldat im Ersten Weltkrieg (erster von rechts, sitzend). Vorne liegend Balthasar Brandmayer, um 1916.

Front gemacht wurde«. Preußen sei vorgeworfen worden, Bayern in diesen Krieg mit hineingezogen zu haben. Doch dies sei ungerechtfertigt, gehöre doch auch Bayern zu Deutschland.[34] Wer jemals Hitlers Briefe aus dem Feld in ihrer überaus schlichten Diktion und den vielen Schreibfehlern im Original beziehungsweise als Faksimile gelesen hat, wird dem Gefreiten aus dem österreichischen Waldviertel im Übrigen kaum mehr zutrauen als die schlichte Vorstellung, mit der er offenbar schon im österreichisch-ungarischen Vielvölkerstaat konfrontiert werden wollte, dass doch alle Deutschen zusammengehörten und an einem Strang zu ziehen hätten.

Auch die Überlieferung aus seinem damaligen Kameradenkreis deutet nicht darauf hin, dass Hitler während des Ersten Weltkrieges ein Judenhasser gewesen ist. Der

»Kunstmaler«, wie sie ihn nannten, war – abgesehen von dem ausgeprägten Nationalismus, der unter den Weltkriegskämpfern gang und gäbe war – ein recht unpolitischer Soldat. Und er war ein Soldat, der sich bei seinen Vorgesetzten hervorzutun versuchte, der Anerkennung wegen, die ihm dann zuteil wurde – eine Anerkennung, von der er in seinem bisherigen Leben noch nicht viel erfahren hatte. Max Amann, Kompaniefeldwebel im 2. Bayerischen Infanterie-Regiment und späterer Chef des Franz-Eher-Verlags, in dem *Mein Kampf* erschien, beharrte während seiner Nürnberger Verhöre darauf, dass Hitler sich während des Krieges nicht politisch geäußert habe.[35] Und Ernst Schmidt, ein Soldat aus dem engsten Kameradenkreis Hitlers, meinte, er habe keine Äußerung von diesem zur »Judenfrage« im Gedächtnis. Ein anderer Kamerad berichtete, Hitler habe in den Kriegsjahren höchstens einige beiläufige Gemeinplätze über die Juden von sich gegeben.[36] Und Ignaz Westenkirchner, der einige Jahre nach dem Ersten Weltkrieg in die Vereinigten Staaten ausgewandert und von Hitler zurückgeholt worden war, hatte »keinerlei Gehässigkeit« Hitlers herausgehört.[37]

Sie alle – so lautete das Urteil seiner Kameraden – hätten während des Weltkrieges nichts von dem nach 1918 so grenzenlosen Judenhass Hitlers geahnt. Ähnlich erging es auch dem Regimentsadjutanten Friedrich Wiedemann, der täglich mit dem Meldeläufer Hitler zusammen war. Wiedemann verlor diesen nach 1918 zunächst aus den Augen und erfuhr schließlich aus der Zeitung, dass sein ehemaliger Kamerad Politiker und als solcher fanatischer Antisemit geworden war. Wiedemann schrieb, dass er »lange gerätselt« habe, wo die

Deutsch-jüdische Soldaten vor der Synagoge im polnischen Lodz, um 1916.

Ursache für dessen fanatischen Judenhass gelegen habe. Eine Antwort darauf habe er nicht gefunden. Wiedemann stellte aber klar: »Die Erfahrungen mit jüdischen Offizieren während des Weltkrieges konnten dazu wenig beigetragen haben.«[38] Denn die Juden im Regiment seien tapfere Männer gewesen, fuhr Wiedemann fort und schilderte, wie Hitler als Reichkanzler einem jüdischen Kompanieführer geholfen habe, nachdem dieser durch den »Arierparagraphen« seinen Posten als Richter verlor: »Hitler erinnerte sich noch gut an den Offizier und gab Weisung, ihm sein Gehalt ins Ausland – er ging zunächst nach Österreich – zu überweisen. ›Der Mann war ein tapferer Offizier, sorgen Sie dafür, dass er sein Geld bekommt‹, sagte er nur knapp.«[39]

Anton Joachimsthaler, der akribisch den militärischen Werdegang Hitlers erforschte, gelangt zu dem Ergebnis, dass Hitler im Ersten Weltkrieg mit »an Sicherheit grenzender Wahrscheinlichkeit« kein Judenhasser gewesen sei. Und auch von dessen »späteren politischen und Rassedogmen ist in seiner Militärzeit an der Front glaubhaft nichts feststellbar«[40]. Selbst Kershaw, der auf Joachimsthalers Forschungen zurückgreift, muss einräumen, »dass Hitler in den Memoiren der früheren Kriegskameraden nicht als Antisemit herausstach«[41]. Dennoch folgt der britische Historiker, wie schon zuvor Bullock und Fest, lieber dem alten Klischee, das auf den Vorgaben Hitlers aus *Mein Kampf* beruht. Es gäbe – so Kershaw – keinen Grund anzunehmen, Hitler »projiziere Empfindungen in die Vergangenheit, die in Wirklichkeit erst seit 1918/19 existierten«[42]. Um dies zu belegen, führt Kershaw ein Zitat von Balthasar Brandmayer an, der ebenfalls zum Kameradenkreis Hitlers gehörte. Brandmayer schrieb in der 1932 publizierten Erinnerungsbroschüre *Zwei Meldegänger*, er habe oft »Hitler im Felde nicht verstanden, wenn er den Juden den Drahtzieher allen Übels nannte«[43]. Wie wenig glaubwürdig Brandmayer ist, werden seine Äußerungen im Zusammenhang von Hitlers Auszeichnung mit dem Eisernen Kreuz Erster Klasse, dem EK I, zeigen, das er im August 1918 aus der Hand seines Regimentskommandeurs Major Anton von Tubeuf erhielt.

Es ist wohl ein Zynismus der Geschichte, dass der Hauptverantwortliche für den Völkermord an den Juden den Orden ausgerechnet einem jüdischen Landwehrleutnant verdankte. Dieser Offizier hieß Hugo Gutmann und hatte Hitler im Mai 1918 für das an Mannschaftsdienstgrade nicht so oft verliehene EK I vorgeschlagen. Der Regimentsadjutant hatte zwei Meldegängern – darunter Hitler – versprochen, dass sie das EK I

*Dem jüdischen
Landwehrleutnant
Hugo Gutmann
verdankte Hitler die
Verleihung des EK I, das
an einfache Soldaten eher
selten verliehen wurde.*

erhielten, wenn sie eine wichtige Meldung in die vorderen Stellungen brächten. Beide kamen durch. Doch Gutmann konnte sein Versprechen zunächst nicht halten. »Über zwei Monate bemühte er sich beim Divisionskommandeur ab, bis er endlich das EK I für die beiden Meldegänger genehmigt erhielt [...]«[44], heißt es in der Aussage von Eugen Tannhäuser, die sich mit der anderer Kriegskameraden deckt. Ob Gutmann sich so für Hitler eingesetzt hätte, wenn der ein Antisemit gewesen wäre?

Und noch ein interessantes Detail deutet auf ein gutes Verhältnis zwischen diesen beiden Männern hin: Knapp drei Wochen nachdem Hitler endlich mit dem Eisernen Kreuz ausgezeichnet worden war, fuhr er Ende August 1918 in einen einwöchigen »Diensturlaub« zu einer Fernsprechausbildung in Gutmanns Heimatstadt Nürnberg, obwohl sein regulärer Urlaub vom 10. bis zum

27. September, den er in Berlin verbringen sollte, bereits bewilligt worden war. Eine dienstliche Erklärung gibt es dafür nicht. Und auch Gutmann, der rechtzeitig in die Vereinigten Staaten emigrieren konnte und dort fortan als Henry G. Grant lebte, zog es vor, nicht über die Gründe von Hitlers Nürnberg-Reise zu sprechen. Hatte Gutmann dem Gefreiten etwa eine zusätzliche Auszeit von den Qualen des Fronteinsatzes ermöglicht, unter welchem Vorwand auch immer?[45]

Hitler, der ausgiebig über seine Zeit in der Reichshauptstadt berichtete, schwieg über seinen frühen Aufenthalt in der geschichtsträchtigen Stadt Nürnberg, in der er später die Reichsparteitage abhalten sollte, ebenso wie verständlicherweise über die Umstände der Ordensverleihung. Er schwieg auch über Gutmann. Nur einmal – während des Zweiten Weltkrieges – kam er auf den militärisch bestens beleumundeten, mit dem EK I und dem Bayerischen Kriegsverdienstorden ausgezeichneten Landwehrleutnant zu sprechen: »Wir hatten einen Juden im Regiment, Gutmann, einen Feigling sondergleichen. Er hat das EK I getragen. Es war empörend und eine Schande […]«, gab Hitler bei Tisch zum Besten.[46]

Gutmann sei ein »angstschlotternder Auch-Offizier [und] ein unsympathischer Vorgesetzter« gewesen, schrieb ausgerechnet auch Brandmayer[47], der später von Hitler unterstützt werden sollte, und disqualifiziert sich damit als glaubwürdige Quelle in Zusammenhang mit Kershaws These, Hitler sei bereits während des Ersten Weltkriegs überzeugter Antisemit gewesen. Doch warum verbreitete Brandmayer in seiner Erinnerungsbroschüre unwahre Angaben über Gutmann – und nur über

Gutmann, nicht auch über andere jüdische Regimentskameraden wie etwa Hauptmann Butterfaß, die Leutnante Rosenthal, Rosenkranz und Flieger und den Feldwebel-Leutnant Neher? Hatte Brandmayer, der *Mein
Kampf* und damit Hitlers spätere Anschauungen kannte,
diesen ganz bewusst zum frühen Antisemiten gemacht?
Hatte er beim Verfassen seiner Broschüre Gutmann herabgewürdigt, weil er sich der Peinlichkeit bewusst war,
dass Hitler sein geliebtes Eisernes Kreuz ausgerechnet
einem Juden verdankte?

An Hitlers Haltung gegenüber den Juden änderte sich
auch nichts, als der Erste Weltkrieg zu Ende ging. Für
Kershaw hingegen findet die ideologische Entwicklung
des Gefreiten im vorpommerschen Lazarett Pasewalk,
wo Hitler, durch einen britischen Gasangriff in Flandern
erblindet, Revolution und Kriegsende erlebte, ihren
Höhepunkt. Der Brite schreibt: »Die Vorurteile und
Phobien, die er aus Wien mitgebracht hatte, traten nun
in der verbitterten Wut über den militärischen Zusammenbruch deutlich hervor […]«[48] Kershaw beruft sich
dabei wiederum auf *Mein Kampf*, in dem Hitler zunächst von einer »Judenrevolte« und nicht von einer
Revolution ausgegangen sein will: Die Anführer der in
Pasewalk eintreffenden Revolutionäre seien ein »paar
Judenjungen« gewesen, die nicht von der Front, sondern aus einem »Tripperlazarett« gekommen seien, um
»den roten Fetzen« aufzuziehen. Als sich das Ganze
aber zu einem Flächenbrand ausgeweitet habe, seien er
sich sogleich darüber im Klaren gewesen, dass es sich
um »schändlichen Verrat« gehandelt habe und wiederum »der Jude« im Gewand von Sozialdemokraten,
Saboteuren, Defätisten und »anderem Gesindel« dessen

Urheber gewesen sei. Die Folgerung des Lazarettinsassen: »Mit dem Juden gibt es kein Paktieren, nur das harte Entweder-Oder.«[49]

Doch Hitlers Darstellung in *Mein Kampf* ist wiederum nachträglich konstruiert und zudem pathetisch überhöht. Das zeigt sich auch dann, wenn er von den »furchtbaren Nachrichten« schreibt, die er und die anderen Verwundeten von einem Geistlichen erhalten hätten. Dieser habe berichtet, dass »das Haus Hohenzollern nun die deutsche Kaiserkrone nicht mehr tragen dürfe, dass das Vaterland ›Republik‹ geworden sei […] Als aber der alte Herr […] mitzuteilen begann, dass wir den langen Krieg nun beenden müssten, ja, dass unser Vaterland für die Zukunft, da der Krieg jetzt verloren wäre und wir uns in die Gnade der Sieger begäben, schweren Bedrückungen ausgesetzt sein würde, dass der Waffenstillstand im Vertrauen auf die Großmut unserer bisherigen Feinde angenommen werden sollte – da hielt ich es nicht mehr aus. […] Mir wurde es unmöglich noch länger zu bleiben. Während es mir um die Augen wieder schwarz ward, tastete und taumelte ich zum Schlafsaal zurück, warf mich auf mein Lager und grub den brennenden Kopf in Decke und Kissen. Seit dem Tag, da ich am Grabe meiner Mutter gestanden, hatte ich nicht mehr geweint.«[50]

Tatsächlich dürfte der wirkliche Hitler – wie Millionen anderer erschöpfter Soldaten, die das Massensterben an den Fronten hautnah miterlebt hatten – zunächst einmal froh gewesen sein, dass der Krieg vorüber und er mit dem Leben davongekommen war. Dass dieser Krieg verloren sei und Deutschland sich »in die Gnade der Sieger« begäbe, wusste zu diesem Zeitpunkt niemand unter den einfachen Soldaten. Sie, und damit auch Hitler, gingen vielmehr davon aus, dass im Wald von Compiègne ein Waffenstillstand unterzeichnet worden war. Sie wussten nämlich nicht, dass die deutschen Kriegsressourcen endgültig aufgebraucht waren und das Reich den Feinden nichts mehr entgegenzusetzen hatte. Ebenso wenig wussten sie, dass es die Heeresführung in der Person des Generalquartiermeisters Erich Ludendorffs gewesen war, die – in Panik geraten – von der Politik ultimativ verlangt hatte, den Krieg zu beenden. Ein Schritt, mit dem sich die Generäle aus der Verantwortung stahlen, als hätten sie mit dem, was in den Jahren zuvor geschehen war, nichts zu tun gehabt.

Die einfachen Soldaten des Weltkriegs wussten, dass das Heer erschöpft war, der Nachschub stockte und der Feind durch den Einsatz der modernen Tank-Waffe auf dem Schlachtfeld zunehmend überlegen gewesen war. Sie wussten aber auch, dass die Frontlinien noch tief im Feindesland verlaufen waren. Dass Deutschland im Zuge des Waffenstillstands die eroberten Gebiete sowie Elsass-Lothringen und das linke Rheinufer zu räumen hatte, verstanden die Männer – die sich ungeschlagen wähnten – deshalb nicht. Wie schwer begreiflich das alles für sie gewesen sein muss, zeigt sich nicht zuletzt daran, dass sich sogar die heutige Forschung immer noch schwer damit tut, die überstürzte Beendigung des Krieges durch das Deutsche Reich zu deuten, wie der britische Historiker Niall Ferguson in seiner bemerkenswerten Geschichte des Ersten Weltkriegs feststellt.[51]

Gewiss war es für Hitler keine »furchtbare Nachricht«, dass das alte Regime aufgehört hatte zu bestehen.

Der Kaiser, der durch seine Billigung der Oktoberver-
fassung aus dem deutschen Obrigkeitsstaat noch selbst
eine parlamentarische Monarchie gemacht hatte, war
den Soldaten des Feldheeres vollkommen gleichgültig.
Das ging aus einer Befragung von Offizieren der Westfront hervor, die am 11. November 1918 im Großen
Hauptquartier im belgischen Spa stattfand. Ihren Antworten nach waren die Frontsoldaten weder in revolutionärer Stimmung gegen den Kaiser, noch zeigten sie
die Neigung, für Seine Majestät irgendein Opfer zu bringen. Und schon gar nicht waren sie bereit, für die Erhaltung der kaiserlichen Macht in einem Bürgerkrieg zu
kämpfen.[52] Die Männer hatten einfach genug vom Krieg
und vom obersten Kriegsherrn.

Der Republik, also dem Neuen, standen sie abwar-
tend, aber keineswegs ablehnend gegenüber. Über die
Geschehnisse in der Heimat wussten sie – und dies galt
auch für den Pasewalker Lazarettinsassen – viel zu wenig, um sich ein Bild davon machen zu können. Zu verworren waren die revolutionären Ereignisse, die nach
Russland nun auch Deutschland erfasst hatten: Da wurden Matrosen- und Arbeiterräte gebildet sowie ein
»Vollzugsausschuss der Arbeiter und Soldatenräte«, der
zum Generalstreik aufrief. Da gab es einen aristokrati-
schen Reichskanzler, der im Alleingang die Abdankung
des Kaisers verkündete und sein Amt dem Mehrheitssozialdemokraten Friedrich Ebert übergab. Und da
wurde an einem einzigen Tag gleich zweimal eine Republik ausgerufen, eine »deutsche« von Eberts Partei-
freund Philipp Scheidemann und zwei Stunden danach
vom Spartakistenführer Karl Liebknecht eine »freie, sozialistische Republik«. Die einen sprachen vom demo-

2. Extraausgabe   Sonnabend, den 9. November 1918.

Vorwärts

Berliner Volksblatt.
Zentralorgan der sozialdemokratischen Partei Deutschlands.

Der Kaiser hat abgedankt!

Der Reichskanzler hat folgenden Erlaß herausgegeben:

Seine Majestät der Kaiser und König haben sich entschlossen, dem Throne zu entsagen.

Der Reichskanzler bleibt noch so lange im Amte, bis die mit der Abdankung Seiner Majestät, dem Thronverzichte Seiner Kaiserlichen und Königlichen Hoheit des Kronprinzen des Deutschen Reichs und von Preußen und der Einsetzung der Regentschaft verbundenen Fragen geregelt sind. Er beabsichtigt, dem Regenten die Ernennung des Abgeordneten Ebert zum Reichskanzler und die Vorlage eines Gesetzentwurfs wegen der Ausschreibung allgemeiner Wahlen für eine verfassunggebende deutsche Nationalversammlung vorzuschlagen, der es obliegen würde, die künftige Staatsform des deutschen Volk, einschließlich der Volksteile, die ihren Eintritt in die Reichsgrenzen wünschen sollten, endgültig festzustellen.

Berlin, den 9. November 1918. **Der Reichskanzler.**

Prinz Max von Baden.

Es wird nicht geschossen!

Der Reichskanzler hat angeordnet, daß seitens des Militärs von der Waffe kein Gebrauch gemacht werde.

Parteigenossen! Arbeiter! Soldaten!

Soeben sind das Alexanderregiment und die vierten Jäger geschlossen zum Volke übergegangen. Der sozialdemokratische Reichstagsabgeordnete Wels u. a. haben zu den Truppen gesprochen. Offiziere haben sich den Soldaten angeschlossen.

Der sozialdemokratische Arbeiter- und Soldatenrat.

»Der Kaiser hat abgedankt!« Extraausgabe des mehrheitssozialdemokratischen Vorwärts.

47

kratischen Parlamentarismus, die anderen forderten ein Rätesystem, solidarisierten sich mit den russischen Brüdern und verlangten das Bekenntnis zur »sozialistischen Weltrevolution«. Schließlich fanden sich die Mehrheitssozialdemokraten (MSPD), die sich mit der neuen Heeresführung verbündet hatten und sich damit die beste Ausgangsposition im Ringen um die Macht schufen, mit ihren Widersachern, den Unabhängigen Sozialdemokraten (USPD), zum Rat der Volksbeauftragten zusammen. Die äußerste Linke, der Spartakusbund, blieb dieser provisorischen Regierung fern.

Die Frontsoldaten, wie auch die Millionen Deutschen in der Heimat, wurden von diesen dramatischen Ereignisse, die innerhalb weniger Tage über die Nation hereingebrochen waren, geradezu überrollt. Verwirrung und Verunsicherung beherrschten die Deutschen. Und bei den Männern, die an den Fronten des Weltkriegs gekämpft und überlebt hatten, sei es unversehrt oder als Krüppel, kam noch etwas anderes hinzu: die Vorahnung, dass alles umsonst gewesen sein könnte oder, wie es Hitler in *Mein Kampf* schrieb: »Umsonst all die Opfer und Entbehrungen, umsonst der Hunger und Durst von manchmal endlosen Monaten, vergeblich die Stunden, in denen wir, von Todesangst umkrallt, dennoch unsere Pflicht taten [...]«[53] Für den Pasewalker Gefreiten, für den der Krieg einmal einer Befreiung aus seiner perspektivlosen Situation gleichgekommen war, dem im Felde eine gewisse Anerkennung zuteilgeworden war, dem das Heer zu seiner Heimat geworden war, weil er keine wirkliche hatte, stellte sich nun die bange Frage: Würde ihn der Lauf der Geschichte in sein letztendlich hoffnungs- und perspektivloses Vorkriegsdasein

zurückwerfen? Oder würde vielleicht doch noch alles
ganz anders kommen? Dies trieb den genesenden, unpolitischen Soldaten Adolf Hitler um, und nicht die Frage
nach dem Schuldigen an der Niederlage – einer Niederlage, die zu diesem Zeitpunkt als solche noch nicht einmal so recht ausgemacht wurde. Auch von einem »Verrat der Heimatfront« oder gar von einer Urheberschaft
der Juden an diesem Verrat, wie sie später zum Agita-
tionsrepertoire der Nationalsozialisten gehören sollte,
konnte noch keine Rede sein bei Hitler und der Masse
der deutschen Soldaten, die nunmehr in eine Welt zu-
rückkehrten, die nichts mehr mit der zu tun hatte, die sie
bei Kriegsbeginn verlassen hatten.

2. Die heruntergespielte Tatsache:

Der Soldatenrat der »jüdischen Räterepublik«

Es gab kein Ereignis in der deutschen Geschichte, das der Politiker Hitler schärfer als Untat der Juden geißeln sollte, als die Revolution von 1918/19. Schon als der Erste Weltkrieg so überraschend zu Ende ging, wollte ihm klar gewesen sein, dass diese Revolution »jüdisch« sei. Über die Rückkehr zum Ersatzbataillon seines Münchner Regiments Ende November 1918 schrieb er in *Mein Kampf*, dass sich dieses in der Hand von Soldatenräten – die er in Anführungszeichen setzte – befunden habe. Der »ganze Betrieb« sei ihm »widerlich« gewesen. In der Bayerischen Räterepublik vom April 1919 will er dann eine »Judenherrschaft« gesehen haben, »wie sie ursprünglich den Urhebern der ganzen Revolution vor Augen schwebte«[1]. Bullock, Fest und Kershaw folgen im Wesentlichen dieser Darstellung. Tatsächlich aber war Hitler, als die Waffen an den Fronten schwiegen, noch kein Antisemit. Wurde er es im revolutionären München?

Nicht nur dort, sondern in ganz Deutschland hatte der Antisemitismus – wohl wegen der großen materiellen Not in den letzten Kriegsjahren mit ihren mörderischen Hungerwintern – zugenommen. Schwere Zeiten verlangten stets nach Schuldigen, und den Juden wurde diese Rolle im Laufe der Geschichte immer wieder zugewiesen. Doch mit dem Kriegsende erreichte der Antisemitismus eine völlig neue Dimension. Zahlreich sind die zeitgenössischen Stimmen der Betroffenen, die dies mit Sorge vermerkten. Der Sozialist Eduard Bernstein konstatierte, dass »der offene und versteckte Antisemitismus [...] an Ausbreitung ungemein gewonnen«[2] habe. Der Sozialdemokrat Hans Goslar, der 1919 Pressechef der preußischen Regierung wurde, sprach von einer »Hochflut des Antisemitismus«[3]. Und Alfred Wiener, ein hochrangiger Vertreter des »Centralvereins deutscher Staatsbürger jüdischen Glaubens«, schrieb in einer kleinen Abhandlung *Vor Pogromen?* von einer »gewaltigen antisemitischen Sturmflut«[4], die über Deutschland hereingebrochen sei. Es lohne sich zusammenzustellen – so Wiener, der Begründer der bekannten, nach ihm benannten Londoner Bibliothek –, welche gemeinen Beschimpfungen, welche maßlosen Verleumdungen, in »Millionenauflage durch das Reich flattern«. Das jüdische Schrifttum werde in schamloser Weise verfälscht, aus dem Zusammenhang gerissene Stellen aus religionsgesetzlichen Werken würden in »verlogener Weise ausgeschlachtet«. Ritualmorde würden den Juden unterstellt, die in Flugblättern als »vertierte Wüstlinge mit lüsterner Feder gemalt würden«[5], schrieb Wiener, dessen Wahrnehmung von vielen seiner Glaubensgenossen geteilt wurde.

Die Eskalation des Antisemitismus nach Kriegsende – der Jerusalemer Historiker Jonathan Frankel schreibt von einem nie da gewesenen Ausmaß[6] – ging einher mit der Novemberrevolution. Diese wurde von den Deutschen von Anfang an in einem Zusammenhang mit der

Revolution in Russland gesehen, obwohl es diesen zunächst noch gar nicht gegeben hatte. Die deutsche Revolution war nämlich im Wesentlichen keine soziale, sondern ein Aufstand gegen den Krieg. Denn die Matrosen an den Küsten hatten gemeutert, weil sie in der letzten Stunde des Krieges fürchteten, in einer großen Seeschlacht mit den Briten sinnlos geopfert zu werden. Nachdem die Marineführung gegen die Meuterer vorgegangen war und in Kiel erste Todesopfer zu beklagen waren, wandten sich die Matrosen in Scharen jenen zu, die der Revolution des Proletariats und dem Völkerfrieden das Wort redeten. Überall an den Küsten entstanden Soldaten- und Arbeiterräte. Innerhalb kürzester Zeit war dort die militärische und zivile Gewalt in den Händen der Aufständischen, die eine sofortige Beendigung des Krieges und die Abdankung des Kaisers forderten, wie sie der amerikanische Präsident Woodrow Wilson als Voraussetzung für einen gerechten Frieden genannt hatte. Schon dieser Beginn der deutschen Novemberrevolution erinnerte fatal an die Ereignisse in Russland, wo es ebenfalls die Matrosen gewesen waren, die in Sankt Petersburg mit den Kanonenschüssen des Panzerkreuzers »Aurora« das Signal zur Revolution gegeben hatten.

Eine Affäre, die im November 1918 mit der Ausweisung des russischen Botschafters, dem Abbruch der diplomatischen Beziehungen zu Russland und der Schließung der deutschen Ostgrenzen endete, machte die Novemberrevolution in den Augen ihrer Gegner zu einem »bolschewistischen Exportartikel«. Der Berliner Geschäftsträger Adolf Abrahamowitsch Joffe, ein politischer Weggefährte des großen Bolschewistenführers

Leo D. Trotzki, hatte über die diplomatische Vertretung in großem Stil Propagandamaterial und sogar Waffen für die äußerste Linke, die Spartakisten, eine Unterabteilung der Unabhängigen Sozialdemokraten (USPD), beschafft. Auch hatte Joffe seinem deutschen Rechtsbeistand Oskar Cohn, einem Reichstagsabgeordneten der USPD, beträchtliche Geldbeträge zur Finanzierung der Revolution übergeben.[7] Es gehört dabei zu den Treppenwitzen der Geschichte, dass das Spiel der Reichsregierung während des Weltkriegs, die bolschewistische Revolution nach Kräften zu schüren und Russland damit ins Chaos zu stürzen, überraschend schnell auf Deutschland zurückschlug. Schon am 20. Oktober 1918 hatte Lenin auf einer Sitzung seiner Partei erklärt: »Ich werde öfters beschuldigt, in der Revolution mit Hilfe deutschen Geldes gesiegt zu haben. Diese Tatsache habe ich nie geleugnet – noch tue ich das jetzt: ich will jedoch hinzufügen, dass wir mit russischem Geld eine ähnliche Revolution in Deutschland inszenieren werden […]«[8] Nachdem durch einen Zufall herausgekommen war, welche Rolle die Berliner Sowjet-Botschaft und deren Geschäftsträger spielten, und die Zeitungen ausgiebig über die Affäre berichteten, war der Zusammenhang zwischen russischer und deutscher Revolution für jeden, der ihn sehen wollte, klar erkennbar geworden.

Die Affäre suggerierte außerdem einen Zusammenhang zwischen Bolschewismus und Judentum, waren ihre Protagonisten doch jüdischer Herkunft. Offen ausgesprochen wurde diese Verknüpfung Mitte November, als das Zentrumsblatt *Germania* über die Judenverfolgungen in Polen berichtete und danach fragte, ob diese »nicht in erster Linie auch Abwehrströmungen gegen den Bolschewismus asiatischer Prägung« seien, »als dessen Hauptträger überall Juden mit deutschen Namen erscheinen [...]«[9] Dieser Frage folgte eine Aufzählung von jüdischen Revolutionären, in der Lenin unter dem Namen »Zederblom« auftauchte, obwohl der Bolschewistenführer gar kein Jude war. Auch in der Folgezeit war in der *Germania* immer wieder die Rede vom »Terror der jüdisch-russischen Bolschewisten« – eine Sicht der Dinge, die in der rechten Presse – der *Deutschen Zeitung*, der *Täglichen Rundschau* sowie der *Deutschen Tageszeitung* – ohnehin geteilt wurde. In Letzterer unterstrich der alldeutsche Antisemit Ernst Graf zu Reventlow, dass sowohl der Bolschewismus – bis auf Lenin – als auch der Spartakismus unter jüdischer Führung stünden.[10]

Solche Spekulationen waren keine spezifisch deutschen, ging der Mythos vom »jüdischen Bolschewismus« doch um die ganze Welt. Seine Wurzeln sind tief im Zarenreich zu suchen. Im damaligen Russland war das Klischee vom Juden als Aufrührer und Zersetzer, das von der nationalistisch-aristokratischen Propaganda immer wieder heraufbeschworen worden war, allgegenwärtig gewesen. Dass sich dieses Vorurteil durchsetzen konnte, lag nicht zuletzt im alten Antijudaismus Russlands begründet. Eine Folge dieser Haltung war die Tatsache, dass die jüdische Bevölkerung des Zarenreiches, das etwa fünf Millionen Menschen zählende Volk der »Gottesmörder«, in sogenannten Ansiedlungsrayons, einer Art Riesenghettos, in den westlichen und südlichen Gebieten des Riesenreiches, also in Litauen, Polen, der Ukraine, Wolhynien, Bessarabien, Galizien und am Schwarzen Meer, hatte leben müssen. Um von der unbeschreiblichen

Not weiter Bevölkerungskreise abzulenken, hatte die zaristische Politik die Juden zudem immer wieder als Sündenböcke abgestempelt. Das hatte in den 80er-Jahren des 19. Jahrhunderts zu einer Reihe von Pogromen geführt, die stets von Sankt Petersburg aus in den Ansiedlungsrayons inszeniert worden waren.

Unter dem letzten Zaren, dem paranoid antisemitischen Nikolaus II., wurde die Politik gegenüber den Juden noch restriktiver. Der Zar war nämlich zunehmend von den neu gegründeten Liberalen, später auch von den sozialistischen Parteien, unter Druck gesetzt worden. Viele Juden hatten sich diesen Gruppierungen in der Hoffnung angeschlossen, dass ihre emanzipatorischen Wünsche erfüllt würden. Dies zog wiederum eine Welle von Übergriffen und Pogromen nach sich: 1903 etwa kam es zu Ausschreitungen in Kischinew und Gomel, 1905 in Odessa. Es wurde geplündert, misshandelt und gemordet. Ströme jüdischer Flüchtlinge ergossen sich nach Nordamerika, aber auch nach Mitteleuropa. Vonseiten des Zarenhauses wurden die Gräueltaten als »Protest- und Racheakt der patriotischen christlichen Bevölkerung an den jüdischen Revolutionären«[11] erklärt.

Stimmung gegen die Juden wurde von Sankt Petersburg aus auch mit einer Vielzahl von antisemitischen Pamphleten und Schriften gemacht. Als prominentestes Machwerk gelten die *Protokolle der Weisen von Zion*[12], die eine jüdisch-freimaurerische Weltverschwörung belegen sollten. Zu Beginn des Jahrhunderts war diese Schrift von dem russisch-orthodoxen Schwärmer Sergei A. Nilus unter dem Titel *Das Große im Kleinen* herausgegeben worden. Im Jahr 1911 erschien der Traktat unter der Überschrift *Der bald herannahende Anti-christ*. Der darin anklingende apokalyptische Affekt verstärkte dessen wohlkalkulierte antisemitische Wirkung in der mystisch-religiösen Welt des Zarenreiches noch um ein Vielfaches, denn die vermeintlich jüdische Verschwörung wurde mit dem Kampf des Bösen gegen die göttliche Ordnung gleichgesetzt. Doch erst mit der russischen Oktoberrevolution und der Machtübernahme durch die Bolschewisten erreichten die bald in der ganzen Welt verbreiteten *Protokolle* ihre eigentliche Dimension als antisemitische Hetzschrift. Denn der angeblich von den jüdischen »Weisen« formulierte utopische Totalitarismus schien angesichts der Ereignisse in Russland nun Wirklichkeit geworden zu sein.

Dort war der Hass auf die Juden inzwischen weiter eskaliert, galt die mörderische Revolution der Bolschewisten doch als Werk der Juden. Dieses Bild musste sich umso mehr verfestigten, als schon im siebenköpfigen ersten Politbüro der Kommunistischen Partei Russlands (KPR) vom Oktober 1917 mit Trotzki, Grigori J. Sinowjew, Lew B. Kamenew und Grigori J. Sokolnikow allein vier Männer jüdischer Herkunft vertreten waren. Und auch die Großzahl der jungen säkularisierten Juden habe sich nach der zaristischen Unterdrückung den Bolschewisten angeschlossen, schreibt der russische Literaturnobelpreisträger Alexander Solschenizyn im zweiten Band seines kontrovers diskutierten Werkes über die Geschichte der Juden in Russland.[13] Darüber hinaus habe sich auch der antizionistische Internationalist Lenin, der aktive Antisemiten per Ukas erschießen ließ, darum bemüht, die Juden für die Sache des Bolschewismus zu gewinnen. Bereits 1917, als die Bolschewisten ihre Behörden in Petrograd organisierten, habe deshalb eine »Jüdische Abteilung des Kommissariats für Nationalitätenfragen« ihre Arbeit aufgenommen. Kurz darauf sei diese Abteilung in ein eigenes »Jüdisches Kommissariat« umgewandelt worden. Auf dem VIII. Parteitag der KPR sei dann die Ausrufung einer »Jüdischen Kommunistischen Union Russlands« als ein organischer, aber auch eigenständiger Bestandteil der KPR vorbereitet worden, die in die Komintern habe aufgenommen werden sollen, führt Solschenizyn weiter aus.[14]

Besonders in der Allrussischen Außerordentlichen Kommission Tscheka, dem berüchtigten Terrorapparat des Felix Dserschinski, sei die umstürzlerisch gestimmte Jugend des säkularisierten Judentums dann aktiv geworden. Solschenizyn verweist in diesem Zusammenhang auf ein erhalten gebliebenes Dokument, dass sich heute im Trotzki-Archiv der New Yorker Columbia Universität befindet. Es handelt sich um die Kopie eines geheimen »Auszugs aus dem Protokoll der Politbüro-Sitzung des ZK der Kommunistischen Partei« vom 18. April 1919. Darin heißt es unter »Punkt 3. Erklärung des Genossen Leo Trotzki«: »Unter den Tscheka-Mitarbeitern an der Front, den Exekutivkomitee-Mitarbeitern an und hinter der Front sowie bei den zentralen Sowjetbehörden ist der Anteil der Letten und Juden sehr hoch. An der Front selbst ist ihr Anteil dagegen verhältnismäßig unbedeutend. Unter den Rotarmisten ist es aufgrund dessen zu einer starken chauvinistischen Agitation gekommen, die dort einen gewissen Widerhall findet.«[15]

Nicht zuletzt durch die Aussagekraft solcher Dokumente steht für Solschenizyn fest, dass der Mythos vom

»jüdischen Bolschewismus« einen wahren Kern besaß. Doch dies ist hier irrelevant. Entscheidend ist, dass der Mythos als solcher existierte. Und dies weltweit. In den westlichen Ländern wurde er durch eine Flut von Büchern, Broschüren und Zeitungsartikel verbreitet. Der Londoner *Jewish Chronicle* konstatierte im April 1919, dass die Botschaft des Bolschewismus in zentralen Punkten mit den Ideen des Judaismus übereinstimme.[16] In einer anderen Ausgabe der jüdischen Zeitung meinte ihr Korrespondent, dass es unvernünftig sei, wenn die Juden so täten, als ob sie keinerlei Bezug zu Bolschewismus und Revolution hätten.[17] Aussagen dieser Art stützten sich nicht zuletzt auf Äußerungen von Karl Marx, der konstatiert hatte, man müsse in den christlichen Staat »so viel Löcher« wie möglich stoßen.[18] Und auf solche des Dichters Heinrich Heine, der später zum Katholizismus konvertierte und die Juden sogar als »Doktoren der Revolution« bezeichnete.[19]

In ihrem 1919 in London erschienenem Buch *From Liberty to Brest-Litowsk – The First Year of the Russian Revolution* schrieb die liberal-monarchistische russische Politikerin Ariadna Tyrkova-Williams, dass unter den bolschewistischen Funktionären nur wenige Russen gewesen seien, »genauer gesagt, sehr wenige Menschen, die von der gesamtrussischen Kultur und den Interessen des russischen Volkes durchdrungen waren […] Einige waren eindeutig Ausländer, doch daneben hatte der Bolschewismus auch viele Anhänger unter den Emigranten gefunden, die seit vielen Jahren im Ausland lebten. Manche von ihnen waren niemals zuvor in Russland gewesen. Unter ihnen waren besonders viele Juden.« In »allen Komitees und Sekretariaten« der Sowjetischen Republik hätte es »Juden zuhauf« gegeben. »Oft änderten sie ihre jüdischen Namen in russische [...] Aber diese Maskerade konnte niemanden täuschen«, so Ariadna Tyrkova-Williams.[20]

Selbst ernannte Experten, hinter denen sich zumeist Antisemiten verbargen, lieferten bizarr anmutende Zahlenreihen, mit denen belegt werden sollte, dass der Bolschewismus eine »rein jüdische« Angelegenheit sei: In der Londoner *Morning Post* schrieb der Russland-Korrespondent des Blattes, dass von den 545 führenden bolschewistischen Funktionären 477 Juden seien.[21] In der Zeitschrift *La Vieille France* waren es 664 von 703. Vom 22-köpfigen Rat der Volkskommissare seien 18 Juden, hieß es dort weiter.[22] Auf 17 Mitglieder wurde dies im *Dearborn Independent* herunterkorrigiert, in dem der amerikanische Automobilbau-Pionier und flammende Antisemit Henry Ford nach dem Ersten Weltkrieg seine antijüdischen Ergüsse veröffentlichte. Ford wollte außerdem wissen, dass in den Ausschüssen der Sowjetregierung, »die unmittelbar mit der Masse des Volkes zu tun haben«, in den Ausschüssen für Landesverteidigung und Propaganda nämlich, die »Juden [...] buchstäblich alle Plätze ein[nehmen]«[23].

Der russische Publizist Dimitri Bulaschow konstatierte resigniert: »Diese Ziffern, Daten und Namen gehen durch die Presse der ganzen Welt. Das Publikum aller Länder nimmt sie gläubig auf«, obwohl es sich um nichts anderes handele, als um einen »Wust von Lügen, Unsinn und Übertreibung«[24]. Der Gesamtanteil der Juden in der Sowjetführung – so meinte Bulaschow – läge bei knapp zehn Prozent. So wenig solche Angaben zu verifizieren sind, so sicher ist, dass die große Mehrheit

der etwa fünf Millionen Juden in Russland den Bolschewisten die kalte Schulter zeigte. Juden waren es auch –
Leonid Kannegisser und Fannija Kaplan –, die Anschläge
auf den Petrograder Tscheka-Chef Moisei Uritzki und
auf Lenin verübten. Doch dies änderte nichts daran, dass
sich der Mythos vom »jüdischen Bolschewismus« in der
Gestalt des liquidierenden »jüdischen Kommissars« in
der Welt festsetzte.

Wie verbreitet er war, zeigte sich daran, dass er vor
gekrönten Häuptern ebenso wenig Halt machte wie vor
den demokratischen Staatsmännern. Wilhelm II. meinte
vor Kriegsende: »Außer Lenin sind die ganzen Leiter
und Führer der Bolschewiki allerorten ausschließlich
Juden.«[25] Der amerikanische Präsident Woodrow Wilson bemerkte im Mai 1919, es scheine ihm, dass der Bolschewismus jüdisch geführt werde.[26] Und ein englischer
Aristokrat, der einmal als der größte aller Briten gelten
sollte, schrieb im *Illustrated Sunday Herald* im Februar
1920: »Jetzt hat diese bemerkenswerte Bande von Persönlichkeiten aus dem Untergrund der großen Städte
Europas und Amerikas das russische Volk am Schopf
und an der Kehle gepackt und sich zu den unbestrittenen
Herren des riesigen russischen Reiches aufgeschwungen
[…] In den sowjetischen Apparaten ist die Vorherrschaft
der Juden sogar noch erstaunlicher. Und ein bedeu-
tender, wenn nicht tatsächlich der Hauptteil des Terror-
systems […] wurde von Juden ausgeübt und in einigen
bemerkenswerten Fällen von Jüdinnen […]«[27] Es sind
dies die Worte des britischen Kriegsministers und späteren Premiers Winston Churchill.

Auch wenn der Topos des »jüdischen Bolschewismus« in der Presse Westeuropas zum selben Zeitpunkt

stärker vertreten war, wie eine Untersuchung des Historikers Gerd Koenen ergab[28], verbreitete sich auch in Deutschland die Gleichsetzung von Judentum und Kommunismus, von der der amerikanische Russland-Forscher Richard Pipes meint, sie sei eine der »desaströsesten Konsequenzen«[29] der Russischen Revolution. Dies war insbesondere der Fall, nachdem die Revolution seit November 1918 auch hier ihren Lauf genommen hatte. Vor allem die Häufung jüdischer Namen aufseiten der Spartakisten und Unabhängigen Sozialdemokraten – die wortgewaltige Rosa Luxemburg, Paul Levi und andere namhafte deutsche Revolutionäre waren jüdischer Abstammung – hatte zu dem Klischee beigetragen. Als Sachwalter des »jüdischen Bolschewismus« schien diese radikale Linke sich dann auszuweisen, als sie auf dem Reichskongress der Arbeiter- und Soldatenräte Mitte Dezember 1918 mit der Parole »Alle Macht den Räten« auftrat, sich der dort mit überwältigender Mehrheit beschlossenen Wahl einer verfassungsgebenden Nationalversammlung verweigerte und stattdessen ihre Ziele gewaltsam auf der Straße durchzusetzen versuchte. Die Auseinandersetzungen eskalierten, nachdem meuternde Soldaten der »Volksmarinedivision« am 23. Dezember 1919 die Regierung festgesetzt hatten und Ebert sich genötigt sah, erstmals reguläre Truppen um Hilfe bitten zu müssen.

Als sich zur Jahreswende 1918/19 dann Luxemburgs und Liebknechts Spartakisten, Teile der USPD und einige linksradikale Gruppierungen zur Kommunistischen Partei Deutschlands (KPD) zusammenschlossen und beim Gründungskongress Lenins Abgesandter Karl Radek trotz Einreiseverbots auftauchte, schien die Rolle der neuen Partei als Moskaus revolutionärer Ableger festzustehen. Noch bekräftigt wurde diese Rolle, als Radek in seiner Rede den Schulterschluss der russischen und deutschen Proletarier im Kampf gegen die »Ausbeuter« beschwor und Karl Liebknecht unter dem Jubel der Versammelten der russischen Regierung dankte und erklärte: »Russland sei die Geburtsstätte der deutschen Revolution. Erst wenn wir uns mit dem russischen Proletariat verbünden, erst dann würde die Stunde der Weltrevolution, die den Kapitalismus endgültig beseitigt, angebrochen sein.«[30] Dass Radek jüdischer Abstammung war, passte dann allzu gut ins Bild – in ein Bild, dass seine letzten Konturen erhielt, als sich Anfang Januar 1919 der Generalstreik zum Aufstand gegen die Mehrheitssozialdemokratie aufschaukelte und die KPD dabei die zentrale Rolle spielte. Wie sehr alles als Sache des »jüdischen Bolschewismus« angesehen wurde, zeigt unter anderem die Berichterstattung des sozialdemokratischen *Vorwärts*, dessen Chefredakteur Friedrich Stampfer selbst Jude war. Darin wurden die eigentlichen Drahtzieher des Spartakisten-Aufstandes, der auch als »Bolschewistenaufstand« bezeichnet wurde, mit ihren jüdischen Namen benannt: Die Rede war von »Braunstein [!] [Trotzki], Luxemburg und Sobelsohn [Radek]«[31].

Dass das Judentum untrennbar zu Revolution und Bolschewismus zu gehören schien, war also auch in den Reihen der Sozialdemokraten eine unausgesprochene Wahrnehmung. Gustav Noske gehörte zu den wenigen, die sie dennoch aussprachen, wenn er in seinen Memoiren von einem »ostjüdischen Einfluss« in der deutschen Arbeiterbewegung schrieb. Obwohl er betonte, kein Antisemit zu sein, meinte er, »dass die ostjüdischen

›Marxisten‹ eine besondere Veranlagung dafür besaßen, den Sozialismus zu einem Dogma auszubilden und Gemeinplätze in Glaubensbekenntnisse zu verwandeln. Sie brüteten eine Geheimwissenschaft aus, die den deutschen Arbeitern stets unverständlich geblieben ist.«[32]

Die weitverbreitete Gleichsetzung von Bolschewismus beziehungsweise Revolution und Judentum war zweifellos eine der Hauptursachen für den eskalierenden Antisemitismus im Nachkriegsdeutschland. Der Historiker Jonathan Frankel meint: Je größer der Erfolg der kommunistischen Bewegung gewesen sei, desto größer sei die »antikommunistische Feindseligkeit gegenüber den Juden«[33] geworden. Entscheidender als der objektive Erfolg der Kommunisten war jedoch die von den Zeitgenossen subjektiv empfundene Bedrohung durch den Kommunismus beziehungsweise Bolschewismus. Mit anderen Worten: Je größer Letztere war, desto größer musste auch der Antisemitismus sein – Zusammenhänge, die die Hitler-Biografen von Bullock bis Kershaw nicht thematisieren.

Für Letzteren ist die kommunistische Bedrohung lediglich ein Schreckgespenst, das dem deutschen Politestablishment als Vorwand diente, alte antidemokratische, revanchistische und antisemitische Ressentiments ausleben zu können. Entsprechend gibt es für Kershaw nach dem Ersten Weltkrieg auch keinen antibolschewistisch motivierten Antisemitismus. Seine Marginalisierung der deutschen Revolution – ihre Entkoppelung von den Ereignissen in Russland und die damit verbundene Negierung eines zentralen Faktors für den rasant steigenden Antisemitismus in Nachkriegsdeutschland – entspricht der vorherrschenden Richtung in der zeitgeschichtlichen Forschung. Auf die Spitze getrieben wurde dieser Kurs von dem Publizisten Sebastian Haffner. Seinen *Anmerkungen zu Hitler* zufolge waren es weniger die linken Revolutionäre, die die Republik demontierten, als die Führung der Mehrheitssozialdemokratie. Ebert, Scheidemann und Noske hätten die Revolution niedergeschlagen, sich eine erbitterte Daueropposition auf der Linken und eine noch gefährlichere auf der Rechten geschaffen, die das zarte Pflänzchen der Weimarer Demokratie letztlich zertrat und Deutschland in die Katastrophe führte.[34] In seinem Buch *1918/19. Eine deutsche Revolution* schreibt Haffner fünfzig Jahre nach der Novemberrevolution sogar von einem »Verrat der Sozialdemokratie an ihrer eigenen Revolution«. Es sei eine von den Sozialdemokraten erfundene Legende, dass die Revolution von 1918/19 »nicht die von den Sozialdemokraten seit fünfzig Jahren proklamierte Revolution gewesen sei, sondern eine bolschewistische Revolution, ein russischer Importartikel, und dass die SPD Deutschland vor dem ›bolschewistischen Chaos‹ bewahrt und gerettet hat«, führt Haffner Jahre vor seinen *Anmerkungen* in Anlehnung an den marxistischen Historiker Arthur Rosenberg aus.[35]

Für Haffner und all diejenigen, für die der Weltkommunismus kein Faktor in der Geschichte der Weimarer Republik ist, existiert in der Folge auch nicht die Strahlkraft der weltrevolutionären Parolen auf die proletarischen Massen Europas, vor allem aber auf diejenigen in den Ländern der Kriegsverlierer. Selbst in den breit angelegten Stimmungsbildern von Fests Hitler-Biografie wird diese und die aus ihr resultierende Angst vor der bolschewistischen Gefahr im Bürgertum eher beiläufig erwähnt. Tatsächlich aber stellte sich für die meisten Deutschen, gleichgültig welchem politischen Lager sie angehörten, schon mit dem Ausbruch der Novemberrevolution die eine Frage: Wird Deutschland dem Beispiel Russlands folgen oder nicht? »Zwei Strömungen haben die Welt erfasst und kämpfen im gewaltigen Ringen um die Vorherrschaft: Die Demokratie und der Bolschewismus, die westländische Freiheitsidee und die russische Gleichheitsidee«, wurde es in der *Germania* Mitte November 1918 auf den Punkt gebracht.[36]

Entsprechend entschlossen und erbittert wurde dann auch das Ringen der Regierungssozialdemokratie gegen den Bolschewismus und seine »Agenten« aus den Reihen der Spartakisten geführt. Eberts, Scheidemanns und Noskes Kampf war aus ihrer Sicht eine Auseinandersetzung, bei der es um alles ging. Dabei erwogen sie sogar das Äußerste. So soll Ebert unter dem Eindruck des Ende Dezember 1918 ausbrechenden Bürgerkrieges erklärt haben, dass »es gut wäre, wenn die Alliierten Berlin besetzen und die Stadt vor dem Bolschewismus schützen würden«[37] – Fakten, die das ganze Ausmaß der Ängste und Befürchtungen unter den damals Verantwortlichen offenlegen. Nur für denjenigen, der ihnen abverlangte, das Scheitern der von Moskau initiierten Revolutionsanstrengungen in Deutschland ebenso vorauszusehen wie den Aufstieg einer noch gar nicht existierenden nationalsozialistischen Bewegung, können die sozialdemokratischen Führer zu Komplizen der Reaktion, zu Verrätern an ihrer eigenen Sache, werden. Ebert ist für Haffner »im Herzen der Statthalter des alten Staates« und Noske »ein primitiver Gewaltmensch«[38].

In Wirklichkeit waren diese Männer Patrioten. Man werde ihnen nicht vorwerfen können, schreibt der Historiker Hagen Schulze in seiner Geschichte der Weimarer Republik, dass sie keine Lenins, ja nicht einmal Steins oder Hardenbergs gewesen seien: »Die führenden Sozialdemokraten waren Parteifunktionäre, Kinder des 19. Jahrhunderts, für sie war politischer Fortschritt untrennbar mit ruhiger Einsicht und rationalem, unaufgeregtem Handeln verbunden.«[39] Es ist unredlich, ihnen aus der Rückschau vorzuhalten, sie seien nicht in der Lage gewesen, zwischen den Führern und Zielen der deutschen Spartakisten und den russischen Bolschewisten zu differenzieren. Unterschiede gab es gewiss – etwa wenn Rosa Luxemburg die radikalsten Vertreter in ihren Reihen ermahnte, dass das russische Proletariat eine lange Epoche revolutionärer Kämpfe hinter sich habe, Deutschland jedoch noch ganz am Anfang der Revolution stünde und gefragt werden müsse, »welcher Weg der sicherste ist, um die Massen zu erziehen«[40]. Doch aus der Perspektive der damaligen Mehrheitssozialdemokraten musste die äußerste Linke unweigerlich als Partner beziehungsweise als Instrument der russischen Bolschewiken erscheinen. Schon die Namensgebung »KPD« bedeutete eine äußerliche Anlehnung an die siegreiche Partei der russischen Revolution. Nicht übersehen werden dürfen auch die erwähnte Weigerung, an den Wahlen zur Nationalversammlung teilzunehmen, die permanenten Bekundungen, dass die Partei – so stand es auch im Programm der KPD – »die Interessen der proletarischen Weltrevolution« vertrete, einmal ganz abgesehen von den ständigen Attacken gegen die MSPD-Führung, die als »Handlanger der Bourgeoisie« bezeichnet und des Verrats an den Grundsätzen des Sozialismus bezichtigt wurde.[41] Ganz offenkundig wurde die Sache, als die KPD im Frühjahr 1919 der Komintern beitrat und fortan ihre Weisungen vom »Generalstab der Weltrevolution« erhielt. Spätestens hier schloss sich der Kreis, der mit der schroffen Zurückweisung der MSPD durch den Spartakisten-Führer Karl Liebknecht im November 1918 seinen Anfang genommen hatte. Um im Interesse der Nation die alte Einheitsfront der Arbeiterbewegung wiederherzustellen, hatte Scheidemann diesem damals vorgeschlagen, Spartakus möge zusammen mit MSPD und USPD den »Rat der Volksbeauftragten« bilden.

Der sogenannte Spartakistenaufstand vom Januar 1919 wurde dann auch von der MSPD mithilfe von Freikorps innerhalb weniger Tage niedergeschlagen. »Einer muss der Bluthund werden«, soll Noske gesagt haben[42], als er zu Beginn der Revolution zum Volksbeauftragten für Heer und Marine ernannt wurde – Worte, die mit der brutalen Ermordung Luxemburgs und Liebknechts durch Freikorpsmänner, die im Dienste Noskes standen, ihre tiefere Bedeutung erhielten. Doch es entbehrt nicht eines gewissen Realitätssinns, wenn der sozialdemokratische *Vorwärts* schrieb, dass die Ermordeten letztendlich »Opfer des blutigen Terrors« geworden seien, den sie, »von einer Wahnidee vorwärts gepeitscht, selber ins Land gerufen hatten«[43].

Es war bei Weitem nicht nur Propaganda, wenn es, nachdem die Ruhe in Berlin wieder halbwegs hergestellt worden war, in der Proklamation Eberts an das deutsche Volk hieß: »Irregeleitete Fanatiker verbanden sich mit dunklen Elementen der Großstadt, um mit der Hilfe einer fremden Macht die Gewalt an sich zu reißen, die ihnen das Volk, der alleinige rechtmäßige Auftraggeber jeder Regierung, aus freiem Willen niemals übertragen wird.« Dass die erwähnte fremde Macht das bolschewistische Russland war, daran ließ der Verfasser des Aufrufs keinen Zweifel, wenn im *Vorwärts*, der die Proklamation abgedruckt hatte, weiter zu lesen war: »Nicht minder gilt es, unsere Grenzen gegen die neue russische Militärdespotie zu schützen, die uns mit kriegerischer Gewalt ihre eigenen anarchischen Zustände aufzwingen und einen neuen Weltkrieg entfesseln will, dessen Schauplatz unser Land sein würde. Bolschewismus ist Tod des Friedens, Tod der Freiheit, Tod des Sozialismus, der nur in aufbauender Arbeit sein Werk, die Befreiung des schaffenden Volkes aus Fesseln wirtschaftlicher Ausbeutung, vollenden kann.«[44]

Noske zeigte sich im Rückblick davon überzeugt, dass die kommunistische Machtergreifung eine reale Möglichkeit gewesen sei[45] – eine Auffassung, die viele seiner Zeitgenossen teilten. Einer von ihnen war der linksliberale Harry Graf Kessler, ein kritischer Beobachter der Ereignisse. In seinem Tagebuch hielt er am 20. Januar 1919, kurz nach der Niederschlagung des Spartakistenaufstandes, fest: »Ebenso gut hätte der ›Gegenstaat‹, das bewaffnete Proletariat, die Macht erringen können.«[46] Aller Wahrscheinlichkeit nach hätte dieser »Gegenstaat« sein Ziel aber nicht erreichen können, denn die Macht in Deutschland lag durch ihr Bündnis mit der Heeresführung aufseiten der MSPD. Und mit der Wahl zur Weimarer Nationalversammlung am 19. Januar 1919 und der Bildung einer von der SPD geführten, auf breiter parlamentarischer Mehrheit gründenden

Mitte-Links-Regierung war ein wichtiges Etappenziel auf dem Weg zur parlamentarischen Demokratie erreicht worden. Da sich die äußerste Linke mit der großen Sowjetmacht im Rücken aber bei Weitem nicht geschlagen gab, existierte für die übergroße Mehrheit der Deutschen die bolschewistische Drohkulisse weiter. Es überwiege das Gefühl, »als sei er [der Bolschewismus, R. G. R.] ein reißender Strom oder zumindest eine geistige Welle von übergroßer Ansteckungskraft oder doch endlich eine unabwendbare, eine neue Ära der Menschheit einleitende, sozialistische Reaktion auf den Weltkrieg, die, ob schnell oder langsam, aber jedenfalls sicher die ganze zivilisierte Welt überfluten wird«, schrieb der in Berlin lebende russische Publizist E. Hurwicz Anfang 1919.[47] Die Ereignisse schienen Hurwicz recht zu geben: Anfang März 1919 versuchte die äußerste Linke in Berlin einen ausgerufenen Generalstreik zum Aufstand gegen die Reichsregierung voranzutreiben. Aber dieser Umsturzversuch, dem sich ein vorübergehendes KPD-Verbot anschloss, wurde niedergeschlagen, ebenso wie die Räterepubliken in Bremen und Braunschweig. Ende April 1919 musste die Reichsregierung ihr Augenmerk dann auf Bayern lenken, wo das Feuer der Revolution am hellsten aufloderte und damit – als Reaktion darauf – auch der Antisemitismus seinen Höhepunkt erreichen sollte.

Dort, genauer gesagt in München, wo Hitler seit Ende November 1918 in der 7. Kompanie des 1. Ersatzbataillons des 2. Infanterie-Regiments Kasernendienst schob, hatte die Revolution die erste und älteste Monarchie Deutschlands in Windeseile hinweggefegt. Anfang des Monats hatte König Ludwig III. abgedankt und flucht-

Der bayerische Ministerpräsident Kurt Eisner (Mitte) beim Verlassen der Reichskanzlei, November 1918.

artig die Hauptstadt verlassen, nachdem es dem USPD-Politiker Kurt Eisner mit bemerkenswertem taktischen Geschick gelungen war, aus einem bewaffneten Umzug einen Umsturz zu machen.[48] Der Schwabinger Journalist und Fabrikantensohn mit der jüdischen Abstammung, der am 8. November 1919 zum Ministerpräsidenten gewählt worden war, nahm in gewisser Hinsicht eine Sonderstellung in der Linken ein, denn er strebte für den Freistaat Bayern, wie das Königreich jetzt hieß, eine – um mit dem marxistischen Historiker Arthur Rosenberg zu sprechen – »lebendige, aus den Räten erwachsende Demokratie« an. »Er hätte am liebsten ein Parlament alten Stils überhaupt nicht mehr gesehen, aber auf der anderen Seite wollte er keine übereilte Sozialisie-

71

rung und lehnte jede Diktaturmethode bolschewistischer Art aufs Schärfste ab.«[49]

Damit saß der bayerische Ministerpräsident zwischen allen Stühlen, denn er wurde von der eigenen Parteilinken und den Kommunisten ebenso angegriffen wie von der MSPD, die entschlossen war, ihr altes Ideal, die parlamentarische Demokratie, durchzusetzen. In den Räten sahen die Mehrheitssozialdemokraten nur eine Übergangserscheinung. Sie waren für sie Produkte der revolutionären Unordnung, die verschwinden sollten, sobald die Nationalversammlung und die anderen parlamentarisch-demokratischen Einrichtungen geschaffen worden wären. Verkompliziert wurde die Situation in Bayern durch separatistische Tendenzen, sodass es für den einfachen Mann kaum möglich war, sich in diesem Durcheinander unterschiedlichster politischer Zielstellungen zurechtzufinden.

Das galt sicherlich auch für den unpolitischen Gefreiten Hitler, der sich in München in einem Milieu wiederfand, in dem man der Revolution und den sozialistischen Ideen ausgesprochen aufgeschlossen gegenüberstand. Diese Haltung war unter den Soldaten des Weltkriegs, insbesondere aber bei den heimgekehrten Frontsoldaten, nichts Ungewöhnliches. Gleichgültig woher sie kamen, sie waren als einig Volk von Brüdern in den Weltkrieg gezogen. Die Überzeugung, das Vaterland verteidigen zu müssen, und die damit einhergegangene nationale Euphorie vom August 1914 hatten die sozialen Gegensätze und die daraus resultierenden Spannungen im deutschen Obrigkeitsstaat als nicht mehr existent erscheinen lassen. Im Feld, bei der kämpfenden Truppe, gab es dann ohnehin keine Klassenschranken mehr.

Von einem »Grabensozialismus« war später die Rede, denn in der Abgeschlossenheit von Schützengräben oder Unterseebooten mit ihren erstickend klaustrophoben Zügen war es gleichgültig, woher der Einzelne kam. Nur in der Gemeinschaft war das Überleben möglich, nur die soldatische Kameradschaft machte stark. Der Einzelne war nichts. Bestenfalls durch den Dienst an dieser Gemeinschaft in Form von besonderem Einsatzwillen, wie er Hitler nachgesagt wurde, konnte der Einzelne sich hervortun. All das wurde nach Kriegsende in der Erinnerung an den »Männerbund« noch überhöht, der in den Frontlinien die letzte menschliche Zuflucht und Bindung gegeben hatte, und daher für die Soldaten sakrosankt war. »Es gab einen Platz in Deutschland, an dem es keine Klassenspaltung gegeben hat. Das waren die Kompanien vorn. Dort kannte man nicht einen bürgerlichen oder proletarischen Zug, dort gab es nur die Kompanie und damit Schluss«, sagte Hitler einmal.[50] Selbst der konservative Geschichtsphilosoph Oswald Spengler posaunte im Vorwort seines 1919 erschienenen Buches *Preußentum und Sozialismus* hinaus: »Der echte Sozialismus stand im letzten Ringen an der Front oder lag in den Massengräbern von halb Europa.«[51] Spengler versuchte damit, dem materialistischen Sozialismus à la Karl Marx durch die Wiederbelebung des altpreußischen »Soldatensozialismus« so etwas wie eine Seele einzuhauchen.

Doch für die Frontsoldaten hatte sich das Alte überlebt, das Alte, das sie in den Abhängigkeiten »von Gottes Gnaden« des Kaiserreiches verkörpert sahen. Die alte Ordnung erschien den Feldgrauen, die vom Kampf ums Überleben geprägt waren, als erbärmlich und schwächlich. Sie hatte nämlich versagt, wie die Ereignisse vom Herbst 1918 mit der Flucht des Kaisers ins niederländische Exil nachhaltig unter Beweis stellten. Die alte Ordnung war für die Frontkämpfer obsolet geworden. In einer aus dem Frühjahr 1919 stammenden Schrift aus rechtskonservativer Sicht, die für die Bayerische Reichswehr bestimmt war, hieß es über die Befindlichkeit der Truppe, der auch Hitler angehörte: Es bestehe »eine Empfänglichkeit für radikale Ideen [...] Diese Empfänglichkeit ist geboren aus der Unkenntnis politischer Zusammenhänge und Wechselwirkungen und aus dem Misstrauen gegenüber allem, was bisher am Staat herumgedoktert hat. Das Misstrauen richtet sich gegen alle älteren Gebilde [...]«[52]

Die »rote« Münchner Garnison war nicht der Ort, an dem der Antisemitismus aufblühte. Ebenso wenig das Kriegsgefangenen- und Zivilinterniertenlager in Traunstein, wohin Hitler bereits am 3. Dezember 1918, also wenige Tage nach seiner Ankunft im Münchner Ersatzregiment, abkommandiert wurde. In Traunstein, in der Abgeschiedenheit der bayerischen Berge, wo die Nachrichten von den Schauplätzen des Bürgerkriegs nur sehr schleppend eintrafen und zudem anmuteten, als kämen sie von einem anderen Stern, war Hitler in den Wachdienst eingegliedert worden. Das Lager, in dem sich russische Kriegsgefangene befanden, war in den Händen von Soldatenräten, die sich mit den Männern aus der »Heimat der Revolution« verbrüderten. Und auch die Wachmannschaften, zu denen Hitler gehörte, taten mit. Denn unter ihnen – so ein Offizier – hätten sich »Elemente« befunden, »die [sich] ohne die frühere straffe Zucht zu einem ziemlich üblen Bestandteil des

Lagers entwickelten. Es waren Leute, die nach Waffenstillstand und Revolution die soldatische Tätigkeit nur als Mittel zur Erhaltung einer sorgenfreien Existenz auf Staatskosten zu betrachten schienen.«[53] Dies galt auch für den Gefreiten Hitler, dessen Traunsteiner Zeit in gewisser Hinsicht seiner Vorkriegsexistenz ähnelte: Er führte ein Leben, das weitgehend von Orientierungslosigkeit geprägt war. Nur die Uniform bewahrte ihn vor dem Abstieg, sicherte ihm Brot und Obdach. Deshalb »schwamm« er sozusagen mit der Masse mit. Von einem Entschluss, Politiker zu werden, um dem »verderblichen Wirken der Juden« Einhalt zu gebieten, wie er es in *Mein Kampf* als Resultat des 9. November hinausschrie, konnte jedenfalls keine Rede sein.

Nachdem das Traunsteiner Kriegsgefangenenlager aufgelöst worden war, kehrte Hitler irgendwann zwischen Ende Januar und Mitte Februar 1919 zu seinem Regiment nach München zurück. Die Hauptstadt des Freistaats stand in diesen Tagen noch unter dem Eindruck der Wahlen zum verfassungsgebenden bayerischen Landtag vom Vormonat. Die Unabhängige Sozialdemokratische Partei Deutschlands (USPD) und deren Vorsitzender, der bayerische Ministerpräsident Eisner, waren dabei regelrecht untergegangen. Ganze 2,5 Prozent der Stimmen hatte die Partei noch auf sich vereinigen können. Während die MSPD, die sich behauptet hatte, mit der stärksten Partei, der Bayerischen Volkspartei, liebäugelte, radikalisierte sich nun die Linke, da sie ins politische Abseits abgedrängt zu werden drohte.

Als sich diese Linke, USPD-Anhänger, Kommunisten und Anarchisten, auf der Münchner Theresienwiese zur Großdemonstration einfanden, war aller Wahrscheinlichkeit nach auch Hitler dabei. Denn vom 2. Infanterie-Regiment, das durch und durch von den revolutionären Ideen infiziert gewesen sein soll, war angeordnet worden, dass sämtliche Truppenteile an dem Spektakel teilzunehmen hätten. Mehr als 10000 Soldaten und Arbeiter kamen an diesem 16. Februar 1919 zusammen, wollten sie doch wissen, wie es weitergehen würde. Während der Großdemonstration wurden sie Zeugen fortwährender Attacken gegen die »Reaktion«, also die alte aristokratisch-konservative Elite, der die Schuld am Krieg gegeben wurde. Sie erlebten aber auch den Grabenkrieg innerhalb der Linken selbst, etwa dann, wenn Eisner die MSPD attackierte und der KPD-Funktionär Max Levien die Errichtung einer Räterepublik nach sowjetischem Vorbild forderte. Immer wieder hätten die Massen Eisner in einem Atemzug mit Lenin und Trotzki hochleben lassen.[54]

Die völkischen Antisemiten, die in diesen Männern die verdammungswürdigen Protagonisten des »jüdischen Bolschewismus« auszumachen glaubten, führten in diesen Revolutionstagen ein regelrechtes Untergrunddasein, denn die Straße der bayerischen Hauptstadt gehörte den Revolutionären.[55] Dies galt auch für die Angehörigen der Thule-Gesellschaft, zu denen die alldeutsch-völkische Prominenz der bayerischen Hauptstadt zählte, namhafte Persönlichkeiten wie der Verleger Julius Lehmann, der Publizist Dietrich Eckart, der Deutsch-Balte Alfred Rosenberg und auch ein noch unbekannter junger Kriegsheimkehrer namens Rudolf Hess. Gegründet worden war die Gesellschaft von dem Abenteurer Rudolf von Sebottendorf im August 1918 als »Germanenorden«. Im November desselben Jahres wurde sie zum Münchner Hort der Konterrevolution. Einige Thule-Mitglieder waren auch dabei, als im oberfränkischen Bamberg im Februar 1919 auf Betreiben des Alldeutschen Verbandes ein »Antisemitenbund« gebildet wurde, aus dem später der »Deutschvölkische Schutz- und Trutzbund« hervorging. Für die Angehörigen dieser Organisationen, deren Mitgliederzahlen parallel zum eskalierenden Antisemitismus in die Höhe schnellten[56], stand fest: Schuld daran, dass das Heer nicht gesiegt hatte, war »der Jude«, der nun im Gewand der Revolution Deutschland dem Bolschewismus ausliefern würde. Der bereits im November 1919 gegründete »Kampfbund Thule«, so der offizielle Name der Gruppierung, arbeitete in der bayerischen Hauptstadt konspirativ gegen den »jüdischen Bolschewismus«, sprich gegen die Revolution.

Argumentationshilfe in Sachen »jüdischer Bolschewismus« erhielten die völkischen Antisemiten in München wie auch andernorts in Deutschland von russischen Revolutionsflüchtlingen. So existierte in der Isarmetropole ein weißrussischer Kreis, deren wichtigstes Mitglied Pawlo Skoropadskyj war, den die Deutschen 1918 zum Gouverneur der Ukraine gemacht hatten. In dem Kreis verkehrte ebenfalls der Deutsch-Balte und spätere November-Putschist Max Erwin Scheubner-Richter, der schon lange vor dem Weltkrieg nach Bayern gekommen war. Ebenso wie Alfred Rosenberg, der in Moskau Architektur studiert und die Anfänge der Revolution miterlebt hatte und der später zu einem der wichtigsten Ideologen des Nationalsozialismus werden sollte.

Rosenberg war einer der Allerersten in München, die schon zu Beginn des Jahres 1919 Beiträge schrieben, die den Bolschewismus zur ureigensten Angelegenheit der Juden machten. In einem Artikel vom Februar hieß es unter der Überschrift »Die russisch-jüdische Revolution«[57]: Es seien Juden gewesen, die »mit bewusster Lüge« den russischen Staat zu desorganisieren trachteten. »Die Seele dieser ganzen Strömung war der allbekannte Braunstein [!], alias Trotzki, ein Jude aus dem Jekaterinoslawischen Gouvernement, und sein Blutsgenosse Apfelbaum, genannt Sinowjew«, hieß es bei Rosenberg weiter, der im Zusammenhang mit der bolschewistischen Regierung bald von einer »Judenherrschaft«, bald von einem »Sowjetjudäa« sprach.

Veröffentlicht wurden Rosenbergs Artikel in Dietrich Eckarts antisemitischem Periodikum *Auf gut Deutsch*[58]. Der Judenhasser Eckart, dem später eine zentrale Rolle bei der antisemitischen Ideologisierung Hitlers zukommen sollte, war eine verkrachte Existenz.[59] Er hatte sich als Schriftsteller versucht, doch der Erfolg war ihm versagt geblieben, weshalb er sich zunehmend in ein rassistisch-antisemitisches Sektierertum geflüchtet hatte. Neben Rosenberg war vor allem Eckart Pionier und Wortführer der bayerischen Antisemiten. Hitler sagte später einmal über ihn: »Sein Verdienst für die Abwehr bolschewistischer Exzesse ist ein außerordentlich großes. Er hat in seinem ›Auf gut Deutsch‹ eine ebenso populäre wie klassisch geschriebene Wochenschrift herausgeben, die wohl als erste in Deutschland nach der Revolution den Kampf gegen das Judentum in allerschärfster Form aufnahm und durchführte.«[60]

Wie die ersten Ausgaben des Periodikums zeigen, das nach und nach zu einer Art Katechismus der künftigen Münchner Nationalsozialisten werden sollte, wurde auch von Eckart der vermeintlich »jüdische Charakter« des Bolschewismus im Zuge der deutschen Revolution als Thema entdeckt.[61] Trotz der Revolution, die für den Antisemiten der Anlass war, das Blatt im Dezember 1918 herauszubringen, ging es in dessen erster Nummer noch um die »Schönheitsfehler der Bayerischen Volkspartei« und um den Kriegshelden Paul von Lettow-Vorbeck. Erst in Heft 2 thematisierte Eckart unter der Überschrift »Das Judentum in und außer uns« das »verderbliche Wirken« des Judentums, das sich des Bolschewismus bediene, um Deutschland zu zerstören. Heft 2 datierte vom 10. Januar 1919. In Berlin probten die KPD-Spartakisten derweil den Aufstand gegen die Republik.

Vor allem durch *Auf gut deutsch*, dessen Inhalt Eckart, Rosenberg und der rechtskonservative Publizist Karl Ludwig Graf von Bothmer nahezu allein bestritten, wurde das Bild vom »jüdischen Bolschewismus« in München Anfang 1919 verbreitet. Seine Personifikation war Eisner. Genau als solche war dieser zum Feindbild der völkischen Nationalisten und Konservativen schlechthin geworden, hatte er doch im Januar 1918 den Streik der Münchner Munitionsarbeiter organisiert, wofür er mehrere Monate im Gefängnis saß. Im Februar 1919 redete der frankophile Politiker, der Bayerns Zukunft in einer Donauföderation sah, der alleinigen Kriegsschuld Deutschlands das Wort. Bothmer warf ihm daraufhin vor, er heiße in Wirklichkeit Kosmanowski, stamme aus Galizien und wolle »durch das Mittel der nationalen Verzweiflung das Land in die Arme des Bolschewismus jagen«.[62]

Eisner wurde bald in einem derartigen Maß Ziel-

scheibe antibolschewistischer und antisemitischer Anwürfe, dass sich die Münchner Juden aus Furcht vor den
Folgen des rasant wachsenden Antisemitismus von ihm
distanzierten. So erklärte *Das jüdische Echo* schon im
Dezember 1918 im Namen der alteingesessenen Münchner Juden: »Wir Juden werden und können Herrn Eisner nicht ›abschütteln‹: denn wir haben als Juden gar
nichts mit ihm zu tun. Die Stellung der einzelnen Juden
Herrn Eisner und seiner Regierung gegenüber ist keine
einheitliche, sondern eine aus der jeweiligen politischen
Richtung des Einzelnen sich ergebende«, hieß es in der
Zeitung.[63] Andere Münchner Juden hatten Eisner – wie
der Sozialdemokrat Hans Goslar berichtete – beschworen, sich in das »Privatleben zurückzuziehen«, da doch
die vom katholischen Klerus gegen ihn geführte Fehde
den deutschen Juden nur stark schade. Doch Eisner habe
das von sich gewiesen. Seine Begründung: Wenn heute
»immer noch ein Unterschied zwischen Jüdischen und
Nichtjüdischen gemacht werde […] müsse er sagen, dass
die ganze Revolution umsonst gewesen« sei, berichtete
Goslar, der Eisner als »typische[n] weltfremde[n] und
Wirklichkeits-entrückte[n] jüdische[n] Ideologe[n]« bezeichnete, »der in Menschheitsverbrüderungsträumen
schwelgt, und für den es keine religiösen, nationalen und
rassenmäßigen Unterschiede, also auch keine Judenheit,
sondern nur eine vom Kapitalismus zu erlösende
Menschheit gibt«[64].

Am 21. Februar 1919 – Hitler war am Vortag zur
Münchner Bahnhofswache abkommandiert worden –
wurde Eisner auf dem Weg zum Landtag, wo er seinen
Rücktritt als bayerischer Ministerpräsident erklären
wollte, von dem Weltkriegs-Leutnant Anton Graf von

*Hitler (in der Mitte stehend) mit Kameraden der Münchner Hauptbahn-
hofswache, Ende Februar/Anfang März 1919.*

Arco auf Valley hinterrücks erschossen. Keine vierzehn
Tage vor seiner Ermordung hatte der Osteuropa-Histo-
riker und DNVP-Politiker Otto Hoetzsch in einem
Kommentar der *Kreuzzeitung* geschrieben, dass sich in
Deutschland eine »starke Opposition gegen die übermä-
ßige Beteiligung des Judentums an der Revolution« ab-
zeichne.[65] Weil man aufseiten der äußersten Linken den
Mörder Eisners in den Reihen der MSPD vermutete,
schoss kurz darauf der linksradikale Alois Lindner deren Vorsitzenden Erhard Auer im Plenum des Parla-
ments nieder und verletzte ihn schwer. Innerhalb der
Rechten nahm man es mit Genugtuung auf, dass sich die

Linke gegenseitig massakrierte. Gleichzeitig feierte man Arco als »Tyrannenmörder« und »Befreier Bayerns«. Der hatte seine Bluttat mit den Worten begründet: »Eisner strebt nach Anarchie, er ist Bolschewist, er ist Jude, er ist kein Deutscher, er fühlt nicht deutsch, er untergräbt jedes deutsche Gefühl.«[66]

Hitler jubelte nicht über den Tod des bayerischen Regierungschefs, wie er es sicherlich getan hätte, wäre er schon damals ein völkischer Antisemit gewesen. Der Gefreite stand auf der anderen Seite der Barrikaden. Er gehörte nämlich zu den Abertausenden, die »dem Juden Eisner« das letzte Geleit zum Münchner Ostfriedhof gaben. Erhalten gebliebene Filmaufnahmen zeigen ihn im Pulk der Trauerdelegation des 2. bayerischen Infanterie-Regiments; ein Foto zeigt ihn an der Aussegnungshalle des Ostfriedhofs. Dies bedeutet freilich nicht, dass Hitler ein Parteigänger der USPD gewesen wäre. Eisner war der Übervater der Revolution in Bayern und genoss in der gesamten Linken und auch bei den eher links eingestellten Soldaten der Münchner Garnison hohes Ansehen, ja Verehrung. Der Kommunist Eugen Leviné schrieb über die Wertschätzung des ermordeten Eisner unter seinen Genossen: »Meine Freunde sind hier die reinsten Kinder [...] Es herrscht ungeheure Verwirrung. Die meisten Mitglieder tragen an ihrer Brust die Bilder von Karl Liebknecht und Kurt Eisner friedlich beieinander. Wenn man sie darauf aufmerksam macht erklären sie: ›Auf unseren Eisner lassen wir nichts kommen. Er war ein aufrechter Revolutionär.‹«[67]

Hitler, der seine Teilnahme an Eisners Begräbnis im Nachhinein ungeschehen machen wollte, indem er in *Mein Kampf* seine Rückkehr aus Traunstein kurzerhand auf den März 1919 datierte, war zu diesem Zeitpunkt bereits kein bloßer Mitläufer mehr. Denn schon im Februar war er – wie aus einer Bataillons-Anordnung hervorgeht – zum Vertrauensmann des Demobilisierungsbataillons des 2. Infanterie-Regiments gewählt worden.[68] Nicht nur die in seinem Geltungsbedürfnis gründende Extrovertiertheit, sondern auch die Tatsache, dass er ein zuverlässiger Kamerad gewesen war, hatte ihn für diese Position qualifiziert. Wäre Hitler völkisch orientiert gewesen, wäre er wohl kaum auf den Posten gelangt, zu dessen Aufgabenbereich es doch gehörte, nach entsprechender Einweisung in die Problematik »Parlament oder Räte«[69] den Kameraden die neue demokratisch-republikanische Ordnung näherzubringen – eine Ordnung, die Hitler im Nachhinein längst als »jüdisch« angesehen haben wollte und die ihm laut *Mein Kampf* schon damals verhasst gewesen sein soll.

Es fehlt dann auch nicht an Hinweisen, denen zufolge Hitler mit den Mehrheitssozialdemokraten sympathisiert hat. Die *Münchner Post* berichtete später, als Hitler schon NSDAP-Chef war, dass dieser quasi im Dienst der MSPD gestanden habe – derselben Sozialdemokraten, von denen er schon im November 1918 erkannt haben wollte, »dass sie keine Ehre besitzen«. »Der gleiche Hitler, der heute das Wort ›Novemberverbrecher‹ stündlich auf den Lippe trägt«, schrieb der sozialdemokratische Vizepräsident des Bayerischen Landtags Auer in der *Münchner Post* im Frühjahr 1923, »galt seiner politischen Überzeugung nach in den Kreisen der Propagandaabteilung als Mehrheitssozialdemokrat und gab sich auch als solcher aus, wie so viele, war er aber nie politisch oder gewerkschaftlich organisiert.«[70] Wie sehr

Hitler durch den Beitrag getroffen wurde, verdeutlicht die ausgiebige Replik im *Völkischen Beobachter* vom 27. März 1923. In dieser behauptet Hitler, er sei »niemals in einer Propagandaabteilung des revolutionären Soldatenrates« gewesen. Dann räumt er allerdings ein, dass er »hunderte Male gebeten« worden sei, er »jedoch den Herr[e]n kategorisch erklärt« habe, für ihn gäbe es »nur eine Propaganda, und das ist die gegen die Revolutionsverbrecher«[71].

Unter den Hinweisen, die Hitler als MSPD-nah ausweisen, findet sich auch einer des USPD-Räte-Revolutionärs Ernst Toller. Der Intellektuelle jüdischer Abstammung, der sich 1914 freiwillig zum Kriegsdienst gemeldet hatte, 1917 aus gesundheitlichen Gründen freigestellt und im darauffolgenden Jahr im Zusammenhang mit dem Munitionsarbeiterstreik verhaftet worden war, wollte erfahren haben, dass sich Hitler, der »so geschwollen« dahergeredet habe, als Sozialdemokrat zu erkennen gegeben hätte.[72] Und auch der Sozialdemokrat Konrad Heiden, der als Journalist in den frühen 20er-Jahren die politische Szene Münchens beobachtete und nach Hitlers Machtübernahme das erste kritisch-biografische Buch über diesen schrieb, berichtete, dass der Gefreite es mit den Sozialdemokraten gehalten und sogar von einem Eintritt in die Partei gesprochen habe.[73]

Dies wäre nichts Besonderes gewesen. Dass die Frontsoldaten gegenüber der Sozialdemokratie aufgeschlossen waren, hatte sich schon bei den Wahlen zur Weimarer Nationalversammlung im Januar 1919 gezeigt. Denn nicht zuletzt durch ihre Stimmen war die MSPD zur stärksten Partei geworden und konnte mit dem katholischen Zentrum und der linksliberalen Deutschen De-

mokratischen Partei (DDP) mit einer eindrucksvollen
Mehrheit die Reichsregierung stellen. Von der MSPD
mochten die Soldaten des Weltkriegs erwartet haben,
dass sie die sozialen Schranken niederreißen und auch
die soziale Degradierung aufheben würde, der sich viele
Kriegsheimkehrer ausgesetzt fühlten, als ihnen von den
radikalen Revolutionären die Achselstücke von den
Schultern gerissen worden waren. Die Partei vertrat
würdig die Sache des Heeres, eines Heeres, mit deren
Führung sie ja kooperierte. Ebert, der zwei Söhne im
Weltkrieg verloren hatte, aber auch andere Mehrheitssozialdemokraten dankten den Feldgrauen aufrichtig
für ihre Opfer, die sie für das Vaterland gebracht hatten,
was sicherlich wenig mit dem so oft strapazierten Mythos vom »im Felde unbesiegten Heer« zu tun hatte.

*Die heimkehrenden Truppen, umjubelt von der Berliner Bevölkerung,
der zu diesem Zeitpunkt noch nicht bewusst ist, dass der Krieg verloren ist;
Dezember 1918.*

Noch erinnerlich war gewiss die Ansprache, die Ebert am 10. Dezember 1918 vor heimkehrenden Truppen gehalten hatte. »Ihnen allen«, so der Mehrheitssozialdemokrat, »die sich für den Schutz der Heimat aufgeopfert haben, unseren unauslöschlichen Dank […] Eure Opfer und Taten sind ohne Beispiel. Kein Feind hat Euch überwunden […] Ihr habt die Heimat vor feindlichem Einfall geschützt. Ihr habt Euren Frauen und Kindern, Euren Eltern den Mord und Brand des Krieges ferngehalten, Deutschlands Fluren und Werkstätten vor Verwüstung und Zerstörung bewahrt. Dafür dankt Euch die Heimat in überströmendem Gefühl […]«[74]

Und auch Anfang März 1919 zollte die MSPD den Kämpfern des Heeres einmal mehr ihre Hochachtung, als sie dem zurückkehrenden »Löwen von Afrika«, General Paul von Lettow-Vorbeck, und seinem Häuflein Soldaten in der Reichshauptstadt einen triumphalen Empfang bereitete und Noske diesem sogleich neue Aufgaben zuwies. So etwas musste bei den Frontkämpfern ankommen, insbesondere bei entwurzelten Männern wie Hitler, denen das Heer »zur Heimat« geworden war. Sepp Dietrich, der spätere Kommandeur der »Leibstandarte-SS Adolf Hitler«, meinte dann auch in der Rückschau, dass sie (die Nationalsozialisten) alle einmal Sozialdemokraten gewesen seien. Dietrich fungierte als gewählter Vorsitzender eines Soldatenrates.[75] Hermann Esser, einer der ganz frühen Gefolgsleute des Politikers Hitler, der 1923 erster Propagandaleiter der NSDAP werden sollte, arbeitete als Journalist für ein sozialdemokratisches Blatt. Als Nationalsozialist Esser 1921 aus den eigenen Reihen wegen seiner politischen Vergangenheit attackiert wurde, soll sich Hitler mit der

Bemerkung hinter ihn gestellt haben: »Jeder war einmal Sozialdemokrat.«[76]

Später – aus der Distanz – sollte sich Hitler, im Gegensatz zu den ihm verhassten bürgerlichen Parteien der Mitte, selbst wohlwollend und differenziert über die Sozialdemokratie auslassen, freilich nicht bei seinen öffentlichen Reden, sondern im privaten Gespräch. So äußerte er gegenüber dem Stabschef der SA, Otto Wagener, im Juni 1930: »Nun komme ich zu den Sozialdemokraten. Da finden wir die große Masse des braven, strebsamen, fleißigen deutschen Volkes aller Stämme und Schichten […] In der Sozialdemokratie leben die rassisch einwandfreiesten und besten deutschen Menschen zusammen.«[77] In einem von dem persönlichen Mitarbeiter Rosenbergs, Werner Koeppen, notierten Tischgespräch am 18. September 1941 erklärte Hitler, »die größte Korruption habe in den Parteien der Mitte geherrscht. Den führenden Sozialdemokraten habe man dies in keiner Weise nachsagen können.«[78] Am 28./29. Dezember 1941 lobte er die Sozialdemokratie dafür, dass sie die Hohenzollern-Monarchie, »dieses Geschmeiß«, »beseitigt« habe.[79] Und am 1. Februar 1942 meinte er schließlich, dass der damaligen Sozialdemokratie »nur der Führer gefehlt«[80] habe.

Kershaw wiederum folgt hingegen Hitlers eigener Propaganda, nach der dieser die Sozialdemokratie schon in seinen Wiener Jahren als jüdischen Schwindel ausgemacht haben wollte. Der britische Historiker schreibt: »Zu glauben, Hitler habe Sympathien für die Sozialdemokratie gehegt […] fällt schwer […] Wenn Hitler während der Revolutionsmonate äußerlich zu den Mehrheitssozialdemokraten neigte, dann nicht aus

Die internationale Solidarität lässt auch russische Kriegsgefangene im Leichenzug Kurt Eisners mitgehen. Hitler, den Filmaufnahmen als Mitmarschierer zeigen, steht rechts am Bildrand, 26. Februar 1919.

Überzeugung, sondern aus purem Opportunismus mit dem Ziel, die Demobilisierung so lange wie möglich hinauszuzögern.«[81] Abgesehen von Hitlers Selbstdarstellung in *Mein Kampf*, auf die Kershaw zurückgreift, findet sich nur ein einziger Beleg, aus dem abgeleitet werden könnte, dass Hitler zu Beginn des Jahres 1919 Reaktionär und Antisemit gewesen war. Es handelt sich um ein in der Quellensammlung der Historiker Eberhard Jäckel und Axel Kuhn abgedrucktes und Hitler zugeschriebenes Gedicht, in dem der Verfasser die Revolutionäre verspottet. Unter der Überschrift »Marxerei« ist dort zu lesen: »Man schrieb den Dummen eine Fiebel / Und sprach: Prolete – Volk und Raß' / Ist saures Bier: nimm diese Bibel / Und lern daraus den Klassenhaß! / Der deutsche Michel war so blöde / Und folgte diesem Erzkujon; / nun irrt der Michel in der Öde, / In Schmach und Schand; in Bann und Fron.« Das handschriftliche »Hitler«-Gedicht stammte aber von keinem Geringeren als von dem berühmt gewordenen Konrad Kujau, dem Fälscher der Hitler-Tagebücher![82]

Wer es, wie der wirkliche Regierungssoldat Adolf Hitler Ende Februar/Anfang März 1919 mit der Sozialdemokratie hielt, der musste auch der Entwicklung in Bayern aufgeschlossen gegenüberstehen, die nach der Ermordung Eisners Platz griff. Dessen Märtyrertod hatte kurzfristig alle Gegensätze überbrückt und die Vision von einer starken, geschlossen agierenden Linken erreichbar scheinen lassen. Die USPD, die MSPD, die soeben noch mit der Bayerischen Volkspartei eine Regierung hatte bilden wollen, und sogar die KPD fanden sich unter Führung des USPD-Sozialisten Ernst Niekisch in einem »Zentralrat der Baierischen Republik« zusammen. Dass dies möglich geworden war, erklärt der Historiker Arthur Rosenberg in seiner Geschichte der Weimarer Republik nicht zuletzt damit, dass die bayerische MSPD fast das ganze Proletariat hinter sich gehabt habe und all die Tendenzen in sich vereinte, die sich im übrigen Deutschland andere organisatorische Formen gesucht hatten. Die Leute, die anderswo der linken USPD oder den Spartakisten gefolgt wären, bezeichneten sich in Bayern daher meistens als Mehrheitssozialisten. Wie sich nach der Bildung des provisorischen Rats rasch herausstellte, blieb es jedoch bei der einen entscheidenden Frage: Soll Bayern Räterepublik oder parlamentarische Demokratie werden? Die Gemäßigten setzten sich gegen die radikale Minderheit durch und man einigte sich auf eine sozialistische Regierung unter Führung des Mehrheitssozialdemokraten Johannes Hoffmann.

Wie weit der fast 30 Jahre alte Gefreite Hitler von den
völkischen Antisemiten entfernt war, zeigte sich einmal
mehr, als er sich nicht auf die Seite der Regierung stellte,
als diese von den Radikalen schließlich doch davonge-
jagt wurde. Ende März 1919 war aus Ungarn die Nachricht gekommen, dass der von Moskau entsandte Bolschewist Béla Kun – ein Siebenbürger Jude – dort die
Diktatur des Proletariats ausgerufen hatte. Die Revolution schien sich nunmehr von Russland ausgehend
unaufhaltsam ihren Weg nach Westen zu bahnen. In
München brachen jetzt alle Dämme. Eine um die Literaten jüdischer Herkunft Ernst Toller, Erich Mühsam
und Gustav Landauer zusammengewürfelte Gruppe
von schwärmerisch-idealistischen Anarcho-Revolutio-
nären übernahm nun die Macht. Sie bildeten – ohne die
auf ihre Chance lauernde KPD – einen provisorischen
»Rat der Volksbeauftragten«. Unter dem Motto
»Deutschland kommt nach« wurde in der Nacht vom
6. auf 7. April 1919 die »Baierische Räterepublik« ausgerufen.

In den frühen Morgenstunden dieses Tages gingen
Telegramme ins Land hinaus, in denen die neue Ordnung bekannt gegeben wurde und Städte und Gemein-
den angehalten wurden, zur Feier der neu anbrechenden
Zeit »allgemeinen Friedens und anbrechender Menschlichkeit« die Kirchenglocken läuten zu lassen. Mit einer
Vielzahl von Erlassen und Dekreten wurde nun der gesellschaftliche Umbruch verfügt. Banken und Großun-
ternehmen sollten verstaatlicht, die Landwirtschaft kol-
lektiviert und Unterordnungsverhältnisse abgeschafft
werden. Den Zeitungen wurde befohlen, auf ihren Ti-
telseiten neben den neusten Revolutionsdekreten und

Urteilssprüchen der nach dem Vorbild der Französischen Revolution eingerichteten Tribunale Gedichte von Friedrich Hölderlin, Friedrich von Schiller und anderen abzudrucken. In einem Vers Erich Mühsams hieß es: »Vier Jahre hat die Welt der Knechte / Ihr Blut verspritzt fürs Kapital / Jetzt steht sie auf zum erstenmal / Für eigne Freiheit, eigne Rechte. / Germane, Römer, Jud und Russ / In einem Bund zusammen, / Löscht alle Kriegesflammen. / Jetzt gilts die Freiheit aufzustellen. – / Die rote Fahne hoch, Rebellen!«[83]

Möglich geworden war dies alles, weil es den naiv-idealistischen bayerischen Revolutionären mit ihrem verklärten Blick auf Russland gelungen war, die Soldatenräte der Münchner Garnison in ihr Lager herüberzuziehen. Da man so gut wie keinen Rückhalt in der Bevölkerung hatte, brauchte man die Macht der Bajonette. Die sie trugen, wurden nun zum Stamm einer »Roten Armee« erklärt, die die im Interesse des »Wohls des gesamten Proletariats« und auf »sozial-kommunistischer Grundlage« stehende »Baierische Räterepublik« anerkannte und verteidigen sollte.[84] Der Vertrauensmann Hitler, der sich stets als Künstler begriffen hatte, stand den revolutionären Literaten offenbar aufgeschlossen gegenüber. Und er blieb auch dann noch auf der Seite der Revolution, als es am 13. April 1919 in der Münchner Innenstadt zu Gefechten zwischen den »Roten« und Verbänden der regulären, ins oberfränkische Bamberg ausgewichenen Regierung des bayerischen Ministerpräsidenten Johannes Hoffmann kam.

Der »Palmsonntagsputsch«, in dessen Folge die Regierungstruppen auseinanderliefen, zog einen weiteren Radikalisierungsschub nach sich. Nun war die Stunde der hartgesottenen, ganz nach Moskau hin orientierten kommunistischen Berufsrevolutionäre angebrochen. Der provisorische »Rat der Volksbeauftragen« musste nun einem zur legislativen Körperschaft gekürten »Baierischen Sowjet« weichen. Dieser wurde von einem vierköpfigen Vollzugsrat geführt, dem die beiden von der Moskauer Komintern beziehungsweise von der KPD aufgebauten Politfunktionäre Max Levien und Towia Axelrod sowie Eugen Leviné und Arnold Wadler angehörten. Eröffnet wurde die mit der zweiten Bayerischen Räterepublik nunmehr endgültig anbrechende weltrevolutionäre Zeit mit der Ausrufung der »Diktatur des Proletariats«.

Grigori J. Sinowjew, der erste Vorsitzende der Komintern, schien allen Grund zu haben, optimistisch in die Zukunft zu blicken. Zufrieden stellte er fest, nunmehr existierten »drei Sowjetrepubliken: Russland, Ungarn und Bayern«. Und er fügte hinzu: »In einem Jahr wird ganz Europa kommunistisch sein.«[85] Selbst der große Lenin richtete eine Grußbotschaft an die Bayerische Räterepublik, in der er schrieb: »Wir bitten Sie sehr, möglichst oft und möglichst konkret mitzuteilen, welche Maßnahmen Sie zum Kampfe gegen die bürgerlichen Henker Scheidemann und Co. durchgeführt haben. Haben Sie Arbeiter- und Gesinderäte in den Stadtteilen geschaffen, die Arbeiter bewaffnet, die Bourgeoisie entwaffnet […] den Wohnraum der Bourgeoisie für die sofortige Einweisung von Arbeitern in die Wohnungen der Reichen beschränkt, alle Banken in Ihre Hände genommen [und] Geiseln aus der Bourgeoisie festgesetzt?«[86]

Da der »Baierische Sowjet« mit einer Militärintervention des Reiches rechnete, sollte die Münchner Garnison jetzt auf die »Kommunistische Räterepublik« eingeschworen werden. Aus diesem Grund wurden für den 15. April 1919 die Soldatenräte sämtlicher Regimenter in das Gewerkschaftshaus gerufen. Die Veranstaltung leitete der Oberkommandierende der revolutionären Truppen, der von einem kaiserlichen Kriegsgericht zum Tode verurteilte und begnadigte Deserteur Rudolf Egelhofer, und damit – aus Hitlers *Mein Kampf*-Sicht – einer jener Männer, die er als Drückeberger abgrundtief verachtet haben wollte. Unter Egelhofers Regie und in Anwesenheit seines Stabschef Ernst Wollenberg beschlossen die Soldatenräte nunmehr, die sogenannten Kasernenräte neu wählen zu lassen, um angesichts der sich zuspitzenden Lage antirevolutionäre Kräfte auszusondern. »Rat« in der Münchner Garnison sollte fortan nur noch derjenige sein, der »rückhaltlos auf dem Boden der Räterepublik« stand und diese gegen »alle Anschläge der vereinigten bürgerlich-kapitalistischen Reaktion« zu verteidigen bereit war.[87]

Als am 16. April 1919 die Wahlergebnisse für das 2. Infanterie-Regiment vorlagen, war auch der Name des Gefreiten »Hittler«, wie er irrtümlich geschrieben wurde, auf der Liste der Gewählten.[88] Er hatte die zweitmeisten Stimmen in seiner Kompanie erhalten. Der Gewählte, der später von sich behauptete, er habe auf einer »Konskriptionsliste« der Räterepublik gestanden, war nunmehr Ersatzbataillonsrat der 2. Kompanie des Demobilisierungsbataillons des in die »Rote Armee« integrierten 2. Bayerischen Infanterie-Regiments. Es ist kaum vorstellbar, aber eindeutig belegt: Der Mann, der für diesen Zeitpunkt schon für sich beanspruchte, im

Bolschewismus das »teuflischste Instrument« des »internationalen Judentums« erkannt zu haben, war nun Funktionär im Räderwerk der kommunistischen Weltrevolution!

Es gibt unterschiedliche Erklärungen, weshalb Hitler sich, der es eigentlich mit der MSPD hielt, zum Ersatzbataillonsrat wählen ließ. Möglicherweise lag es daran, dass sein gesamtes Umfeld durch den Sog der Ereignisse auf die Seite der äußersten Linken gezogen worden war. Vielleicht nahm er auch deshalb die Wahl an, weil exakt an diesem Tag ein von Toller kommandierter Verband der »Roten« die vorrückenden Regierungstruppen aus dem als strategisch wichtig angesehenen Dachau vertrieb, was auf kommunistischer Seite als großer Triumph und als Sieg des Proletariats gefeiert wurde. Vielleicht war es auch auf den Geltungsdrang zurückzuführen, der dem Gefreiten eigen war. Doch eines steht fest: Bei all seiner Neigung zur Wichtigtuerei hätte er dies sicherlich nicht getan, wenn er zu diesem Zeitpunkt ein völkischer Antisemit gewesen wäre.

Unter den Völkischen, aber inzwischen auch im gesamten Bürgertum Münchens wurde die verhasste Räterepublik als »Judenherrschaft« apostrophiert. Das lag an den offenkundigen Bezügen zu Russland, dessen Bolschewismus ja ohnehin als ureigene Sache der Juden angesehen wurde. Für jedermann war erkennbar, dass die Räterepublik ein »Ableger« Moskaus war. Die bayerischen Revolutionstruppen hießen »Rote Armee«. In ihr dienten entlassene russische Kriegsgefangene. Ausgegebene Parolen trugen den Namen des von den völkischen Antisemiten als Juden verteufelten Trotzki. Die Glückwunschadressen des Moskauer Volkskommissars für Äußeres, Georgi W. Tschitscherin, zur Machtübernahme der Räte waren in den in ganz München verteilten Revolutionspamphleten zu lesen. Andererseits hieß es auf sozialdemokratischen Flugblättern, die vom rechtmäßigen bayerischen Ministerpräsidenten Hoffmann unterzeichnet waren: »In München rast der russische Terror, entfesselt von landfremden Elementen. Diese Schmach Bayerns darf keinen Tag, keine Stunde weiter bestehen«[89] – Fakten, die verdeutlichen, dass es auch mit Hitlers frühen großdeutsch-nationalen Anschauungen, die er in *Mein Kampf* so strapazierte, ebenfalls noch nicht so weit her gewesen sein kann.

Dass die Räterepublik als »Judenherrschaft« angesehen wurde, hatte vor allem auch damit zu tun, dass unter den namhaften Revolutionsführern viele jüdischer Abstammung waren. Dies war bei Landauer, Mühsam und Toller der Fall, aber auch bei Leviné und Axelrod.[90] Und wer unter den Revolutionären kein Jude war, wurde von völkischen Antisemiten, von Leuten wie Alfred Rosenberg, kurzerhand als »jüdisch« abgestempelt, und zwar aus dem einfachen Grund, weil er Bolschewist war. Ihr Pauschalurteil über den Bolschewismus stand fest und war in Flugblättern zu lesen: »Bolschewismus ist Judensache! Bolschewismus ohne Juden gibt es nicht«, hieß es dort, oder: »Fast jeder Jude ist ein verkappter Bolschewist.«[91]

Doch auch Zeitgenossen mit Differenzierungsvermögen wie der Publizist David Eliasberg betonten, dass sich in München, »genau so wie in Russland, Juden im starken Maße am Bolschewismus beteiligt [haben]«[92]. Und auch der britische Kriegsminister Churchill gab im *Illustrated Sunday Herald* zum Besten, dass die Juden eine »schlimme Bedeutung erreichten [...] in der kurzen Periode des Terrors, während der Béla Kun in Ungarn herrschte. Dasselbe Phänomen hat sich in Deutschland gezeigt (besonders in Bayern).«[93] Nichts anderes stellte auch der päpstliche Nuntius und spätere Papst Pius XII., Eugenio Pacelli, fest, wenn er im April 1919 über die Führung der Räterepublik nach Rom berichtete, dass es sich um Russen und Juden handele. Leviné sei »ein junger Mann von circa 30 oder 35 Jahren, ebenfalls Russe und Jude«, hieß es in Pacellis Schreiben, das auf einen Bericht seines Bevollmächtigten, Bischof Schioppa, zurückging. Im Brief des päpstlichen Nuntius wurde nicht versäumt, darauf hinzuweisen, dass Leviné »ein wahrhaft abstoßender Typ, doch mit einer intelligenten und schlauen Physiognomie«[94] sei. Dem katholischen Würdenträger Sympathien für einen Revolutionär jüdischer Herkunft abzuverlangen wäre sicherlich zu viel verlangt. Für ihn waren die Juden die Gottesmörder und die Bolschewisten irregeleitete Menschen, die nicht nur die göttliche Ordnung auf Erden durcheinanderbrachten, sondern in Russland den orthodoxen Klerus ausrotteten. Das Schreiben vom 18. April 1919 taugt daher kaum als Beleg dafür, Pacelli als Rassen-Antisemiten zu deuten, wie es der Brite John Cornwell tut, der aus Pius XII. »Hitlers Papst«[95] macht. Der Nuntius kolportierte lediglich ein 1919 nahezu weltweit verbreitetes Klischee.

Gleiches tat die Bayerische Volkspartei (BVP), die schon zu Eisners Lebzeiten eine regelrechte Kampagne gegen den »jüdischen Bolschewismus« betrieben hatte. Auf einem ihrer Flugblätter hieß es: »Fort mit der Judenherrschaft!«[96] Hitler sah sich später – im Februar 1928, als man sich in der BVP ungern an deren Nachkriegsantisemitismus erinnerte – angesichts ihrer scharfen Kritik an der NSDAP dazu veranlasst, den Christkatholischen im Verlauf einer Rede höhnisch aus dem Flugblatt vorzulesen: »[…] darum erkennt endlich den verderblichen Einfluss der Judenschaft. Tretet jeder Zeit und überall dem jüdischen Machthunger und Profitsucht entgegen. Macht Euch frei von dieser Fremdherrschaft.«[97]

Im Verlauf der Rätezeit wurde dann für immer mehr Nicht-Juden die gesamte jüdische Bevölkerung Münchens, deren Angehörige soeben noch als deutsche Patrioten ihren Blutzoll auf den Schlachtfeldern des Weltkrieges entrichtet hatten, zu »volksfremden Elementen« und zu »Helfershelfer[n]« der »Ausländer«, die in ihrer Stadt die Macht übernommen hätten. Der konservative Publizist und Gymnasialprofessor Josef Hofmiller vermerkte Ende April 1919 in seinem »Revolutionstagebuch«, dass in München das Gerücht umgehe, ein geplanter Proteststreik des öffentlichen Dienstes gegen das Räteregime sei daran gescheitert, dass jüdische Staatsanwälte und Richter darauf bestanden hätten, dem Regime weiterhin zu Diensten zu sein. Auch jüdische Ärzte hätten eine Streikteilnahme abgelehnt, »vorgeblich aus Gründen der Menschlichkeit, in Wirklichkeit, um sich der Praxis ihrer nichtjüdischen Kollegen zu bemächtigen«[98].

Von dem sich im München des Frühjahrs 1919 rasant verbreitenden Antisemitismus, der im Bürgertum mitunter hysterische Züge annahm, schien der Ersatzbataillonsrat Hitler in seinem »roten« Umfeld noch nicht infiziert worden zu sein. Bemerkenswert und gleichermaßen entlarvend ist in diesem Zusammenhang, dass er in *Mein Kampf* die Münchner Revolutionszeit lediglich auf einer einzigen Seite abhandelt. Lapidar schreibt er von einer »vorübergehenden Judenherrschaft«. Die naheliegende Frage, warum er – der vermeintliche Judenhasser und großdeutsche Nationalist – sich nicht einer der seit November 1918 wie Pilze aus dem Boden schießenden antisemitisch-völkischen Organisation oder einem der vielen in Bayern operierenden Freikorps angeschlossen hatte, beantwortete er in seinem Traktat fast hilflos: Er habe sich von der nüchternen Feststellung leiten lassen, dass er als Namenloser »selbst die geringste Voraussetzung zu irgendeinem zweckmäßigen Handeln nicht besaß«[99]. Um seine Funktion als »roter« Ersatzbataillonsrat in jenen Apriltagen des Jahres 1919 zu verschleiern, berichtete er stattdessen von folgender Begebenheit: »Im Laufe der neuen Räterevolution trat ich zum ersten Mal so auf, dass ich mir das Missfallen des Zentralrates zuzog. Am 27. April 1919 frühmorgens sollte ich verhaftet werden – die drei Burschen aber besaßen angesichts des vorgehaltenen Karabiners nicht den nötigen Mut und zogen wieder ab wie sie gekommen waren.«[100] Dass der »Held« Hitler hier einmal mehr seinen politisch-weltanschaulichen Werdegang plump fälschte, zeigt nicht zuletzt die Tatsache, dass der Zentralrat, dessen Missfallen er sich zugezogen haben wollte, zu diesem Zeitpunkt bereits nicht mehr existierte.

Sicherlich tat Hitler sich als Ersatzbataillonsrat nicht sonderlich hervor. Zum einen blieb dazu kaum Zeit, zum anderen war er aber auch klug genug, recht bald zu erkennen, dass ein Waffengang aufseiten der Räterepublik einem Selbstmord gleichgekommen wäre. Denn auf München rückten Ende April die durch Freikorps verstärkten Truppen der sozialdemokratisch geführten

Reichsregierung vor – 30 000 gut ausgerüstete Soldaten mit schwerer Artillerie, unterstützt von einer Flieger-staffel und zwei Panzerzügen. Angesichts der nahenden Verbände kam es bei den Verteidigern der Stadt zu Panik und Zerwürfnissen. Toller und andere bezichtig-ten Leviné und dessen unmittelbare Gefolgsleute, mit-hilfe ihrer russischen Revolutionspräferenzen die ein-heimischen radikalen Kräfte eingeschüchtert zu haben. Schließlich stellten sie sogar eine Gegenregierung auf, die unter dem Motto »Wir Bayern sind keine Russen!« dafür plädierte, das Proletariat nicht in einen aussichts-losen Kampf zu führen.[101]

Der Weltkriegserfahrung Hitlers war es wohl zuzu-schreiben, dass er es vorzog, sich in der »Karl-Lieb-knecht-Kaserne«, wie die Baracken in der Münchner Lothstraße jetzt hießen, zu verkriechen, als die Entsat-zungstruppen unter dem Jubel der Bevölkerung schließ-lich in die Stadt einrückten und der Bayerischen Räte-republik ein schnelles und überaus blutiges Ende bereiteten. Konrad Heiden, der mit vielen Augenzeugen gespro-chen hatte, beschreibt die Szenerie so: »Nach dem Sturz der Räteregierung dringt eine ›weiße‹ Truppe in die Ka-serne ein, wo Hitler mit einer ›wilden Rotte‹ (so drückt sich der Gewährsmann aus) in scheinbarer Eintracht lebt.«[102] Otto Strasser, der anfängliche Parteigänger und spätere Todfeind des »Führers«, sollte nach seiner Flucht aus Deutschland fragen: »Wo war Hitler an diesem Tag [als die sogenannten Weißen München befreiten, R. G. R.]? In welchen Winkeln Münchens versteckte sich der Soldat, der in unseren Reihen hätte kämpfen müssen?« Strasser[103], dessen Bruder Gregor im Zusam-menhang mit den »Röhm-Putsch«-Säuberungen auf Befehl Hitlers ermordet wurde, wollte dem »Führer« Feigheit unterstellen und weniger dessen frühe Gesinnung anzweifeln. Dass Hitler damals eher ein Mitläufer, ja ein Überlebenskünstler war und nicht zu den frühen völkisch-antisemitischen Ideologen gehörte, wusste er nicht.

Für die Hitler-Biografen wird die Quellenlage zu Hitlers Rolle zwischen November 1918 und April 1919, die Hamanns These vom frühen Wiener Judenfreund nachhaltig unterstützt, zur interpretatorischen Herausforderung. Wie soll das Mittun des vermeintlich frühen Judenhassers in der von ihm selbst später als »vorübergehende Judendiktatur« bezeichneten Rätezeit plausibel erklärt werden? Fest verfügte beim Verfassen seines Welterfolges nicht über die Dokumente, die belegen, dass Hitler Ersatzbataillonsrat gewesen war. Er erklärt daher die vermeintliche Wende vom ebenso vermeintlichen Wiener Juden- und Sozialistenhasser zum Soldaten mit der »roten Armbinde« lediglich als eine Art Automatismus. Es sei Hitler nicht leicht gefallen, sich der herrschenden »Roten Armee« zu unterstellen. Bullock beruft sich in seiner großen Doppelbiografie über Hitler und Stalin auf Fest und begnügt sich mit der Feststellung, dass Hitler während der Herrschaft der Münchner Räterepublik eine »zwielichtige Rolle« bespielt habe.[104]

Kershaw versucht den Widerspruch dadurch aufzulösen, dass er die zeitgenössische Wahrnehmung der Räterepublik als »Judenherrschaft« und ihren russischen Charakter in seiner Biografie im Wesentlichen ausspart. Dadurch vermeidet er zwei Fragen, deren Beantwortung schwierig werden würde. Erstens: Weshalb sollten dem frühen Judenhasser, der sich die Namen der Wiener

Sozialdemokraten Austerlitz, David und Ellenbogen eingeprägt haben wollte, in München die Namen Landauer, Axelrod und Leviné entgangen sein? Und zweitens: Warum sollte sich Hitler in München Revolutionären unterstellen, die für die von Moskau gelenkte Weltrevolution kämpften, wenn er doch schon in Wien, oder wie Fest meint, bereits in Linz ein flammender Nationalist gewesen war?

Kershaw folgt stattdessen erneut Hitlers Darstellung in *Mein Kampf*. Ohne einen einzigen tragfähigen Beleg vorweisen zu können, behauptet der britische Historiker: Der Ersatzbataillonsrat des in die »Rote Armee« integrierten 2. bayerischen Infanterie-Regiments sei spätestens Ende April »als Konterrevolutionär bekannt« gewesen, »der er wirklich war«[105]. Der Zweck scheint hier die Mittel zu heiligen, ist Kershaw doch bemüht, das Bild von der im Wesentlichen stringenten politisch-ideologischen Entwicklung des späteren Diktators aufrechtzuerhalten. Alles andere würde nicht zu seiner Grundthese passen, nach der »die in der wilhelminischen Ära entstandene deutsche politische Kultur den Boden [bereitete], auf dem die Saat der später vom Nationalsozialismus übernommenen Ideen aufgehen konnte«[106].

3. Das Tabu:
Radikal-Antisemitismus als Reflex auf den »jüdischen Bolschewismus«

Wann wurde Hitler zum Judenhasser, wenn nicht in Wien, während des Weltkrieges oder der frühen Revolutionszeit? Und vor allem: Wodurch wurde er zum Judenhasser? Die Beantwortung dieser Fragen ist eng verbunden mit zwei Zäsuren, die zeitlich zusammenfielen und die einander bedurften, damit die Geschichte den Lauf nehmen konnte, den sie schließlich nahm. Die erste Zäsur ist die »Befreiung« Münchens von der kommunistischen Herrschaft, die am 2. Mai 1919 zu ihrem Ende kam. Bereits eine Woche später tauchte Hitler, der ehemalige Ersatzbataillonsrat der Räterepublik mit dem indifferenten Verhältnis gegenüber den Juden, als Funktionsträger auf der Seite der Regierungstruppen auf. Die zweite Zäsur ist der Versailler Friedensvertrag, dessen Bestimmungen am 7. Mai 1919 der deutschen Delegation übergeben und kurz darauf der deutschen Öffentlichkeit bekannt wurden. Gleichsam über Nacht hatte das »Traumland der Waffenstillstandsperiode«, wie der Philosoph Ernst Troeltsch die Zeit zwischen November 1918 und Mai 1919 nannte[1], zu existieren aufgehört. Denn die Brutalität der Forderungen der Siegermächte überstieg alle Vorstellungskraft und stürzte Deutschland in den mentalen Ausnahmezustand, der sich in München aufgrund der Erfahrungen der zurückliegenden Wochen wohl am meisten ausprägte.

Unter dem Jubel der Bevölkerung waren Noskes Reichswehreinheiten und die Angehörigen zahlreicher süddeutscher Freikorps zum Monatswechsel April/Mai 1919 in die bayerische Hauptstadt eingezogen. Der Widerstand der »Roten Armee« war rasch zusammengebrochen. Nur vereinzelt hatte es Gefechte gegeben. Zu groß war die Überlegenheit der Regierungstruppen gewesen, die – wähnte man sich doch im Kampf gegen die Weltrevolution – mit äußerster Brutalität vorgegangen waren. Rotarmisten, die sich nicht gleich ergeben hatten, waren oftmals an Ort und Stelle erschossen worden. Als Freikorps-Angehörige bei Buchheim in der Nähe von München auf 55 vagabundierende entlassene russische Kriegsgefangene gestoßen waren, hatten sie nicht lange gefackelt. Die ehemaligen Kriegsgefangenen wurden sogleich liquidiert, ebenso wie die 21 Mitglieder des katholischen Gesellenvereins St. Jacob, die von den Freikorpslern irrtümlich für Bolschewisten gehalten wurden. Nachdem am 2. Mai 1919 die letzten Widerstandsnester der »Roten Armee« ausgehoben worden waren, ließ das bayerische Reichswehrgruppenkommando 4, bei dem die vollziehende Gewalt lag (die Regierung Hoffmann war ins oberfränkische Bamberg ausgewichen), den Belagerungszustand ausrufen und führte das Standrecht ein. Gnadenlose Säuberungswellen rollten nun über die Stadt hinweg.

Diejenigen, denen »Zugehörigkeit zur ›Roten Armee‹ oder spartakistische, bolschewistische, kommunistische Umtriebe«[2] nachgewiesen werden konnten, wurden ver-

ROTE ARMEE

Die rote Armee der Räterepublik Baierns hat den Zweck, die Republik der revolutionären Arbeiter, Bauern und Soldaten gegen jede gegenrevolutionären Angriffe von außen und innen zu schützen und für Ordnung und Sicherheit Gewähr zu leisten. Die rote Armee ist eine freiwillige.

Aufnahmebedingungen:

Es können nur Angehörige aller arbeitenden Klassen aufgenommen werden, die auf dem Boden der Räterepublik stehen.
Vorbedingungen für die Aufnahme in die rote Armee:

1. Altersgrenze vollendetes 23. bis 45. Lebensjahr (Ausnahme möglich).
2. Körperliche Rüstigkeit.
3. Keine Strafen wegen ehrloser Handlungen (Strafe wegen politischer Vergehen ausgenommen).
4. Gründliche Ausbildung mit einer Waffe oder sonstigen militärischen Hilfsmitteln (Technische Truppen, Sanitätspersonal, mil. Handwerker usw.).
5. Zugehörigkeit zu einer sozialistischen oder freigewerkschaftlichen Organisation der klassenbewußten Arbeiterschaft. Bisherige Berufssoldaten, welche sich ohne Vorbehalt auf den Boden der Räterepublik stellen.
6. Erwerbslose, welche die oben gestellten Bedingungen erfüllen, werden in erster Linie eingestellt.
7. Als Stamm für die neue Armee werden die bestehenden Formationen übernommen.
8. Alle in die rote Armee Eintretenden werden durch Handschlag auf die Räterepublik verpflichtet.
9. Strengste Disziplin und unbedingter Gehorsam wird gefordert.

Jeder Angehörige der roten Armee erhält ein Diensttagegeld von M. 6.– nebst M. 1.– Treuprämie sowie Verpflegung, Unterkunft und Bekleidung. Verheiratete (Selbstverpfleger) erhalten M. 5.– Zulage für Verpflegung und Unterkunft sowie für München eine Teuerungszulage von M. 2.50 pro Tag.

Angeworben wird:
a) für München: Ortsansässige eines hiesigen Truppenteils beim Truppenteil;
b) in den übrigen Garnisonen: bei den dort bestehenden Truppenteilen.

Das Werbebüro im städtischen Wehramt (Winzererstraße) besteht aus einer Kommission, die sich aus Arbeiter-, Soldaten- und Bauernräten zusammensetzt. Der Vorsitzende dieser Kommission ist Kamerad und Genosse Wimmer vom Vollzugsausschuß der baierischen Landessoldatenrates.
Die Werbung beginnt Donnerstag, den 10. April 1 Uhr mittags. Militärpapiere sowie die aus obigen Bedingungen hervorgehenden Unterlagen sind mitzubringen.
Ueber Bewaffnung des Städte-Proletariats sowie der Bauern erfolgen sofort gesonderte Bestimmungen.

| Zentralrat | Volksbeauftragter | Landessoldatenrat | Korpssoldatenrat |
| gez. Niekisch. | gez. Reichart. | gez. Wimmer. | gez. Dietrar. |

*Werbeplakat für die Rote Armee der Bayerischen Räterepublik,
April 1919.*

haftet und vom Münchner Standgericht verurteilt. Bis
hinunter zu den einfachen Soldaten der als »bolschewistisch verseucht« geltenden Münchner Garnison, deren
Auflösung am 7. Mai 1919 verfügt worden war, wurden
die Überprüfungen ausgedehnt. Durchgeführt wurden

sie von eilends bei den jeweiligen Truppenteilen gebildeten »Untersuchungs- und Entlassungskommissionen«. Es war wohl eine fatale Laune der Geschichte, dass ausgerechnet Hitler, der ehemalige Soldatenrat der Räterepublik, am 9. Mai 1919 in einer solchen Kommission auftauchte – nicht etwa als Angeklagter, sondern als Helfer der antibolschewistischen Inquisitoren.[3]

Die Frage, warum und auf wessen Vorschlag Hitler zur Kommission des 2. Infanterie-Regiments abkommandiert worden war und so seine vierzehntägige Tätigkeit als Funktionär der Räterepublik »ungeschehen« machen konnte, kann nicht mehr beantwortet werden. Wahrscheinlich war es dem Überlebensinstinkt des Gefreiten zuzuschreiben, der ihn schon in der Vergangenheit immer wieder hatte davon- beziehungsweise durchkommen lassen. Zu dieser These passt ein späterer Bericht des *Berliner Tagblatts*, nach dem Hitler »am 3. Mai 1919 […] auf einer Versammlung der Angehörigen des 2. Infanterie-Regiments in der Mannschaftskantine auf dem Oberwiesenfeld […] gegen den unabhängigen Offiziersstellvertreter Klumpf polemisierte […] und sich unter Vorbehalt zur Mehrheitssozialdemokratie [bekannte]«[4]. Mit anderen Worten: Hitler hatte sich blitzschnell den neuen Gegebenheiten angepasst! Der Hitler-Forscher Anton Joachimsthaler vermutet, dass ihm auch sein damaliger Regimentskommandeur, Karl Buchner, bei der Berufung behilflich gewesen sei.[5] Der stand vor seiner Ablösung und sah in dem ehemaligen Vertrauensmann und Träger des Eisernen Kreuzes Erster Klasse offenbar eine integre Person.

Hitlers Wechsel in die »Untersuchungs- und Entlassungskommission« fiel – wie erwähnt – zeitlich mit der Bekanntgabe der Bedingungen des Versailler Friedensvertrags zusammen[6], die von schicksalhafter Bedeutung für die Geschichte des 20. Jahrhunderts waren und daher näher betrachtet werden müssen. Denn nicht der von der weitsichtigen Idee eines tragfähigen Friedens geleitete amerikanische Präsident Woodrow Wilson, auf den man in Deutschland so gesetzt hatte, sondern der französische Ministerpräsident Georges Clemenceau hatte sich in Versailles mit seinen Vorstellungen weitgehend durchgesetzt. Während der britische Premierminister David Lloyd George sich auf eine traditionelle kontinentaleuropäische Gleichgewichtspolitik berief und Deutschland als wirtschaftlichen und politischen Faktor im Spiel der Mächte halbwegs erhalten wissen wollte, ging es Clemenceau darum, das Land dauerhaft zu schwächen und wehrlos zu machen.

Im Vertrag von Versailles schlug sich jedoch nicht nur das französische Revanchedenken nieder. Er war auch die Abrechnung mit einem Deutschland, das seit seiner Gründung ein knappes halbes Jahrhundert zuvor auf einen beispiellosen Aufstieg hatte zurückblicken können. Zu dieser Abrechnung kam es nicht zuletzt auch deshalb, weil die großen Opfer, die die Siegernationen hatten bringen müssen, einer Rechtfertigung bedurften. Das Mitglied der britischen Delegation in Versailles, der Nationalökonom John Maynard Keynes, schrieb 1920: »Alle Gedanken […] waren auf Rache und auf Abwälzung unerträglicher Finanzlasten von den Schultern der Sieger auf die der Besiegten gerichtet.« Keynes weiter: »Die Politik der Versklavung Deutschlands für ein Menschenalter, die Erniedrigung von Millionen lebender Menschen und die Beraubung eines ganzes Volkes sollte abschreckend und verwerflich sein [...]«[7]

Jegliche Prinzipien oder Überlegungen, die ein friedliches Nebeneinander der europäischen Völker hätten gewährleisten können, waren bei der Entstehung des Vertragswerkes in den Hintergrund getreten. Dabei hatte die provisorische deutsche Reichsregierung auf faire Verhandlungen gesetzt. Mit der Abschaffung der Monarchie und mit dem Waffenstillstand von Compiègne glaubten nicht nur die Sozialdemokraten in Berlin, vertrauensbildende Vorleistungen gegenüber der Entente erbracht zu haben, die sich bei den Versailler Verhandlungen niederschlagen würden. Wie sehr sie auf einen gerechten Frieden hofften, zeigen nicht zuletzt die Worte des Reichsministerpräsidenten Philipp Scheidemann. Dieser Frieden, so sagte er in seiner Regierungserklärung im Februar 1919, »soll kein Frieden werden von der Art, wie ihn die Geschichte kennt, keine mit neuen Kriegsvorbereitungen ausgefüllte Ermattungspause eines ewigen Kriegszustandes der Völker, sondern er soll das harmonische Zusammenleben aller zivilisierten Völker begründen auf dem Boden einer Weltverfassung, die allen gleiche Rechte verleiht [...] Ein niedergetretenes, gedemütigtes, ewig hungerndes Deutschland wäre für alle Völker der Welt ein Unglück und eine Gefahr [...]«[8]

Wie wohl noch nie in der Geschichte sollten politische Erwartungen so enttäuscht werden wie die der Sozialdemokraten zu Beginn des Jahres 1919. Denn es gab keinen gerechten Frieden für Deutschland, obgleich es inzwischen demokratisch geworden war, wie es Wilson als Voraussetzung für diesen gefordert hatte. Keine Spur

mehr von Selbstbestimmungsrecht und Nationalitäten-
prinzip, wie es in seinen 14 Punkten vom Januar 1918
verankert gewesen war und worauf man in Berlin gesetzt
hatte. Stattdessen wurde ausschließlich den gegen die
Kriegsverlierer gerichteten Machtinteressen der Entente
Rechnung getragen. So entstand eine Nachkriegsord-
nung, die den Keim vielfacher, sich über das ganze Jahrhundert erstreckender Konflikte in sich trug: Deutsche
Territorien sollten an das wiedererstandene Polen und
an den neugegründeten Fünfvölkerstaat Tschechoslowakei sowie an Frankreich und Dänemark abgetreten
werden. Das war fast ein Siebtel des Reichsgebiets, auf
dessen Fläche sich wichtige Schlüsselindustrien und
Rohstoffe befanden und sechseinhalb Millionen Menschen lebten. Untersagt wurde außerdem der Zusammenschluss Deutschlands mit der Republik Deutsch-
österreich, wie der um Südtirol gebrachte deutsche Rest
der Donaumonarchie jetzt hieß, aus der der Vielvölkerstaat Jugoslawien gebildet wurde. Und das, obwohl die
Wiener Regierung den Zusammenschluss bereits pro-
klamiert hatte, der von der Weimarer Nationalversammlung auf das Wärmste begrüßt worden war.

Doch damit nicht genug: Die Vertragbedingungen
sahen vor, Deutschland, das auch sämtliche Kolonien
abzutreten hatte, militärisch zu einer Quantité negliable
zu machen. Das Heer, der einstige Stolz der Nation,
sollte hierzu auf 100 000 Mann, die Marine auf 15 000
Mann reduziert werden. Die Kriegsflotte, das Lieblings-
kind des Kaisers, war größtenteils abzuliefern. In der
Bucht von Scapa Flow hatten sich im Juni 1919 74 Schiffe
selbst versenkt, woraufhin die Entente die Ablieferung
fast der ganzen deutschen Handelsflotte verlangte. Was

die noch jungen Luftstreitkräfte betraf, so wurden
Deutschland lediglich hundert Seeflugzeuge und Flug-
boote für die Bergung von Minen zugestanden – und
dies auch nur bis zum Oktober 1919. Ergänzend zu all
dem sah der Vertrag die Entmilitarisierung der links-
rheinischen Gebiete und eines 50 Kilometer breiten
Streifens rechts des Rheins vor, also die Schleifung der
dort bestehenden Festungen und die Auflösung sämtlicher Garnisonen. Darüber hinaus wurden Deutschland
in dem monströsen Vertragswerk mit seinen 440 Arti-
keln gewaltige Sachleistungen abverlangt: Unter ihnen
die Lieferung von 60 Prozent der deutschen Kohleförderung über einen Zeitraum von zehn Jahren an die Siegermächte. Ferner sollten 90 Prozent der deutschen
Handelsschiffe, fast alle modernen Lokomotiven, jedes
zweite Binnenschiff sowie ein Viertel der erzeugten che-
mischen und pharmazeutischen Produkte abgegeben
werden. Obwohl die verlangten Gebietsabtretungen
allein schon zu einem Verlust von 50 Prozent der
Eisenerzversorgung und 25 Prozent der Steinkohleför-
derung führten, wollten es die Entente-Vertreter nicht
dabei bewenden lassen: Deutschland, dessen Verhand-
lungsdelegation der Zutritt zum Versailler Schloss nur
durch einen Nebeneingang gestattet war, sollte auch
noch finanzielle Wiedergutmachung leisten. Auf deren
Größenordnung hatten sich die Siegermächte noch nicht
geeinigt – die Besiegten mussten sowieso jegliche Ent-
schädigungssumme im Voraus akzeptieren. Denn entgegen aller historischen Wirklichkeit verfügte Artikel 231,
»dass Deutschland und seine Verbündeten als Urheber
des Krieges für alle Verluste und Schäden verantwortlich sind, welche die Alliierten erlitten haben«[9].

Die Schuld an einem Krieg anzuerkennen war ein Novum in der Geschichte und kam einer moralischen Ächtung der Verlierer gleich. Den Gipfel bildete die Forderung, den Kaiser als obersten Kriegsherrn und 800 seiner Getreuen auszuliefern, um sie wie Kriminelle von einem alliierten Tribunal aburteilen zu lassen. Was die 800 Getreuen anging, saß die Reichsregierung die Angelegenheit aus. Und was den Kaiser in seinem Doorner Exil betraf, weigerten sich die neutral gebliebenen Niederlande hartnäckig gegen die recht massiv vorgetragenen Auslieferungsersuche der Entente. Man sei schon immer ein Zufluchtsort für diejenigen gewesen, die in internationalen Konflikten unterlegen seien, hieß es in der abschlägigen und mutigen Note Den Haags.[10]

Die sogenannten Ehrenpunkte des Versailler Vertrags wurden besonders von den Frontsoldaten als unerträgliche Erniedrigung empfunden. Sie gehörten ohnehin schon zu den Hauptverlierern des Krieges. Viele fanden im Zuge der großen Demobilisierung nicht mehr ins Wirtschaftsleben zurück, weil sie außer dem Kriegshandwerk nichts gelernt hatten oder in der zivilen Welt nicht mehr zurechtkamen. Der in Versailles vorgeschriebene Abbau der Truppenstärke auf 100 000 Mann verschärfte alles noch, verfügte die Reichswehr im Frühjahr 1919 doch noch über einen Truppenstand von etwa 600 000 Mann. Der einzige Weg, der vielen ehemaligen Frontkämpfern des Weltkriegs zu bleiben schien, führte in die zahlreich entstandenen Freikorps.

Hitler brachte die Empfindungen der stolzen Soldaten des Kaiserreichs zum Ausdruck, wenn er später sagte, »die Erinnerung, dass wir 4 $\frac{1}{2}$ Jahre alles leisteten, was nur eine Nation zu leisten imstande ist, ist zu groß,

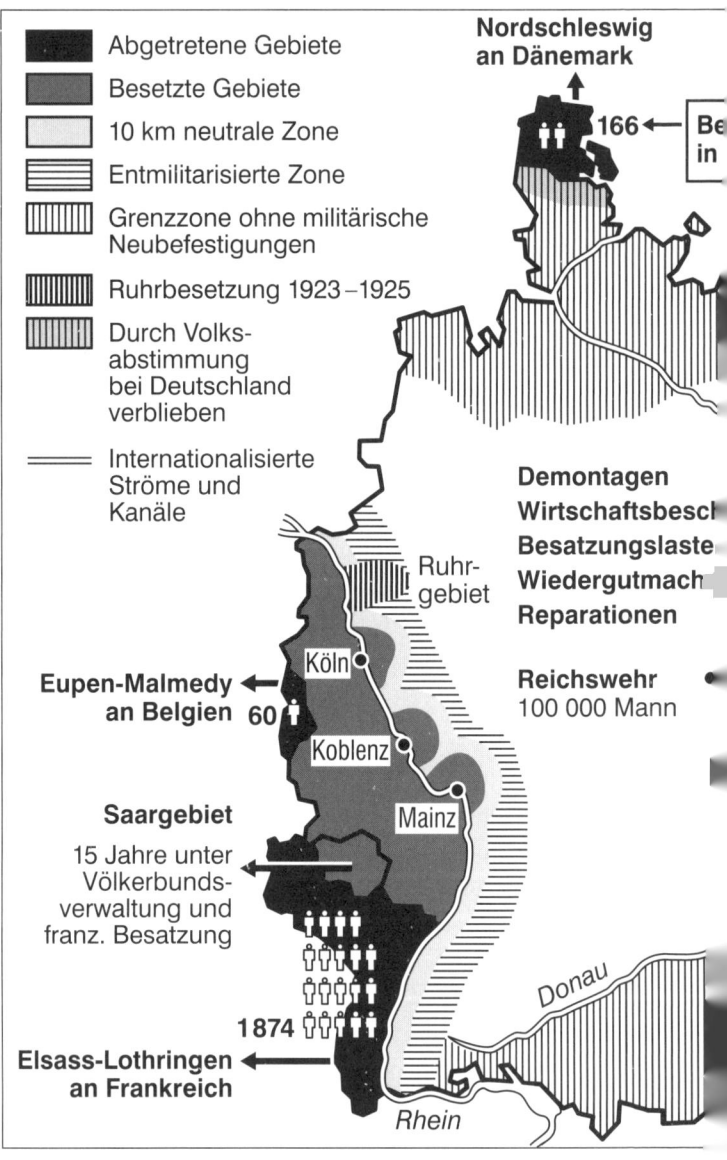

Abgetretene Gebiete

Besetzte Gebiete

10 km neutrale Zone

Entmilitarisierte Zone

Grenzzone ohne militärische Neubefestigungen

Ruhrbesetzung 1923–1925

Durch Volksabstimmung bei Deutschland verblieben

Internationalisierte Ströme und Kanäle

Nordschleswig an Dänemark

166 ←

Ruhr-gebiet

Köln

Koblenz

Mainz

Eupen-Malmedy → an Belgien 60

Saargebiet

15 Jahre unter Völkerbunds-verwaltung und franz. Besatzung

1874

Elsass-Lothringen → an Frankreich

Demontagen
Wirtschaftsbesch
Besatzungslaste
Wiedergutmach
Reparationen

Reichswehr
100 000 Mann

Donau

Rhein

© *Erich Schmidt Verlag*

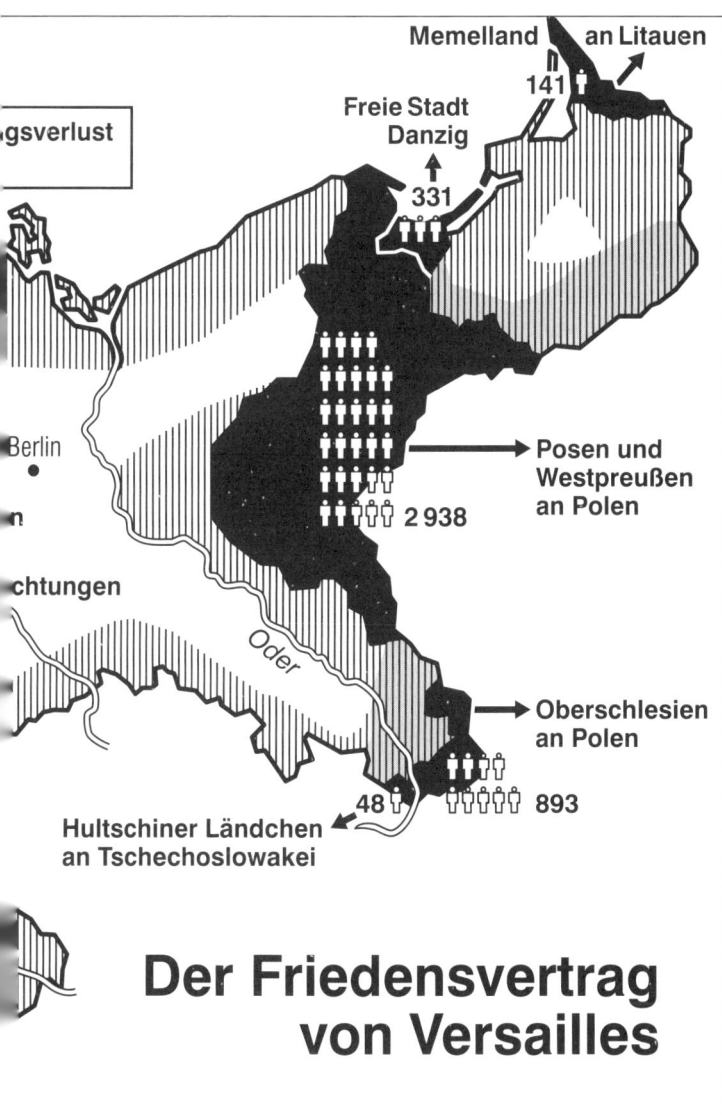

Der Friedensvertrag
von Versailles

um sich erniedrigen zu lassen«[11]. Die Konsequenz aus
dieser Haltung war eine trotzige Solidarität unter den
Männern, die sogar manche Gräben zuschüttete, die der
Bürgerkrieg der zurückliegenden Monate aufgerissen
hatte. Für viele von ihnen war die Zeit seit dem Ende der
Feindseligkeiten im November nunmehr zur bloßen
Waffenruhe geworden. Niemand wusste freilich, wie
lange sie dauern würde. Dass sie aber eines Tages vorüber sein würde und dann Rache für die Schmach, vor
allem am alten Erbfeind Frankreich, genommen werden
würde, verstand sich für diese Männer fast von selbst.
»Das einzige, was mich hochhält, ist die Hoffnung auf
den Tag der Rache, wenn er auch sehr fern ist. Ich erleb'
ihn vielleicht noch«, schrieb ein junger Weltkriegsleut-
nant am 25. Juni 1919 aus München, wo er gegen die
»Roten« gekämpft hatte, an seine Eltern.[12] Er hieß Rudolf Hess. Und ein Student namens Joseph Goebbels
aus dem englisch besetzten Rheydt zitierte seinen aus
französischer Kriegsgefangenschaft heimgekehrten Bruder mit den Worten, dass »die sogenannte ›Grande
Nation‹ [es] verdient, vom Erdboden vertilgt zu werden«. Weiter berichtete Goebbels, dass sein Bruder zwar
den Krieg verabscheue, er aber, wenn es noch einmal gegen Frankreich gehe, vom ersten Tag an wieder dabei
sein wolle[13] – Worte, die den Hass widerspiegeln, der
mit Versailles auf deutscher Seite genährt wurde.

Dass mit dem Diktat der Siegermächte der Keim für
einen weiteren Krieg gelegt wurde, befürchteten die
weitsichtigen unter den Konferenzteilnehmern der Entente in Versailles. Der Ministerpräsident der Südafrika-
nischen Union, Jan C. Smuts, der der Delegation des
britischen Empires angehörte, wandte sich an Wilson

mit der Warnung, dass die Siegermächte im Falle einer Durchsetzung des Vertrages »mit schwerster Schande überschüttet« würden. »Dieser Friede könnte dann wohl sogar ein noch größeres Unheil für die Welt bedeuten, als es der Krieg war«[14], schrieb Smuts, einer der Hauptverfechter des Völkerbundgedankens. Doch der durchsetzungsschwache Wilson sah sich selbst als Opfer seiner Verbündeten. Später musste er noch erleben, dass der amerikanische Senat dem Vertrag nicht zustimmte. Folgen für die Deutschen hatte das allerdings nicht.

Die französische Regierung ging unterdessen von weiteren kriegerischen Auseinandersetzungen mit einem geschwächten Deutschland aus. So hatte Clemenceau gegenüber französischen Offiziersschülern zynisch bemerkt, dass sie sich keine Sorgen über ihre Zukunft zu machen bräuchten, denn Versailles sichere ihnen »zehn Jahre voller Konflikte in Europa«[15]. Und der Sozialdemokrat und spätere bayerische Ministerpräsident Wilhelm Hoegner sollte mit seiner Einschätzung recht behalten, wenn er über die Intention der französischen Sieger schrieb: »Man wollte einen unerfüllbaren Vertrag, um aus der Nichterfüllung das Recht zur Vernichtung abzuleiten.«[16]

Die Unfähigkeit der Sieger des Weltkriegs, Europa eine Friedensordnung zu geben, die die Verlierer konstruktiv miteinbezog und sie damit zu Mit-Garanten dieser Friedensordnung machte, schuf den Rahmen für die noch größere Katastrophe. Denn indem den Verlierern die Friedensbedingungen diktiert wurden, sorgte man von vornherein dafür, dass die Deutschen die schikanösen und ehrenrührigen »Fesseln des Versailler Vertrages« wieder abschütteln wollten. Mit einem maßvollen Pariser Frieden hätte der Erste Weltkrieg nicht zur Urkatastrophe des 20. Jahrhunderts werden müssen. Zwar wurde mit Versailles kein neuer Krieg determiniert, aber der Friedensvertrag, der seinen Namen nicht verdiente, bot die Chance für neue, radikale politische Bewegungen und Führungsfiguren.

Die zentrale Bedeutung des Versailler Diktats für die deutsche und europäische Katastrophe war bis in die späten 60er-Jahre unbestritten. Fest geht in seiner 1973 erschienenen Hitler-Biografie noch auf die verheerenden mentalen Folgen des Vertrags für die ungeliebte Weimarer Republik und auf dessen Rolle für den Aufstieg Hitlers ein. »Die Bedeutung dieser Vorgänge lag in dem kräftigen Anstoß, den der Prozess der Politisierung des öffentlichen Bewusstseins damit erhielt. Breite Schichten, die bis dahin im vorpolitischen Raum verharrt waren, sahen sich plötzlich von politischen Leidenschaften, Hoffnungen, Verzweifelungen erfüllt, und diese Stimmungen haben auch den rund dreißigjährigen Hitler […] erfasst und mitgezogen.«[17] Auch Sebastian Haffner räumt in seinen fünf Jahre später erschienenen *Anmerkungen zu Hitler* Versailles noch einen großen Stellenwert für dessen Aufstieg ein.[18]

In Kershaws zweibändiger Hitler-Biografie dagegen hat Versailles dann nur noch wenig mit der Politisierung des Weltkriegsgefreiten zu tun. Im Friedensvertrag sieht der britische Historiker eher eine Marginalie der Geschichte, die ihm in seinem 2300 Seiten umfassenden Werk kaum erwähnenswert erscheint.[19] Für Kershaw erfolgte die entscheidende Weichenstellung in Richtung deutscher Katastrophe bereits in der Vorkriegszeit mit ihrem nationalistischen und rassistischen Alldeutschen

Verband unter Claß, jener rechten Fundamentalopposition, die bei Kriegsbeginn etwa 21 000 Mitglieder zählte. »Der Stimmungswandel der nationalistischen Rechten vor dem Ersten Weltkrieg ist entscheidend für ein Verständnis der Radikalisierung im Krieg und den Zusammenbruch mit der raschen Ausbreitung ›völkischer‹ Politik danach«[20], behauptet Kershaw.

Zum bloßen Konstrukt wird seine Schilderung dann, wenn er die Befindlichkeit der Deutschen nach dem Ende des Ersten Weltkrieges per se als antidemokratisch und rassistisch beschreibt. »Niederlage, Revolution und die Errichtung einer Demokratie« – so Kershaw – »hatten ein Klima gefördert, in dem ein konterrevolutionäres Ideen-Set sowohl im konservativen Nationalismus als auch im neuen, rabiaten völkischen Nationalismus auf breite Zustimmung stieß«[21]. Versailles offenbart für Kershaw dann nur noch, dass die Weimarer Republik letztendlich eine Republik ohne Republikaner gewesen sei. Dass aber weder der konservative noch der völkische Nationalismus im Nachkriegsdeutschland eine nennenswerte Rolle spielten, verschweigt Kershaw seinen Lesern.

Tatsächlich war der allergrößte Teil der kriegsmüden und erschöpften Deutschen des alten Regimes überdrüssig. Weshalb hätten sie sonst bei den Wahlen zur Weimarer Nationalversammlung im Januar 1919, die Kershaw mit keinem Wort erwähnt, mit überwältigender Mehrheit für eine Mitte-Links-Regierung, die sogenannte Weimarer Koalition aus der Mehrheitssozialdemokratischen Partei Deutschlands (MSPD), der linksliberalen Deutschen Demokratischen Partei (DDP) und dem katholischen Zentrum, votiert, die zusammen über

76,2 Prozent der Stimmen verfügte. Das war nach den Schrecken des Weltkriegs eine überaus beeindruckende Manifestation für eine republikanisch-demokratische Zukunft des Landes und eine klare Absage an die Rechte, die mit der Deutschnationalen Volkspartei (DNVP) gerade einmal 10,3 Prozent erhielt. Nichts deutete also damals darauf hin, dass vierzehn Jahre später ein nach dem Ersten Weltkrieg noch namenloser Gefreiter eine nationalsozialistische Diktatur errichten würde, die mit einem Zweiten Weltkrieg und dem Völkermord an Millionen europäischer Juden enden würde.

Erst mit der Bekanntgabe der Friedensbedingungen am 7. Mai 1919, keine Woche nach der Niederschlagung der Räterepublik in Bayern, wurde der Niedergang der erst ein halbes Jahr zuvor ins Leben gerufenen Republik eingeleitet. Sie wurde in einen mentalen Ausnahmezustand versetzt, aus dem sie lange nicht herausfinden sollte. Ein britischer Journalist hatte über die Stimmung in Deutschland schon Anfang April 1919 festgehalten, dass den Menschen zunehmend die Nerven durchgingen. Diese hätten sich, als der Waffenstillstand unterschrieben worden sei, eingebildet, »dass der Friede sofort einkehren und die Entbehrungen der viereinhalb Jahre vorbei sein würden. Nunmehr sind fünf Monate verstrichen, und ihre überzogenen Hoffnungen auf einen zügigen Frieden, eine baldige Versorgung mit Lebensmitteln und Bekleidung – Hoffnungen, die von einer etwas leichtfertigen Presse fälschlich genährt wurden – sind enttäuscht worden. An unerfüllter Hoffnung hat das deutsche Herz Schaden genommen. Von den Gipfeln der Hoffnung im letzten November – und trotz der ihnen zugestoßenen Katastrophe wurde der Waffenstillstand in Deutschland mit ehrlichem Freudenjubel begrüßt – sind sie in tiefe Schluchten der Verzweiflung gestürzt.«[22]

Eine »materielle und geistige Zerrüttung« der Deutschen hatte auch schon der exil-russische Publizist Hurwicz zu Beginn des Jahres 1919 ausgemacht. Zu dem Zeitpunkt, als die Versailler Verhandlungen gerade erst begannen, hatte er geschrieben: »Von dem Verhalten der Entente wird es also abhängen, ob diese materielle und geistige Zerrüttung weiter um sich greifen wird.«[23] Das »Finis Germaniae«, das Ende Deutschlands, schien nun aus der Sicht vieler Zeitgenossen gekommen zu sein.

Ängste und Irrationalismen, wie sie in den Köpfen der Deutschen nicht erst seit Niederlage und Revolution herumspukten, erreichten jetzt neurotische Dimensionen. Jene Krisenstimmung potenzierte sich gleichsam, die die bürgerliche Welt schon im Ausgang des 19. Jahrhunderts erfasst hatte, als das Wirtschafts-, Finanz- und Bildungsbürgertum die Signatur des Zeitalters zwar noch bestimmt hatte, Karl Marx, Friedrich Nietzsche, Richard Wagner und Sigmund Freud aber schon die unaufhaltbar heraufziehende neue Zeit ankündigten. Düsterste Zukunftsbilder kündeten von einer kalten, unwirtlichen Welt. Wie diese aussehen könnte, hatte der Wahlmünchner Oswald Spengler im 1919 erschienenen ersten Band seiner die Epochen vergleichenden großen Geschichtsbetrachtung beschrieben.[24] Die Blütezeit der europäischen »Kultur« weiche unweigerlich der vom bloßen Materialismus dominierten »Zivilisation«. Die zur gleichförmigen Masse herabgesunkene, in »Kasernenstädten« vegetierende Menschheit werde jedem

Führer zu Willen sein, sofern dieser ihr Brot und Spiele verspreche, prophezeite Spengler in seinem vor und während des Weltkriegs niedergeschriebenen, aggressiv-pessimistischen Abgesang auf eine bessere Welt, dessen Titel *Der Untergang des Abendlandes* bei Erscheinen des Buches durch die deutsche Wirklichkeit einen tieferen Sinn erhielt.

In Russland war das Abendland bereits im Untergang begriffen. Die von dort eintreffenden, sich zu dem Schreckbild vom »jüdischen Bolschewismus« verdichtenden Nachrichten hatten dies der bürgerlichen Welt unmissverständlich klargemacht. »Die alten Grundsätze von Moral und Humanität, welche die Bourgeoisie erfunden hat, gibt es für uns nicht und kann es auch nicht geben [...]«, lautete ein bolschewistisches Credo jener Zeit.[25] Die Ausrottung ganzer gesellschaftlicher Schichten, die die Führer der Bolschewiki per Federstrich verfügten, wurde zur unabdingbaren Pflicht erhoben und unterlegt mit einer Ethik des Mordens.[26] Hunderttausende, ja Millionen wurden so von »Roter Armee« und Geheimpolizei abgeschlachtet: die aristokratisch-bürgerlichen Eliten des Zarenreichs, der Klerus und später auch die Kulaken – alles, um eines »neuen Menschen« und der »Erlösung der Menschheit« willen. Der Weltkrieg mit seiner Massenvernichtung, wie sie die moderne Technik ermöglicht hatte, mit seiner Verrohung und der damit einhergehenden Enthemmung beim Töten hatte sicherlich dazu beigetragen, dass die letzten Tabus in Russland gefallen waren und Entwicklungen ihren Lauf nehmen konnten, zu denen es in der Geschichte noch keine Analogie gegeben hatte.

Dass der materialistische, »jüdische« Sowjetbolsche-

wismus mit seinem weltrevolutionären Anspruch nun
nach Deutschland übergreifen würde, schien angesichts
der düsteren Aussichten und des Pessimismus, der sich
wie Mehltau über die bürgerliche Gesellschaft gelegt
hatte, zur Gewissheit geworden zu sein. Auf den Titel-
seiten deutscher Zeitschriften wurde dieser Bolschewismus als monströse Krake abgebildet[27], deren mörderische Fangarme das bürgerliche Europa verschlingen.
In den Innenteilen tauchten dramatische Appelle wie der
des russischen Dichters Leonid Andrejew auf, der im
sozialdemokratischen *Vorwärts* abgedruckt wurde. Er
wandte sich Anfang Mai 1919 warnend an die »Menschheit Europas«. Alles, was soeben in Deutschland begonnen habe, »und von dort weiter ziehen wird, alles das
ist – keine Revolution, es ist das Chaos und [die] Fins-
ternis, die der Krieg aus dunklen Höhlen herauf beschworen hat und die der Welt den Krieg erklärt haben,
um sie zu vernichten«, schrieb Andrejew, der von »der
Verwendung gelber, angekaufter Mörder zur Ausrottung der Europäer« berichtete. Es sei eine Lüge, wenn
die bolschewistische Propaganda von einer »Avantgarde
der chinesischen revolutionären Demokratie« spreche.[28]

Alte irrationale Ängste vor dem russischen Koloss im
Osten taten ihr Übriges. Schon vor dem Ersten Weltkrieg hatte man in dem russischen Riesenreich unweigerlich den Deutschland überflügelnden Rivalen gesehen. Kurt Riezler, der Sekretär des Reichskanzlers
Theobald von Bethmann Hollweg, hatte diesen Ängsten Worte gegeben, indem er im Juli 1914 in sein Tagebuch schrieb: »Die Zukunft gehört Russland, das wächst
und wächst und sich als immer schwererer Alb auf uns
legt [...]«[29]

Angesichts der materiellen und geistigen Zerrüttung sahen die bolschewistischen Führer Deutschland bereits als »reife Frucht« in den Schoß der Weltrevolution fallen. So stellte Lenin, nachdem die Versailler Vertragsbedingungen auf dem Tisch lagen, in Moskau mit Genugtuung fest, dass jener »bestialische und niederträchtige Friede«[30] »die beste Agitation für den Bolschewismus« sei.[31] In London vertrat der Politökonom Keynes, der aus Protest gegen die Deutschland auferlegten Vertragbedingungen von seinem Posten in der britischen Delegation zurückgetreten war, die Auffassung, dass die Reparationsleistungen nicht nur die internationalen Wirtschaftsbeziehungen destabilisierten, sondern auch Deutschland einen gewaltigen sozialen Sprengstoff bescherten.[32] Und in München äußerte sich der Schriftsteller Thomas Mann am 12. Mai 1919 gegenüber einem Freund in Anspielung auf Clemenceau: »Über den Entente-Frieden kein Wort. Er offenbart die Gottgeschlagenheit der Sieger. Das giftige alte Mannsbild, das ihn in seinen schlafarmen Greisennächten ausgeheckt hat, trägt Schlitzaugen. Vielleicht hat er ein Blutsrecht darauf, der abendländischen Kultur das Grab zu graben und das Kirgisentum [Manns Synonym für den bolschewistischen Osten, R. G. R.] heraufzuführen.«[33]

Dabei war doch in der Berliner Regierung und auch im Bürgertum die leise Hoffnung aufgekommen, die Entente würde Deutschland angesichts der Bedrohung aus dem Osten zu einem Bollwerk gegen den Bolschewismus aufbauen – eine Hoffnung, die sich erst nach dem Ende des Zweiten Weltkriegs für die abermals besiegten Deutschen in den Westzonen erfüllen sollte. 1919 tat die Entente aus deutscher Sicht genau das Gegenteil: Sie bereitete mit Versailles das soziale Terrain für den revolutionären Umsturz, indem sie mit der Reduzierung des Heeres bis 1921 auf 100000 Mann und mit der dramatischen Verkleinerung der Länderpolizeien dem Land die Wehrfähigkeit nehmen wollte. Um diese hatte sich bereits der Zentrumspolitiker Matthias Erzberger, der deutsche Vertreter bei den Waffenstillstandsverhandlungen in Compiègne, gesorgt, als er bei Marschall Ferdinand Foch um mildere Bedingungen bat, da man doch die Revolution im Lande habe und nicht mehr Herr der Lage sei. Foch hatte die Bitte des Deutschen zurückgewiesen. Er erwiderte nur knapp, dass es die Krankheit der Besiegten sei, von der Erzberger da rede, und nicht die Krankheit der Sieger.[34]

Paris hatte bis zu einem gewissen Punkt Interesse an den revolutionären Wirren, schwächten sie doch den Erbfeind, beförderten den Separatismus und damit den Zerfall Deutschlands. Nur eines durfte aus französischer Sicht freilich nicht passieren: Ein Übergreifen der »Seuche« des Bolschewismus auf das hungernde Deutschland, wie es im Lager der Entente immer wieder befürchtet wurde. Lloyd George schrieb in einem Memorandum im März 1919 über diese »größte Gefahr«, dass sie keine »bloße Chimäre« sei, denn die gegenwärtige deutsche Regierung sei schwach und schleppe sich nur noch dahin. Der britische Premierminister warnte: »Wenn Deutschland zu den Spartakisten überläuft, ist es unausbleiblich, dass sich Deutschland mit den russischen Bolschewisten zusammentut. Tritt das ein, so wird ganz Osteuropa in dem Kreis der bolschewistischen Revolutionen verschlungen.« Vielleicht würden die Westmächte dann Zeugen des Schauspiels, dass eine große rote Armee »unter deutschen Instruktoren und deutschen Generalen organisiert, mit deutschen Kanonen und deutschen Maschinengewehren ausgerüstet, zur Erneuerung des Angriffs auf Westeuropa«[35] bereit sei. Um ein für möglich gehaltenes Abgleiten Deutschlands in den Sowjet-Bolschewismus mit Waffengewalt unterbinden zu können, ließen die Siegermächte des Weltkriegs Vorkehrungen für eine Militärintervention treffen – auch dies Fakten, die Kershaw seinen Lesern weitgehend vorenthält.

Nicht nur in der deutschen Rechten führte Versailles zu einer trotzigen mentalen Mobilmachung. Dies war insbesondere in München der Fall, wo Reichswehr und Freikorps von einem regelrechten Alarmismus erfasst wurden, befürchtete man doch hier ein erneutes »Aufflammen des Aufstandes«. Um dagegen gewappnet zu sein, hieß es in einer Mitteilung der Reichswehr, sollte ermittelt werden, wo »Versammlungen oder geheime Zusammenkünfte von Spartakisten« stattfänden. Darüber hinaus sollten geheime Waffenlager ausfindig gemacht und verdächtige Personen festgestellt werden.[36] Oswald Spengler schrieb in einem Brief am 9. Juni 1919: »Die Sicherheit in München wird durch die Tatsache illustriert, dass die Militärverwaltung augenblicklich dabei ist, die innere Stadt durch Aufreißen des Straßenpflasters, Barrikaden und Stacheldrahtverhaue in einzelne Defensivabschnitte zu zerlegen – am Hofgarten, in der Maximilianstraße, am Maximilianplatz usw. –, die nur durch Seitenpforten passiert werden können und mit Eintritt der Polizeistunde ganz geschlossen werden.«[37]

Auch in der bürgerlichen Bevölkerung fürchtete man

sich vor einer Wiederkehr der revolutionären Verhältnisse. Zu frisch war die Erinnerung – eine Erinnerung,
die im Zuge der antibolschewistischen Maßnahmen des
Reichswehrgruppenkommandos ganz gezielt wachge-
halten worden war. Immer wieder wurde in den kontrollierten Zeitungen und Zeitschriften der Geiselmord
im Münchner Luitpold-Gymnasium thematisiert, der in
der Bevölkerung Münchens wie kein anderes Ereignis
der Revolutionszeit Abscheu und Empörung hervor-
rief.[38] Der Tat waren zehn Menschen zum Opfer gefallen, zwei Soldaten eines Husarenregiments sowie acht
Mitglieder beziehungsweise Anwärter der völkisch-
antisemitischen Thule-Gesellschaft, die bei der Erstür-
mung ihres geheimen Hauptquartiers im Nobelhotel
»Vier Jahreszeiten« aufgegriffen worden waren. Die
Unglücklichen hatte man auf Anordnung einer »Kommission zur Bekämpfung der Gegenrevolution« in einem
Keller des Gymnasiums, einem Stützpunkt der »Roten
Armee«, als Geiseln eingesperrt, so wie es Lenin in seiner Grußadresse an die kommunistischen Führer der
Räterepublik gefordert hatte. Ihre Erschießung ging auf
eine Resolution der »Mannschaften des 1. Inf.-Regt.«
zurück, die im Gegenzug zu acht von den »Weißen« in
Dachau getöteten Rotgardisten die sofortige Liquidierung von 40 Geiseln gefordert hatten. Der Oberkommandierende der »Roten Armee«, Rudolf Egelhofer,
entschied daraufhin, zehn Gefangene füsilieren zu lassen. Unter denen, die am Nachmittag des 30. April
1930 auf dem Schulhof starben, war neben dem Prinzen
Gustav Franz Maria von Thurn und Taxis und dem
Kunstprofessor Ernst Berger die Gräfin Haila von
Westarp, Sekretärin des Thule-Vorsitzenden Rudolf von

*Antibolschewistische
Propaganda, Plakat, 1919.*

Sebottendorf und Jugendfreundin des in der Organisation aktiven ehemaligen Weltkriegsleutnants Rudolf Hess.[39]

In dem Bericht eines Augenzeugen, der dabei war, als das Luitpold-Gymnasium am 1. Mai 1919 von den »Weißen« genommen wurde, hieß es: »Furchtbar haben die Bestien in Menschengestalt gewütet. Die erschossenen und zum Teil erschlagenen Geiseln lagen auf dem Boden umher wie gehetztes Wild. Eine schreckliche Erinnerung ist es mir noch, wie die Gräfin Wes[t]arp neben der Handgranatenkiste lag, das Gesicht zur Seite, den Hinterkopf zerschlagen, Gehirnteile an der Kiste, daneben ein Wasserschaff mit einem männlichen Geschlechtsteil, auf einem Haufen Unrat lag ein Soldat, mit einer russischen Mütze das Gesicht verdeckt. Der Fürst Thurn

und Taxis war mit noch einem Herrn in die Holzlege ge-
schleift, und es zeichnete sich genau die Schleifbahn auf
dem Boden ab, Entsetzen ergriff uns, und wir wandten
uns, ohne eines Wortes mächtig, ab.«[40] Unisono war in
den Zeitungen Münchens, die sogar Sondernummern
zum Geiselmord herausgaben, die Rede von einer
»wahnsinnigen Gräueltat, bei der die letzte Erinnerung an Menschentum und Menschenwürde erstickt«[41]
worden sei. Der Geiselmord im Luitpold-Gymnasium
wurde zum Symbol des »Roten Terrors« schlechthin.

Neben den Beschlagnahmungen und den Schikanen
gegen das Bürgertum und den willkürlichen Zerstörun-
gen, denen auch die Münchner Einwohnermeldedateien
zum Opfer gefallen waren, was als typisch bolschewistischer Akt zur Entpersönlichung des Menschen gedeutet
wurde, sorgte vor allem ein Vorfall für helle Empörung,
der den päpstlichen Nuntius Pacelli, den späteren Papst
Pius XII., in Todesängste versetzt haben soll. Dass am
30. April 1919 eine Gruppe schwerbewaffneter Rotgardisten die Nuntiatur gestürmt hatte, um Pacelli und andere Offizielle in der Vertretung zu verhaften, dass der
höchste diplomatische Vertreter des Vatikans in Bayern
mit der Waffe bedroht worden war und seine Verschlep-
pung nur durch einen vom Personal der Nuntiatur her-
beigerufenen italienischen Militärattaché, der telefo-
nische Rücksprache mit der Revolutionszentrale hielt,
verhindert worden war, mag in Revolutionszeiten mar-
ginal erscheinen, doch im Wissen um die Ereignisse in
Russland erhielt dieser Vorfall etwas Unheimliches, etwas von einem Menetekel.

Die Rückschau auf die Bayerische Räterepublik, die
in der Presse gehalten wurde, prägte deren Bild dann

auch weit mehr als die wenigen Wochen, in denen Anarchisten und moskautreue Bolschewisten die Weltrevolution geprobt hatten. Diesen wurde kurzerhand das Menschentum abgesprochen, wie später während des Russlandfeldzuges den Kommissaren der Roten Armee. Die »jüdischen Räterevolutionäre« wurden als »vertiert«, als »viehisch« und als »Ausgeburten der Hölle« bezeichnet. Die Revolution wurde zur »Hölle« selbst: »Wer die Tore der sozialen Revolution öffnet, der öffnet die Tore zur Hölle; und heraus steigen alle Triebe und Instinkte der Nacht«[42], schrieb der konservativ-katholische *Bayerische Kurier*. Entsprechend wurden die für die Räterevolution Verantwortlichen in den Blättern als charakterlich minderwertige und blutrünstige Psychopathen dargestellt, die einen schrankenlosen Hass auf die bürgerliche Welt hätten. Der Führer der Bayerischen Räterepublik, der »Jude« Eugen Leviné, wurde dahingehend zitiert, dass es »nicht darauf an[komme], ein paar tausend Bürgerlichen die Gurgeln abzuschneiden«[43]. Und von dem »Juden« Levien hieß es, er habe angesichts der Versorgungsengpässe und des Hungers erklärt, dass man kein Interesse am Überleben der »Kinder der Bourgeoisie« habe: »Es schadet nichts, wenn sie sterben, aus ihnen werden ja doch nur Feinde des Proletariats.«[44] Solche und andere Äußerungen der »roten« Führer deuteten auf einen neuen Menschenschlag hin, von dem eine neue Dimension des Terrors auszugehen schien.

Auch auf die Herkunft der Räterevolutionäre wurde in den Zeitungsberichten immer wieder hingewiesen. Der erwähnte Leviné war der Sohn eines jüdischen Petersburger Millionärs, der schon bei der russischen

Revolution von 1905 mitgewirkt hatte. Von 1918 an stand er dann auf der Soldliste des Sowjetbotschafters in Berlin, des »Juden« Joffe, von dem es hieß, dass er im Auftrag Moskaus den revolutionären Umsturz in Deutschland nach Kräften betrieben habe, nachdem das gleiche Deutschland im Jahr zuvor den Umsturz in Russland unterstützt hatte. Von eben jenem Joffe war der KPD-Aktivist Leviné dann auch nach München geschickt worden, um dort eine Ausgabe der *Roten Fahne* herauszugeben. Der »Jude« Tobias Axelrod, gleichfalls KPD-Aktivist und ebenfalls von Joffe in die bayerische Hauptstadt entsandt, war wie Leviné in Russland geboren. Gleiches galt für Max Levien, den Freund Lenins. Von Levien wurde berichtet, er habe sich auf dem Gründungsparteitag der KPD Ende Dezember 1918 in Berlin mit der Äußerung hervorgetan, wenn ein Revolutionstribunal die Sozialdemokraten Scheidemann und Ebert zum Aufhängen verurteile, werde er »Bravo« rufen.[45]

Den sowjet-bolschewistischen Charakter der »jüdischen« Räteherrschaft hervorzuheben, fiel dabei leicht, denn die Revolutionsmacher in Bayern hatten sich – wie bereits dargestellt – als Teil der vom Kreml kommandierten Weltrevolution verstanden und dies auch fortwährend propagiert. Die Parallelen lagen also offen. Der Publizist David Eliasberg 1919 schrieb darüber in seinem Beitrag »Russischer und Münchner Bolschewismus«: »Es erscheint unnötig, das russische Gepräge der Münchner Räteherrschaft zu betonen. Die Einwohner der Stadt München vollführten unter russischer Regie das russische Schauspiel nach bekannten Mustern. Die gelenkten Gliederpuppen wirkten stilvoll: das Proletariat war ›in revolutionären Feuer entbrannt‹, Adel und Bürgerschaft ›gegenrevolutionär‹, die Mehrheitssozialisten ›irregeleitet‹ […]«[46]

Als Ziel der »jüdisch«-bolschewistischen Herrschaft wurde die »Zersetzung« ausgemacht, die »Dekomposition«, von der später besonders Reichspropagandaminister Goebbels geifern sollte. Im Juni-Heft des *Arbeiters*, das Organ des Verbandes der katholischen Arbeitervereine, wurde deren Prinzip erklärt, wenn es hieß, dass das Judentum auf die allgemeine Zerstörung rechne, »die eine notwendige Folge des Kommunismus ist. Wenn dann inmitten des gänzlichen Zusammenbruchs alles aufgelöst ist, wenn der Hexenkessel der Anarchie die jüdischen Schreier und Wortführer an die Spitze gebracht hat, dann wird der Augenblick eintreten, wo die zerschlagene und zu Tode erschöpfte Welt sich nach einer Rettung umsieht und alles hinnimmt, was ihr Ruhe zu geben verspricht. Das ist der Augenblick, wo die tatsächliche Herrschaft des Judentums beginnt, um die von der Anarchie und vom Elend zermalmten Völker unter eine neue Herrschaft zu nehmen, der sie sich fügen werden, nämlich unter die Herrschaft des internationalen Judentums.«[47]

Als Beispiel für diesen Prozess wurde immer wieder die »asiatische Hunger- und Schreckensherrschaft«[48] in Russland angeführt, wurde über den Terror an der Wolga, in Sibirien und der Ukraine, über die in den Folterkellern Erschossenen, in Kirchen Verbrannten, in Flüssen Ertränkten, in Wäldern Erhängten berichtet; über den bürgerlichen Geistesadel, über Offiziere und Aristokraten und über die Zarenfamilie, die auf Befehl Lenins ermordet worden war. Vor dieser Apokalypse, die sich bereits in den Geiselmorden im Luitpold-Gymnasium angedeutet habe, sei Bayern noch einmal bewahrt worden, doch die barbarische Bedrohung sei nach wie vor latent – das war die Botschaft eines nicht geringen Teils der Presse in jenen Frühlingstagen des Jahres 1919.

Entsprechend brutal wurde auch mit den wirklichen und vermeintlichen Handlangern Moskaus umgegangen. Freilich war es nicht allein die Furcht vor dem Schreckgespenst des Bolschewismus, die die fürchterliche Gewalt entfesselte. Es entlud sich auch die Frustration über die Ohnmacht, mit der man Versailles gegenüberstand. Wenn sich Hitler in der »Untersuchungs- und Entlassungskommission« als besonders eifriger Antibolschewist hervortat, kam noch ein weiterer Grund hinzu. Aufgrund seiner Perspektivlosigkeit musste ihm nach wie vor daran gelegen sein, nicht aus dem Heer entlassen zu werden. Um seine Tüchtigkeit unter Beweis zu stellen, denunzierte er dann auch gleich seine Kameraden Georg Dufter und Joseph Seihs, die im April 1919 mit ihm zu Kasernenräten gewählt worden waren. Vor dem Münchner Standgericht gab Hitler zu Protokoll, dass Dufter »der ärgste und radikalste Hetzer des Regiments« gewesen sei. Dessen und Seihs' Agitation für die »Diktatur des Proletariats« sei es zuzuschreiben gewesen, dass Teile ihres Regiments gegen die Regierungstruppen gekämpft hätten.[49]

Dufter und Seihs kamen davon. Die Führer der Bayerischen Räterepublik, deren man habhaft geworden war, nicht. Unter den ohne ein Gerichtsverfahren Erschossenen waren Landauer und Egelhofer. Letzterer, der den Befehl zum Geiselmord gegeben hatte, wurde »in der

*Der von den Weißen
ermordete Räterevolutionär
Eugen Leviné auf einem
Fahndungsbild.*

*Der Räterevolutionär
Towia Axelrod, dem die
Flucht aus Deutschland
gelang, ebenfalls auf einem
Fahndungsfoto.*

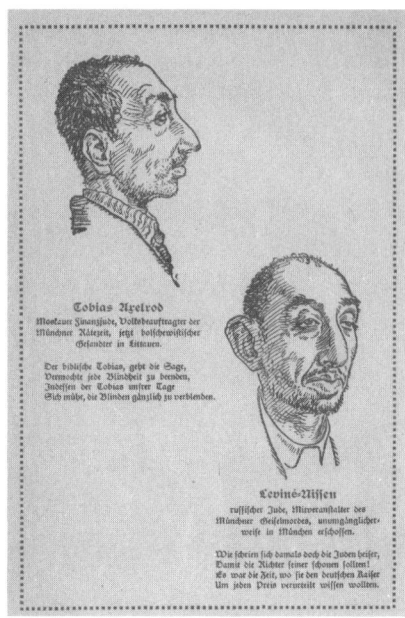

Antisemitische Karikatur der Räterevolutionäre Eugen Leviné und Towia Axelrod. Entnommen aus dem Band Totengräber Russlands *von Otto Kursell, München 1921.*

Maximilianstraße in der Wohnung einer russischen Zahnärztin [aufgegriffen], wo er in einer Badewanne versteckt war.« Er sei dann in einem Keller der Residenz gefangen gehalten worden, berichtete der Schlossverwalter Jakob Wimmer, der auch in jener Nacht dabei war, in der man den Revolutionär tot im Hof aufgefunden hatte. »Er hatte sichtlich einen Schuss im Kopf, mag noch mehrere Schüsse gehabt haben […]« Egelhofer sei auf der Flucht erschossen worden, schilderte Wimmer weiter, nicht ohne darauf hinzuweisen, dass der Tote keine Stiefel angehabt habe.[50] Leviné wurde vor ein Standgericht gestellt und als »Eindringling in Bayern« wegen Hochverrats zum Tode verurteilt und am 5. Juni

1919 exekutiert. Dem Erschießungskommando soll er noch entgegengeschrien haben: »Es lebe die Weltrevolution!«[51] Andere, wie Mühsam und Toller, wurden zu langjähriger Haft verurteilt. In dieser notierte Toller, dass im *Bamberger Volksblatt* zu lesen gewesen sei, der »gewöhnliche Tod durch Erschießen ist für die Münchner Bestien viel zu wenig [...] Sie sollten auf öffentlichem Platz gehenkt und als abschreckendes Beispiel für vertierte Gesellen zur Schau gebracht werden.«[52]

Solches war keine Sondermeinung im Bürgertum, es war vielmehr eine weitverbreitete Haltung gegenüber den Revolutionären, auch wenn sie mitunter in etwas wohlgesetzteren Worten vorgetragen wurde. So schrieb Thomas Mann: »Eine Welt, die noch Selbsterhaltungsinstinkt besitzt, muss mit aller aufbietbarer Energie und standrechtlicher Kürze gegen diesen Menschenschlag vorgehen.«[53] Mit »diesem Menschenschlag« meinte der spätere Literaturnobelpreisträger, der zu Beginn der 30er-Jahre aus Deutschland emigrieren sollte, den »Typus des russischen Juden, dieser sprengstoffhaltigen Mischung aus jüdischen Intellektual-Radikalismus und slawischer Christusschwärmerei«[54]. Die Gleichsetzung der Juden mit den bolschewistischen Revolutionären hatte also sogar vor Intellektuellen wie Thomas Mann nicht haltgemacht.

Unter dem Eindruck von Versailles und der damit einhergehenden Furcht vor der Bolschewisierung hatte Deutschland, Bayern und allem voran München, wo neben Ungarn die einzige genuine Machtergreifung des Bolschewismus außerhalb Russlands stattgefunden hatte, eine Welle des Antisemitismus erfasst, eine Welle, die ihren Ausgang bereits Ende 1918 genommen und

Der Bolschewist, der seine Brandfackel auf München richtet, hat Berlin bereits im Griff. Wahlplakat der Bayerischen Volkspartei, 1919.

sich im Frühjahr 1919 zu beachtlicher Größe entwickelt hatte, zu einer Größe, die sie wohl nirgendwo sonst in Deutschland erreichte. Der Sozialdemokrat Hans Goslar sprach von einer »augenblicklichen Hochflut des Antisemitismus«, der »durch die Tatsache [bedingt ist], dass in Deutschland, Russland, Österreich und Ungarn etliche Juden geistige Führer der revolutionären Massen gewesen sind«[55]. Diese »Hochflut« richtete sich in München inzwischen vor allem gegen die »Ostjuden« – also gegen jene Menschen, die aus Russland und dem russisch besetzten Teil Polens zugewandert waren. Sie wurden nun kollektiv mit der Räteherrschaft in Verbindung gebracht.

Vor allem für sie galt dann auch das von der Polizei

am 21. Mai 1919 verhängte Aufenthaltsverbot für Personen ohne bayerische Staatsbürgerschaft, die nach dem 1. August 1914 nach München gekommen waren. Selbst alteingesessene jüdische Bürger – so wurde es erwogen – sollten ausgewiesen werden. Der Münchner Polizeipräsident Ernst Pöhner, ein flammender Antisemit, begründete die Maßnahmen damit, dass die »Ostjuden« ein »schädlicher Fremdkörper im deutschen Volk« seien und blieben. Sie schreckten vor nichts zurück, »auch nicht vor dem Staatsbestand, wenn ihnen dies zweckdienlich erscheint, wie die Ereignisse während der Räteherrschaft im heurigen Jahre gezeigt haben, wo in erster Linie ostjüdische Elemente die Träger bolschewistischer Ideen waren«[56]. Der Journalist Josef Hofmiller wusste da schon eine Lösung. In sein Tagebuch schrieb er: »Die Galizier, die unsere Arbeiter immer verhetzen und die im Ernstfall die ersten sind davonzulaufen, die gehören […] alle erschossen.«[57]

Der Antisemitismus hatte also längst die Bayerische Landespolizei und die Reichswehr erfasst. Es lag dabei in der Natur der Sache, dass der Antisemitismus insbesondere bei denen stark ausgeprägt war, die gegen die Aufständischen im Bürgerkrieg kämpften. Alfred Wiener schrieb 1919: »Gewiss hat der Reichswehrminister jede parteipolitische Agitation in den Kasernen verboten. Was ficht uns Antisemiten das an! Gibt es nicht Offiziere, denen der Antisemitismus eine so ›vornehme Selbstverständlichkeit‹ dünkt wie das Einglas oder der näselnde Gardeton! Und solche Herren scheuen sich nicht, innerhalb ihres Dienstbereichs den antisemitischen Schmutzblättern den Weg zu weisen.«[58] Wieners Beobachtungen mochten ganz gewiss auf die Abteilungen der Reichswehr zugetroffen haben, die nach Bolschewisten fahndeten oder antibolschewistische Propaganda betrieben. Antisemitismus und Antibolschewismus gingen also insbesondere hier Hand in Hand. Auf die Situation in München übertragen, bedeutete dies: Es gab dort inzwischen kein Milieu, das mehr antibolschewistisch und damit auch antisemitisch ideologisiert gewesen sein dürfte als das Umfeld, in dem Hitler sich seit Mai 1919 aufhielt. Und der sog den ihn umgebenden, ja allgegenwärtigen Antisemitismus regelrecht in sich ein, zumal ihn, der sich um die Früchte seines Kriegseinsatzes betrogen sah, geradezu nach einer Projektionsfläche für seine in den Enttäuschungen und Zukunftsängsten gründende Frustration und Wut dürstete.

Forciert wurde Hitlers Ideologisierung noch durch seine Versetzung von der »Untersuchungs- und Entlassungskommission« in eine entstehende antibolschewistische Propaganda-Abteilung Anfang Juni 1919. Ihr Aufbau war vom bayerischen Reichswehrgruppenkommando angeordnet worden, das in München ein rigoroses Regiment führte, zu dem die konsequente Überwachung der Einhaltung des USPD- und KPD-Verbots ebenso gehörte wie die der Presse. Die Abteilung sollte bei den bayerischen Verbänden des Übergangsheeres »antibolschewistische Schulungen« durchführen. Dabei sollten vor allem die Soldaten, die aus der Kriegsgefangenschaft zurückströmten, mit den Grundlagen der Demokratie und den Gefahren des Bolschewismus vertraut gemacht werden. Besonders bei den Männern, die aus Russland kamen, befürchtete man ein gefährliches revolutionäres Potenzial. Allen anderen aber galt es, sich erzieherisch und materiell anzunehmen, denn die meisten standen vor dem Nichts. Stoßt die Heimkehrer »nicht hinein in diese gärenden Brutstätten des Bolschewismus, wo rasender Sinnestaumel auf der einen, wahnwitziges Streitfieber auf der anderen Seite die letzten sittlichen und wirtschaftlichen Kräfte unseres schwer heimgesuchten Volkes zu verzehren drohen. Überlasst sie nicht neuer Verzweiflung, setzt ihre in harter langer Kriegsgefangenschaft zermürbten Körper nicht neuen Entbehrungen [...], ihre durch Qualen aller Art in ihrer Widerstandskraft geschwächten Seelen nicht tödlichen Versuchungen und Bedrängnissen aus«[59], hieß es auf einem Anschlag, der die um sich greifende Hysterie im nachräterepublikanischen München anschaulich verdeutlicht.

Entscheidenden Einfluss auf Rekrutierung und Inhalte der neu aufzustellenden Propagandatruppe sollte ein gewisser Karl Mayr ausüben, der Chef der Nachrichtenabteilung beim Gruppenkommando. Der Hauptmann war gefürchtet, hatte er sich doch als fanatischer Verfolger jeglicher bolschewistischer Umtriebe und als Antisemit einen Namen gemacht. Dass Mayr bei der Auswahl seiner künftigen Propagandaleute auf diejenigen zurückgriff, die sich bereits in der »Untersuchungs- und Entlassungskommission« hervorgetan hatten, lag auf der Hand. So war auch der Gefreite Hitler zu Mayrs Truppe gekommen, den der Historiker Hellmuth Auerbach zu Recht als einen »Geburtshelfer der politischen Karriere Hitlers«[60] bezeichnet. Der ehemalige Bataillonsrat der Räterepublik, der laut Mayr einem »streunenden Hund« geglichen habe[61], fand nun ein Betätigungsfeld, das ihm – dem Halbgebildeten – wieder eine gewisse Bedeutung bescherte. Und die Überlieferung legt nahe, dass Hitler es wiederum nicht an Engagement fehlen ließ, wurde er doch so etwas wie Mayrs »rechte Hand«, was wiederum unmöglich gewesen wäre, hätte der Gefreite nicht die politisch-ideologischen Auffassungen seines Hauptmanns geteilt.

Um die künftigen Propagandamänner, und damit auch Hitler, auf die »antibolschewistischen Schulungen« vorzubereiten, wurden diese zunächst selbst geschult. Ein erster Lehrgang, der die Männer befähigen sollte, den »bolschewistisch und spartakistisch verseuchten Soldaten« Vorträge halten zu können, fand zwischen dem 5. und dem 12. Juni 1919 in den Räumlichkeiten der Münchner Universität statt. Die »Erziehungsaufgabe« sollte als »reine antibolschewistische Propaganda […] und ausschließlich unter Zugrundelegung der russischen, ungarischen und deutschen Beispiele« durchgeführt werden. »In diesem Zusammenhang wird dann eingegangen auf Marx, Lenin, die Bolschewisten, die Kommunisten, das kommunistische Manifest […]«[62], hieß es zum Inhalt der Kurse. Und damit auch die antisemitische Stoßrichtung stimmte, hatte Mayr wiederum die »richtigen« Männer als Dozenten verpflichtet. Zu diesen gehörte unter anderen Bothmer, der – wie bereits erwähnt – schon dem »Juden Eisner« vorgeworfen hatte, er treibe das Land in die Hände des Bolschewismus.

Im Durchgangslager Lechfeld hielt der Propagandamann Hitler, der durch sein Rednertalent rasch auf sich aufmerksam machte, im August 1919 seine ersten Vorträge vor aus russischer Kriegsgefangenschaft zurückgekehrten deutschen Soldaten. Wenngleich es bei den Vorträgen auch um Fragen der Kriegschuld, des Versailler »Schanddiktats« und des verhassten Großkapitals ging, so bildete doch der Bolschewismus eines ihrer vorrangigen Themen. Hitler selbst schrieb 1921, dass er dem Schützenregiment 41 überwiesen worden sei und »in diesem Regiment sowie in anderen Formationen nun zahlreiche Aufklärungsvorträge über den Wahnsinn der roten Blutdiktatur«[63] gehalten habe.

Bestimmt ist es auch kein Zufall, dass das erste amtliche Dokument, das Hitler als Judenhasser ausweist, aus demselben Monat stammt, in dem er seine »antibolschewistische« Propagandaarbeit aufnahm. In einem Bericht des Führers des Wachkommandos im Lager Lechfeld verlangte dieser am 25. August 1919 von seiner vorgesetzten Dienststelle Klarheit, wie bei den Vorträgen mit der »Judenfrage« umzugehen sei. Bendt, so hieß der Offizier, bezog sich dabei auf die Ausführungen des Gefreiten Hitler, der offenbar über das Ziel hinausschoss, wenn er »in ganz klarer Form unter besonderer Berücksichtigung des germanischen Standpunktes« die »Judenfrage« dargestellt habe. Derartige Erörterungen könnten den Juden Anlass geben, »die Vorträge als Judenhetze zu bezeichnen«[64], meinte Bendt offenbar aus Sorge um den überparteilichen Anspruch der Reichswehr – ein Anspruch, der dem Regierungssoldaten Hitler sicherlich eine gewisse Zurückhaltung in Sachen Judentum nahelegte.

Vom September 1919 datiert dann das erste Selbstzeugnis Hitlers, das ihn nicht nur als Judenhasser ausweist, sondern ihn auch Bolschewismus und Antisemitismus in einen ursächlichen Zusammenhang stellen lässt. Es handelt sich um eine im Auftrag Mayrs angefertigte Stellungnahme vom 13. September 1919. Ihr Thema lautete »Regierungssozialdemokratie und Judentum«[65] – eine heikle Angelegenheit, innerhalb derer die Autorenschaft Hitlers seine exponierte Stellung in Mayrs Propagandatruppe einmal mehr hervorhebt. Hitler schreibt in dem mehrseitigen Papier von »einem planmäßigen verderblichen Wirken der Juden« und von einer »erkannten Gefahr«, die von ihnen ausginge. Als Grund für diese Umstände führt er unter anderem an, dass die Juden »die treibenden Kräfte der Revolution« gewesen seien. Wenn Kershaw moniert, dass das Wort Bolschewismus in der Stellungsnahme Hitlers nicht vorkommt[66] (warum sollte es auch, handelt es sich doch um eine Ausarbeitung über die Regierungssozialdemokratie und das Judentum), und dies als Beleg dafür wertet, dass bei diesem im Herbst 1919 Judenhass und Antibolschewismus noch nicht miteinander verknüpft waren, stellt sich die Frage: Wer sonst machte für Hitler die »Revolution«, wenn nicht die Bolschewisten, mit denen er die radikalen Linken in Deutschland ebenso meinte wie die Träger der russischen Revolution?

Dass auch für Hitler Bolschewismus und Judentum längst zusammengehörten wie die sprichwörtlichen zwei Seiten einer Medaille, erklärt sich auch in seinem Kontakt zur ultranationalen völkischen Deutschen Arbeiterpartei (DAP), den er seit September 1919 pflegte. Hinter dem anmaßenden Namen stand eine mittellose Hinterzimmer-Organisation, die gerade einmal 200 Mitglieder zählte. Die DAP, aus der später die Nationalsozialistische Deutsche Arbeiterpartei (NSDAP) werden sollte, war im Januar 1918 von dem Journalisten Karl Harrer und dem Arbeiteraktivisten Anton Drexler gegründet worden und zutiefst antisemitisch geprägt. In ihren Reihen fanden sich all jene, die schon seit Ende 1918 den »jüdischen Bolschewismus« geißelten, unter ihnen Dietrich Eckart, dem Hitler ebenfalls in September 1919 erstmals begegnete. Mit dabei waren auch Alfred Rosenberg und der Wirtschaftstheoretiker Gottfried Feder. Hätte Hitler in diesen Antisemiten nicht Gesinnungsgenossen gesehen, wäre er ganz sicher nicht noch im selben Herbst in die DAP eingetreten, die aus der Thule-Gesellschaft hervorgegangen und nach wie vor eng mit dieser verbunden war – derselben Thule-Gesellschaft, deren Angehörige beim Geiselmord im Münchner Luitpold-Gymnasium ums Leben gekommen waren. Just in diesen frühen Septembertagen des Jahres 1919 fand der viel beachtete Prozess statt, an dessen Ende der Vorsitzende Richter, der hinter der Tat eine »russische Strategie« vermutete, fünf Todesurteile und einer Reihe langjähriger Zuchthausstrafen verkündete.[67]

Bald war es Hitler, der aufgrund seines Rednertalents auf den Sprechabenden der DAP Vorträge hielt, die immer wieder um den Bolschewismus kreisten. So notierte der Volksgenosse Riedl über Hitlers Ausführungen auf einer solchen Veranstaltung am 9. Februar 1920: »Bolschewisten im Anmarsch. Befreiung des Proletariats. Weltr[evolution]. Russen stehen vor Polen.«[68] Und am 29. März 1920 hielt derselbe Riedl fest: »Bolschewismus – Ruhrgebiet!«[69] Dass für Hitler der Bolschewismus zu den Hauptthemen seiner Auftritte gehörte, verdeutlicht die Aussage seines ehemaligen Kriegskameraden, des damals aus dem Heeresdienst entlassenen Kompaniefeldwebels Max Amann. Zu Beginn des Jahres 1920 will dieser dem Gefreiten am Münchner Odeons-

Die Juden

sollen an Allem schuld sein,

so tönt es heute aus hinterhältig verbreiteten Flugblättern,
so reden es verhetzte Leute auf der Straße nach.
Wir Juden sollen schuld sein, daß der **Krieg** kam, aber in der Regierung
und Diplomatie, in der Rüstungsindustrie und im Generalstab saßen

keine Juden.

Wir sollen **auch** schuld sein, daß der Krieg vorzeitig abgebrochen wurde.
Wir sollen schuld sein an allen Uebeln des Kapitalismus und **zugleich**
an den Leiden der Revolution, die diese Uebel beseitigen will.
Was ein paar Führer jüdischer Herkunft gewirkt haben zum Guten und zum
Bösen, haben sie selbst zu verantworten,

nicht die jüdische Gesamtheit.

Wir lehnen es ab, die **Sündenböcke** abzugeben für alle Schlechtig-
keit der Welt.

Wir fordern unser Recht, wie bisher friedlich weiter zu arbeiten in unserem
deutschen Vaterland, mit dessen Gedeihen in Zeiten der Macht wie der Niederlage auch unser Wohl unauflöslich verbunden ist.

Die Ortsgruppe München
des Centralvereins deutscher Staatsbürger jüdischen Glaubens.

Der Centralverein deutscher Staatsbürger jüdischen Glaubens wehrt sich
gegen den Vorwurf, »schuld an den Übeln des Kapitalismus und zugleich
an den Leiden der Revolution« zu sein, Flugblatt, 1919.

platz begegnet sein und ihn gefragt haben, ob er immer noch Soldat sei. Hitler habe ihm darauf geantwortet, dass er »Bildungsoffizier« sei. Amann weiter: »›Was ist das‹, fragte ich ihn«, und er habe geantwortet: »›Ich halte Vorträge gegen den Bolschewismus‹.«[70] Dass dieser »jüdisch« war, verstand sich für Hitler von selbst.

Über das vermeintlich jüdische Wesen des Bolschewismus musste Hitler nicht zuletzt auch deshalb im Bilde gewesen sein, weil er auf Vermittlung des deutschen Diplomaten Scheubner-Richter Kontakte zu dem antibolschewistischen und antisemitischen exilrussischen Kreis um den ehemaligen ukrainischen Gouverneur Pawlo Skoropadskyj unterhielt. Hitler scheute solche Kontakte nicht, sah er doch im nicht-bolschewistischen und das hieß für ihn: im nicht-jüdischen Russland einen potenziellen Partner Deutschlands. So erklärte er im Juli 1920 im Verlauf einer seiner vielen Reden: »Unsere Rettung kommt nie vom Westen. Wir müssen Anschluss suchen an das nationale, antisemitische Russland. Nicht an den Sowjet […] Dort herrscht der Jude […] Spa hat uns zugrunde gerichtet, eine Moskauer Internationale wird uns nicht aufrichten, sondern dauernd versklaven.«[71]

Solche Äußerungen, hier vom Berichterstatter im *Rosenheimer Tageblatt* festgehalten, verdeutlichen, wie wenig Hitler über einen allgemeinen Rassismus zum Antisemitismus gefunden hatte. Russland wird hier von ihm nicht etwa mit »slawischem Untermenschentum« in Verbindung gebracht, sondern als vom »Juden« zerstörtes und geknechtetes Land. Weil dort die fanatischsten Antisemiten zu finden waren, sah der frühe Politiker Hitler in diesem Russland sogar einen potenziellen Verbündeten. Diesen Antisemiten verdankte Hitler letztlich auch Einblicke in die Welt des »jüdischen Bolschewismus«. So wusste der Bolschewist Radek um den Einfluss der zaristisch-aristokratischen Russen auf Hitler und dessen Umfeld. Nichts anderes brachte er zum Ausdruck, als er 1923 in einer Denkschrift der Kommunistischen Internationale festhalten ließ, dass der Antisemitismus der Nationalsozialisten »das Ergebnis russischer Emigranten in Deutschland«[72] sei.

Dass für Hitler der verhasste Bolschewismus »jüdisch« war, geht außerdem aus einem Bericht der Reichswehr über eine Versammlung im April 1920 hervor, in deren Verlauf er den »jüdischen Bolschewismus« geißelte, genauer gesagt, die »jüdischen Revolutionäre« der Räterepublik. Hitler habe – so hieß es – »in beredten Worten gegen die Juden« gesprochen und »einige Sachen« aus einer »Broschüre« vorgelesen, in der »Verordnungen und Proklamationen seit Anfang der Revolution gesammelt sind« und »dieselben in drastischer Weise« besprochen.[73] Bei der »Broschüre« handelte es sich um ein von dem Marineoffizier Ernst Lindemann verfasstes Heftchen, das als Arbeitsmaterial im Sommer 1919 für die Propagandaleute der Reichswehr gedruckt worden war. Ihr Titel lautete: »Was man über den Bolschewismus wissen muss«[74].

Dass Hitlers »Antibolschewismus« dabei ursprünglicher als sein Judenhass war, geht auch aus einigen seiner späteren Äußerungen hervor. So stellte er zum Beispiel im Mai 1933 gegenüber dem Präsidenten der Kaiser-Wilhelm-Gesellschaft zur Förderung der Wissenschaften, Max Planck, als dieser beim neuen Reichskanzler für »wertvolle Juden« eintrat, klar: »Gegen Juden an sich habe ich gar nichts. Aber die Juden sind alle Kommunisten und diese sind meine Feinde, gegen sie geht mein Kampf.«[75] Richtiger wäre es gewesen, Hitler hätte seine Antwort mit dem Satz eingeleitet, dass er gegenüber den Juden »ursprünglich« nichts gehabt habe.

Die Historiker Ernst Nolte und Johannes Rogalla von Bieberstein, dessen Buch *»Jüdischer Bolschewismus«. Mythos und Realität*[76] weitgehend ignoriert wurde, konstatieren zu Recht, dass es kaum einen wichtigeren und folgenreicheren Mythos als den des »jüdischen Bolschewismus« gab. »Aber die konkreten Erfahrungen, die ihm zugrunde lagen, sind gründlicher vergessen oder verdrängt worden als im Falle aller vergleichbaren Mythen«[77], schreibt Nolte. Dies gilt auch für Kershaw. Er behauptet, dass Hitler erst in seiner Rosenheimer Rede vom 21. Juni 1920 »Marxismus, Bolschewismus und Sowjetsystem in Russland« mit »der Brutalität der jüdischen Herrschaft« »vermählt« habe. »Sowohl der Einfluss Rosenbergs, der aus dem Baltikum stammte und die russische Revolution selbst erlebt hat, als auch Presseberichte von den Schrecken des russischen Bürgerkrieges haben im zweiten Halbjahr 1920 vermutlich die Beschäftigung mit dem bolschewistischen Russland gefördert [...] Sicherlich waren solche Wahrnehmungen der Katalysator für die Verschmelzung von Antisemitismus und Antimarxismus«[78], schreibt der britische Historiker weiter, so, als wäre Hitler nie im München des Jahres 1919 gewesen. Wie widersprüchlich Kershaw argumentiert, wird deutlich, wenn er aus Hitler einen frühen Antisemiten macht, diesem aber gleichzeitig in Abrede stellt, dass er das erkannte, was die frühen Antisemiten seit dem November

1918 erkannt zu haben glaubten, nämlich dass der Bolschewismus jüdisch sei.

Kershaw versucht stattdessen einmal mehr seine unhaltbare These vom ursprünglicheren Antisemitismus zu bekräftigen, dem der Antibolschewismus als Komponente nachträglich hinzugefügt worden sei. Auch Bullock und Fest messen dem Bolschewismus in ihren Biografien keine Bedeutung für das Entstehen des Hitler'schen Judenhasses bei, sondern leiten diesen aus einem allgemeinen Rassismus ab. Fest relativiert allerdings gegen Ende seines Lebens seine frühe Sicht der Dinge. In einem Interview mit der Tageszeitung *Die Welt* sagte er im September 2004 vage, aber dennoch in die richtige Richtung zielend: »Möglicherweise liegt der Wendepunkt im revolutionären München […]«[79]

Tatsächlich vollzog der sozialdemokratische Regierungssoldat Adolf Hitler seine Kehrtwendung zum fanatischen Antisemiten parallel zu dem antibolschewistisch-antisemitischen Hexensabbat, wie er sich zu Beginn des Jahres 1919 im revolutionären München aufschaukelte und nach dem Bekanntwerden der Versailler Vertragsbedingungen breite Bevölkerungsschichten erreichte. Dieser Antisemitismus hatte nur noch wenig mit demjenigen zu tun, der seit eh und je in sozialem Ressentiment und in Minderwertigkeitskomplexen gegenüber den Juden gründete und der während der trostlosen Weltkriegsjahre zugenommen hatte. Ein radikaler Antisemitismus, der mit einem ganz konkreten Bedrohungsszenario verbunden war, hatte den Antisemitismus früherer Zeiten in Deutschland abgelöst.

Die mörderischen Konsequenzen, die dieser potenziell für die Juden barg, hatten Hitlers jüdische Zeitgenossen schon früh erkannt. Der Erste Vorsitzende des Synagogenvereins Ohel Jacob und Sprecher der Jüdischen Orthodoxie Bayerns, der Industrielle Sigmund Fraenkel, hatte sich aus eben diesem Grund von Eisner distanziert. Schon am Vorabend der Proklamation der Bayerischen Räterepublik, am 6. April 1919, hatte Fraenkel in hellsichtiger Ahnung des Kommenden von der »Größe der Gefahr« geschrieben, »die nicht die Bekenner unserer Glaubensgemeinschaft, sondern das Judentum selbst bedroht, wenn die große Masse von Münchens werktätiger Bevölkerung die erhabenen Lehren und Dogmen der jüdischen Religion in ideellen Zusammenhang mit den bolschewistischen und kommunistischen Irrlehren bringt, die seit Wochen den durch die viereinhalbjährige Kriegsdauer zermürbten und verwirrten Volksmassen«[80] gepredigt würden.

Hans Goslar, der Sprecher der sozialdemokratischen Regierung Preußens, schrieb 1919 in seiner Abhandlung *Jüdische Weltherrschaft. Phantasiegebilde oder Wirklichkeit*, dass die jüdischen Revolutionäre »ein gewaltiges Auflodern des zu hellen Flammen angefachten Funken des Judenhasses und grauenhafte Pogrome« provoziert hätten. Weiter wies er in seiner Aufklärungsschrift darauf hin, dass die Taten dieser Juden nicht dem Judentum als solchem angelastet werden könnten, hätten diese doch »ihr Leben und ihr Schaffen bewusst einzig in den Dienst der sozialistischen Sache oder der deutschen Arbeiterschaft gestellt und auch nicht eine Ecke in ihrem Herzen, nicht ein kleines Plätzchen in ihrer Seele wird von jüdischen Sonderinteressen beherrscht«[81].

Ein anderer, der stetig warnte, war der Dortmunder Rabbiner Benno Jacob, ein leidenschaftlicher deutscher

Patriot, der sich während des Weltkriegs durch Kriegsandachten und Spendensammlungen für die deutschen Frontsoldaten hervorgetan hatte. Er drückte sich im selben Sinne aus, wenn er von der Niederlage und der Revolution sprach, die Deutschland erschüttert habe, und ein düsteres Zukunftsbild für die Juden zeichnete: »Als letztes Ziel winken«, so Jacob, »Pogrome nach russischem und polnischem Vorbild«. So sei den Juden »noch eine besondere, unsere Ehre, unser Recht und unser Leben bedrohende Gefahr erwachsen, die an die schlimmsten Zeiten unserer Leidensgeschichte erinnern kann«, schrieb Jacob in seinem 1919 erschienen Büchlein *Krieg, Revolution und Juden*, mit dem er dem nahenden Unheil etwas entgegensetzen wollte[82].

Die Sorge der deutschen beziehungsweise bayerischen Juden gründete in dem Wissen um die Verfolgungen, denen sich ihre osteuropäischen Glaubensbrüder zur gleichen Zeit während des russischen Bürgerkriegs im Baltikum, in Weißrussland und in der Ukraine ausgesetzt sahen. So wurden in der Ukraine nach einem Bericht des Jewish People's Relief Committee of America zwischen Dezember 1918 und August 1919 mehr als 100000 jüdische Männer, Frauen und Kinder im Zuge der Konterrevolution von den »Weißen« und ukrainischen Nationalisten auf teils bestialische Weise abgeschlachtet.[83] Mehr als eine halbe Million Menschen verloren ihre Habe. Über die mit dem Leben Davongekommen heißt es in dem Bericht des amerikanischen Komitees, das unter anderen die Pogrome in Podolia, Felshtin und Proskurow untersuchen ließ, die nach einem gescheiterten bolschewistischen Umsturzversuch losbrachen: »In Stadt auf Stadt drängten sich Tausende zerlumpte, barfüßige und von Krankheit gezeichnete Männer und Frauen in Fetzen gehüllt oder gänzlich unbekleidet in Synagogen, in leeren Scheunen oder einfach in den Straßen.«[84]

Pogrome gegen die ukrainischen Juden hatte es in den vorangegangenen Jahrzehnten – wie beschrieben – immer wieder gegeben. Doch was 1919 geschah, stellte eine neue Dimension der Judenverfolgungen in Osteuropa dar. Es war ein Morden und Brandschatzen, eine nicht enden wollende Bartholomäusnacht. Der russische Sozialist S. Maslow, ein Zeitzeuge, schrieb damals: »Auch bei den Pogromen in der Zarenzeit waren Juden umgebracht worden, aber noch nie so viele und noch nie mit einer solchen Gefühllosigkeit, ja Hartherzigkeit, wie dies jetzt geschieht«.[85] Der Londoner *Jewish Chronicle* bezeichnete diese Pogrome Ende Mai 1919 als »Holocaust«[86].

Begründet worden sei der Massenmord von 1919 damit, dass die Juden in der Bevölkerung als Träger und Sympathisanten der verhassten Bolschewiki gegolten hätten. So steht es in dem Bericht des Jewish People's Relief Commitee of America, den Elias Heifetz in seinem Buch *The Slaughter of the Jews in the Ukraine in 1919* zusammenfasste.[87] Auch Hans Goslar sprach im Zusammenhang mit den Sozialrevolutionären jüdischer Herkunft die »grauenhaften Pogrome« an, bei denen »viele Zehntausende von Juden – in bestialischer Weise hingemordet«[88] worden seien. Dass durch die Herrschaft Trotzkis eine »ungeheure antisemitische Bewegung« entfacht worden sei, meinte auch Karl Kautsky. Der marxistische Theoretiker und Antibolschewist verfasste 1925 eine Broschüre mit dem Titel *Die Internationale und Sowjetrussland*, in der er die Deutung des Bolschewismus als Judenherrschaft für unhaltbar hielt. Er schrieb: »[…] manchem oberflächlichen Beschauer mag deren Herrschaft als Judenherrschaft erscheinen, trotz Lenin, Lunatscharsky, Kollontai und anderen Mongolen und ›Ariern‹.« Dennoch barg für Kautsky der Mythos vom »jüdischen Bolschewismus« eine schreckliche Gefahr, befürchtete er doch im Falle »einer Niederwerfung des Bolschewismus durch eine Volkserhebung […] ein […] furchtbare[s] Judenmassaker«[89].

Und genau das sollte passieren, als die deutsche Wehrmacht im Zuge von Hitlers rassenideologischem Vernichtungskrieg im Sommer 1941 in die Sowjetunion einmarschierte. Es sollte zu mehr als fünfzig Pogromen im Baltikum, Weißrussland und vor allem in der Ukraine kommen, bei denen die einheimische Bevölkerung Abertausende jüdische Menschen regelrecht abschlachtete. Dies geschah unter den wohlwollenden Blicken und mit Unterstützung der Einsatzgruppen-Angehörigen, deren Kommandeure von Reinhard Heydrich, dem Chef des Reichssicherheitshauptamtes und frühen Mitglied des Deutschvölkischen Schutz- und Trutzbundes, angewiesen worden waren, »den Selbstreinigungsbestrebungen antikommunistischer oder antijüdischer Kreise in den neu zu besetzenden Gebieten […] kein Hindernis zu bereiten. Sie sind im Gegenteil, allerdings spurenlos auszulösen, zu intensivieren wenn erforderlich und in die richtigen Bahnen zu lenken, ohne dass sich diese örtlichen ›Selbstschutzkreise‹ später auf Anordnungen oder auf gegebene Zusicherungen berufen könnten.«[90]

Die Aufschaukelung des Antisemitismus in Deutschland, vor allem aber in München, spiegelte sich in den

Ereignissen, die im selben Jahr in der Ukraine und andernorts in Ostmitteleuropa im Zuge des Bürgerkriegs stattfanden. Hier wie dort war es ein Reflex, der in der Gleichsetzung von Bolschewismus und Judentum seinen entscheidenden Auslösungsfaktor hatte. In der Ukraine war es zu furchtbaren Entladungen von Gewalt gekommen. In München sah man, wie aus einer Meldung der Polizei vom Oktober 1919 hervorgeht, Pogrome bereits unmittelbar bevorstehen, »ähnlich wie in Wien und Russland«[91]. Mehr als zwei Jahrzehnte später, nach dem Scheitern des deutschen Blitzkriegs gegen die Sowjetunion, sollte der ehemalige Propagandamann der Reichswehr den nationalsozialistischen Völkermord an den Juden auf den Weg bringen.

Die Zusammenhänge in dieser Zeit des »Weltbürgerkriegs«, von dem Nolte schreibt, liegen auf der Hand. Doch war der »Klassenmord« der Bolschewiki wirklich das logische und faktische Prius, das Vorangegangene des »Rassenmordes« der Nationalsozialisten, wie Nolte meint?[92]

4. Die unbequeme Kausalität:

Radikal-Antisemitismus als Reflex auf den »jüdischen Kapitalismus«

Obwohl die Verknüpfung von Bolschewismus und Judentum für Hitlers Wendung hin zum fanatischen Antisemiten und damit letztendlich für den Völkermord große Bedeutung hatte, war sie doch nur ein Faktor. Es gab noch einen zweiten. Denn zeitlich parallel zum Schreckbild des »jüdischen Bolschewismus« reifte bei Hitler die Vorstellung von einem raffgierigen »jüdischen Kapitalismus« heran, dem er eine nicht minder zerstörerische Wirkung beimaß. Diese Wahrnehmung entsprang nicht zuletzt seinem antikapitalistischen Ressentiment, das sich schon in seiner Nähe zur Sozialdemokratie und in seiner zumindest nicht ganz ablehnenden Haltung gegenüber der Bayerischen Räterepublik ausgedrückt hatte. Solange die Sozialdemokratie ihm als eine politische Kraft erschien, die eine nationale und sozial erträgliche Entwicklung zu gewährleisten versprach, blieb dies für seine Haltung folgenlos. Als sich aber seit Frühjahr 1919 immer mehr zeigte, dass die MSPD zu einer solchen Politik nicht in der Lage war, orientierte sich Hitler politisch neu. Die deutschen Verhältnisse waren es, die den Propagandamann der Reichswehr zu den Völkischen führten, die in München wohl

aufgrund der Erfahrungen mit der Rätezeit den aggressivsten Antisemitismus propagierten.

Hitler war nach dem Weltkrieg der »arme Teufel« geblieben, der ohne Perspektive und mit einem gehöri-
gen Maß an verklärender Erinnerung sein soldatisches
Dasein fristete. Die neue Zeit mit ihrer betont kapitalistischen Ordnung war ihm genauso zuwider wie den
meisten Deutschen aus den unteren und mittleren
Schichten. Einmal abgesehen von dem ohnehin schon
großen Befindlichkeitschaos, fristeten diese durch den
Mangel an Lebensmitteln und die zunehmende Inflation
ein entbehrungsreiches Hungerdasein. Angesichts des
Versailler Vertrages und der immer noch aufrechterhal-
tenen Seeblockade fragten sich viele dieser Menschen,
wie ihr Los erst aussehen würde, wenn die maßlosen
Reparationsforderungen der kapitalistischen Siegermächte ihre Wirkungen zeitigten.

Unter den Bürgern ging die Angst vor einer kalten,
rücksichtslosen Welt der wirtschaftlichen Ausbeutung
um, in der das Schicksal des Einzelnen keine Rolle mehr
zu spielen schien. Diese Angst diskreditierte den Kapitalismus, an dem nicht nur vonseiten der Linken Kritik
geübt wurde. Auch im Bürgertum, wo man vielerorts
einem national-romantischen Zusammengehörigkeits-
ideal huldigte, wo das Wort »Bolschewismus« längst
nicht mehr nur den revolutionären Marxismus um-
schrieb, sondern zur universellen Metapher für die Auflösung alter Ordnungen, Sitten und Lebensauffassungen
geworden war, hatte der Kapitalismus ein hässliches
Antlitz. Diese Einstellung hatte auch hier eine gewisse
Tradition, denn aus der Perspektive der zeitgenössischen
Soziologie hatte der Kapitalismus schon im Kaiserreich

Propaganda gegen den Versailler Vertrag, Plakat, 1920.

als »schwere Sozialkrankheit«, als »Spottgeburt von Dreck und Feuer« (Franz Oppenheimer)[1] gegolten. Auch aus dem Blickwinkel der katholischen Sozialethik war die »mammonistische, wuchernde Erwerbsgier« als »Entartung der Kapitalwirtschaft« (Heinrich Pesch)[2] gegeißelt worden. Mit Versailles verdichteten sich diese Strömungen nun zu einer weitverbreiteten Ablehnung des Kapitalismus.

Ein Brief des Kleinbürgersprosses Joseph Goebbels, der zwei Jahrzehnte später Berlin »entjuden« sollte, spiegelt die Stimmung wider, die in seiner Gesellschaftsschicht verbreitet war. Der arme und perspektivlose Student, der sich kaum ausreichend hatte ernähren können, schrieb: »Es ist faul und öde, dass eine Welt von so und soviel hundert Millionen Menschen von einer einzigen Kaste beherrscht wird, die es in der Hand hat, dazu Millionen zum Leben oder Tod, ja nach Willkür, zu führen […] Diese Kaste hat ihre Fäden ausgesponnen über die ganze Erde, der Kapitalismus kennt keine Nationalität […] siehe die entsetzlichen und geradezu himmelschreienden Verhältnisse innerhalb des deutschen Kapitalismus während des Krieges, dessen Internationalität einen Zustand schaffen konnte, dass deutsche Kriegsgefangene (Beweis kann erbracht werden) während der Kämpfe in Marseille deutsche Geschütze und Fabrikmarken deutscher Firmen ausluden, die dazu bestimmt waren, deutsches Leben zu vernichten. Dieser Kapitalismus hat nichts aus der neuen Zeit gelernt und will nichts lernen, weil er seine eigenen Interessen vor die Interessen der anderen Millionen setzt. Kann man es da den Millionen verdenken, wenn sie für ihre Interessen eintreten? Kann man es ihnen verdenken, wenn sie eine internationale Gemeinschaft anstreben, deren Ziel der Kampf gegen den korrupten Kapitalismus ist?«[3]

Goebbels, der sich in der Anfangszeit seiner Politisierung als »deutscher Kommunist« verstand und damit in die Nähe der »Nationalbolschewisten« rückte, war kein Antisemit, sondern eher das Gegenteil, als er diese Zeilen formulierte. Doch er sollte es angesichts der andauernden Not, der er sich zusammen mit Abermillionen anderen Deutschen ausgesetzt sah, bald werden. Denn dass dieser Kapitalismus »jüdisch« sei, war bald ein ebenso verbreitetes Klischee wie das vom »jüdischen Bolschewismus«. Im August 1919 war so im sozialdemokratischen *Vorwärts* zu lesen, »dass für viele aus dem

Volk Kapitalist und Jude gleichbedeutend ist«[4]. Zur Bildung dieser Gleichung hatten Stimmen wie die des Volkswirtschaftlers Robert Wilbrandt beigetragen, der im Kapitalismus den bloßen »Geist des Schachers und der Wuchers«, kurzum: die »Verjudung unserer Gesellschaft«[5] erblickte. Der Soziologe Werner Sombart hatte schon vor dem Weltkrieg in seinem Buch *Die Juden und das Wirtschaftsleben* einen Zusammenhang geknüpft, der die Juden als wie geschaffen für die Rolle der kapitalistischen Hauptakteure erschienen ließ. Als Wandervolk hätten sie nie eine Bindung zum »Boden«, dafür aber umso intensiver zum abstrakten Wert des Geldes entwickelt, primär zweckrationale Beziehungen ausgebildet und sich damit eine Befähigung zum Kapitalismus angeeignet, wie sie ein sesshaftes Volk niemals hätte entwickeln können.[6]

Mit diesem »jüdischen Kapitalismus« wurden immer wieder die angelsächsischen Länder identifiziert. In Deutschland sprach man deshalb im Zusammenhang mit deren Gesellschaftsordnung unter anderem von einer »jüdischen« demokratisch-kapitalistischen Idee. »Von London, der Goldzentrale aus, regiert das Judentum […] Die Interessen des internationalen Juden und die der herrschenden Oligarchie sind identisch«[7], war 1919 nicht nur im antisemitischen *Deutschen Wochenblatt* zu lesen. Entsprechend wurde davon ausgegangen, dass die Verhandlungen in Versailles von »den Juden« dominiert werden würden. Dieses Vorurteil war nicht nur in Deutschland verbreitet. Auch der Engländer Emile J. Dillon, über den es in einem Periodikum der amerikanischen Akademie der Wissenschaften hieß, er sei der »Doyen« unter den europäischen Journalisten[8], schrieb in seinem 1919 erschienenen Buch *Die innere Geschichte der Friedens-Konferenz*, dass eine erhebliche Anzahl ihrer Teilnehmer sogar geglaubt habe, dass die wirklichen Einflüsse hinter den angelsächsischen Völkern semitische gewesen seien.[9]

Der in Wirtschaftsfragen völlig unbedarfte Regierungssoldat Hitler erfuhr im Zuge seiner Schulungen an der Münchner Universität Anfang Juni 1919 »zum ersten Mal in seinem Leben« eine »prinzipielle Auseinandersetzung« mit dem »jüdischen Kapitalismus«, oder wie er es sagte, mit dem »internationalen Börsen- und Leihkapital«. Für die Schulungen hatte der Hauptmann Karl Mayr gegen gewisse Widerstände im Reichswehrgruppenkommando einen Referenten verpflichtet, der regelmäßig bei den Alldeutschen auftrat. Dieser Mann hieß Gottfried Feder und schien aus der Sicht der unkritischen Zuhörer und damit auch aus der Hitlers das Wesen des Kapitalismus und seines vermeintlich jüdischen Charakters ganz und gar durchdrungen zu haben.

Der Bauingenieur und selbst ernannte Wirtschaftstheoretiker, der sich mit seinen wirtschaftspolitischen Vorstellungen Ende 1918 vergeblich an Eisner gewandt hatte[10], sah im sogenannten Mammonismus, in der ausschließlichen Fixierung auf das Geld, »eine verheerende Seuche«, ein »fressendes Gift«, das den »wahren Sozialismus« abtötete. Ausdruck des »Mammonismus« waren für ihn »die internationalen, übergewaltigen Geldmächte, die über allem Selbstbestimmungsrecht der Völker thronende überstaatliche Finanzgewalt« und die entsprechende »Geistesverfassung« in Gestalt einer »unersättlichen Erwerbsgier«. Die Hauptkraftquelle des »Mammonismus« sei der »Leihzinsgedanke«, der »zu

Hitlers antikapitalistischer Mentor, der nationale Sozialist Gottfried Feder, Porträtaufnahme, 1932.

einer erschreckenden Versumpfung eines Teils der Bourgeoisie geführt hat«[11]. Dass dabei die »Leihzinshochfinanz« ganz und gar die Domäne der Juden sei, war nicht nur für Feder klar, schien dieser Gedanke doch das ebenso alte wie verbreitete antisemitische Klischee vom Juden als Zinswucherer um eine neue Dimension zu erweitern.

Mayr, dem Vorgesetzten Hitlers und Organisator des Lehrgangs, waren bei allem Antisemitismus, den er pflegte, solche Szenarien zu verschwörerisch. Er stellte fest: »[…] der Zins ist nicht eine Erfindung der Manichäer oder Juden, sondern eine im Prinzip des Eigentums und dem gesunden Erwerbstrieb begründete Einrichtung, bei der es nur darauf ankommt, alle Auswüchse […] mit rücksichtsloser Entschiedenheit auszumerzen. Was die Juden in Verbindung mit der Zinsfrage anlangt, so ist da festzustellen, dass natürlich diese Rasse es gewesen ist, die die schädlichen und gewinnreichen Möglichkeiten des Zinsproblems am raschesten erkannt und am rücksichtslosesten auszubeuten […] verstand.« Auch Feder, dessen Ausführungen den besten Einblick in das Zinsproblem gäben, schütte das Kind mit dem Bade aus, meinte Mayr und sprach sich für einen »goldenen constitutionellen Mittelweg« aus.[12]

Der freilich war Feders Sache nicht. Er sah die vollständige »Brechung der Zinsknechtschaft« als die Grundvoraussetzung einer erfolgreichen Neugestaltung der Verhältnisse an. Diese würde den Kampf, der auf der ganzen Welt zwischen Arbeit und Kapital tobe, zugunsten der Freiheit der Arbeit entscheiden. Indem ein »arbeitsloses Einkommen aus reinem Geldbesitz« unmöglich gemacht werden würde, versöhne man das in Klassen zerrissene Volk, meinte Feder. Deshalb sollte der »wahre sozialistische Staat«, den er propagierte, dem »raffenden« Großkapital, das den Weltkrieg zu verantworten habe, zu Leibe zu rücken, um die Entfaltung des guten, »schaffenden Kapitals« zu ermöglichen. Die Folge wäre eine Gesundung der Staatsfinanzen. Die »Brechung der Zinsknechtschaft« bedeute aber auch die Möglichkeit eines Verzichts auf drückende direkte und indirekte Steuern, »weil die werbenden Betriebe des Staates bisher schon und erst recht nach Vornahme weiterer für die Sozialisierung geeigneter Gebiete (Binnenschifffahrt, Elektrizitätsversorgung, Luftverkehr usw.) genügend Überschüsse in die Staatskassen abliefern, um daraus alle sozialen und kulturellen Aufgaben des Staates zu bestreiten«[13].

Für den selbst ernannten Wirtschaftstheoretiker mit dem anti-westlichen Ressentiment hatte die »mammonistische« angloamerikanische Koalition gesiegt. Der Vertrag von Versailles, von dem Feder deutsche Reparationszahlungen in Höhe von 50 Milliarden Papiermark und damit eine Erhöhung der Staatsverschuldung auf 250 Milliarden Papiermark erwartete (tatsächlich beliefen sich die Reparationsforderungen der Entente auf der Konferenz von Bologna auf 269 Milliarden Goldmark, was nach dem Umwechselkurs vom Januar 1919 etwa 1,345 Billionen Papiermark entsprach), würde Deutschland wegen der fälligen Verzinsung in die völlige Abhängigkeit des Großkapitals bringen. Die Verzinsung der Reichsschuld sei das A und O der staatlichen Budgets. Ihr Riesengewicht ziehe das Staatsschiff in den Abgrund – soweit Feder, für den Versailles zum Symbol der Herrschaft der internationalen jüdischen Hochfinanz über das besiegte Deutschland geworden war.[14]

Feders Thesen wurden Mitte Mai 1919 als Anhang zu dem Bothmer-Aufsatz »Die Gehetzten erwachen« in Eckarts *Auf gut deutsch* erstmals veröffentlicht.[15] Für den notorischen Antisemiten Eckart gingen die Erklärungen Feders freilich nicht weit genug. »Wort für Wort stimmt das alles«, schrieb er in seinem Periodikum und führte aus, dass es auch erstaunlich wäre, wenn es anders wäre, denn »die ganze Reihe von Marx und Engels [!] herauf, bis zu Kautsky und den ›Praktikern‹ Toller, Mühsam, Wadler, Levien [!] (um nur ein paar Namen zu nennen), samt und sonders sind sie Juden, d. h., fleischgewordener Geldgeist, glatte Verkörperung der Zinsidee […]«[16] Was Eckart in Feders Beitrag vermisste, war die verbindende Komponente von Kapitalismus und Bolschewismus.

An der so widersinnigen Verknüpfung von »jüdischem Bolschewismus« und »jüdischem Kapitalismus« hatte sich schon im März 1919 der Alldeutsche Ernst Graf zu Reventlow in der *Deutschen Tageszeitung* versucht. Er hatte gemeint, der eigentliche Grundgedanke des Bolschewismus, die Aufhebung des Eigentums, könne nicht von Juden erfunden worden sein und kam zu dem Ergebnis, dass die Juden den Bolschewismus instrumentalisierten. »Was den Bolschewismus für die Juden so anziehend macht, dürften hauptsächlich zwei der Hauptseiten des Bolschewismus sein: die revolutionäre und die internationalistische.« Reventlow weiter: »In Wirklichkeit wird sich möglicherweise zeigen, dass es sich um die taktische Vereinigung von zwei Kategorien des Judentums handelt, die nach Beseitigung der Hindernisse […] sich im Zeichen eines ›friedlich durchdrungenen‹ Bolschewismus einigen und vereint schlagen.«[17]

Graf von Bothmer, ebenfalls Dozent bei dem Kurs an der Münchner Universität, an dem Hitler teilnahm, erkannte als verbindende Komponente den »Internationalismus« der beiden Anschauungen. Sozialismus und auch Bolschewismus sah er dabei, ähnlich wie zu Reventlow, als Instrumente des Kapitalismus an. Der »wahre« Sozialismus dagegen war für Bothmer national. Während seines Vortrages »Der Sozialismus in Theorie und Praxis« erklärte er, der Einzelne müsse sich grundsätzlich in den Dienst der Allgemeinheit stellen, was eine »Pflicht zur Arbeit und zur Arbeitsleistung für jeden Staatsbürger« mit einschloss. Sozialismus bedeutete für Bothmer keinesfalls Egalität: »Aber Sozialismus ist nicht, wie die Sozialisten meinen, Gleichmacherei. Er nimmt dem Einzelnen nicht das Recht und die Möglichkeit, seine persönlichen Leistungen frei zu entfalten und sich und seine Familie selbstständig zu erwerben.«[18]

Feder und Bothmer waren also die Ersten, die den Regierungssoldaten Hitler nicht nur mit dem vermeintlich jüdischen Wesen des internationalen »Börsen- und Leihkapitals« vertraut machten, sondern auch mit dessen Alternative, einem nationalen Sozialismus. Da Bothmer später bei den Nationalsozialisten in Ungnade fiel, erwähnte Hitler nur Feder in *Mein Kampf*. Er schrieb: »Als ich den ersten Vortrag Gottfried Feders über die ›Brechung der Zinsknechtschaft‹ anhörte, wusste ich sofort, dass es sich hier um eine theoretische Wahrheit handelt, die von immenser Bedeutung für die Zukunft des deutschen Volkes werden müsste.«[19] Das war Hitler Anfang Juni 1919 freilich noch nicht klar. Alles, was er über den Kapitalismus erfuhr, verstärkte zunächst vor allem seinen Antisemitismus und sein antikapitalistisches Ressentiment.

Was Feder und Bothmer an der Münchner Universität referierten, musste bei den Lehrgangsteilnehmern gut angekommen sein. Denn was Deutschland in seiner schwierigen, als nahezu aussichtslos empfundenen Lage brauchte (so sahen es vor allem die Frontkämpfer), war eine große, die Klassengrenzen überschreitende Gemeinschaft, wie sie die Soldaten in den Schützengräben des Weltkrieges erlebt hatten – eine Gemeinschaft, die sich Anfang Juni 1919 die allermeisten von ihnen immer noch von der Sozialdemokratie erhofften. Schon vor der Jahrhundertwende waren von einzelnen Sozialdemokraten Überlegungen angestellt worden, die darauf zielten, den Sozialismus durch die Zusammenarbeit

mit den nationalen Eliten zu erreichen. Die Zustimmung zum Burgfrieden und zu den Kriegskrediten im
August 1914, von der sich die MSPD Akzeptanz und
mehr demokratische Partizipation als Gegenleistung erhofft hatte, leisteten dem sogenannten Kriegssozialismus
beträchtlichen Vorschub. Rechte Sozialdemokraten sahen im preußischen Militarismus mit seiner Disziplin
und Ordnung ein Vorbild für den künftigen Sozialismus
und redeten einer Verschmelzung von Nationalismus
und Sozialismus das Wort. Der sozialistische Theoretiker Eduard Bernstein hatte zu Beginn des Weltkriegs
prognostiziert, im »weiteren Verlaufe wird das Nationale sozialistisch sein [...] Nennen sich doch schon
heute Sozialisten demokratischer Staatswesen gern Nationalisten.«[20] Solche Aussagen ähnelten sehr stark den
Gedanken, wie sie sich der Geschichtsphilosoph Oswald Spengler oder der Kulturhistoriker Arthur Moeller
van den Bruck im konservativen Lager machten.

Untrennbar verbunden mit den Vorstellungen der
von der Entente gedemütigten Soldaten des Weltkriegs
von der großen Gemeinschaft war die an die mehr sozialdemokratisch geführte Regierung gerichtete Erwar-
tung, dass diese die Bedingungen des Versailler Diktats
und den dahinter vermuteten Angriff des »jüdischen
Großkapitals« abwehren würde. Kein anderer als der
mehrheitssozialdemokratische Reichsministerpräsident
Philipp Scheidemann selbst hatte in seiner berühmten
Rede vor der Nationalversammlung am 12. Mai 1919 erklärt, dass die Deutschen im Falle einer Annahme des
Diktats »Sklavenschichten für das internationale Kapital«[21] zu leisten hätten. Scheidemann hatte damit zwar
die um sich greifenden Zukunftsängste und sicherlich

auch die antisemitischen Ressentiments angefeuert, aber gleichzeitig vielen Hoffnung gemacht: In derselben Rede suggerierte er nämlich auch, dass die MSPD ihre Unterschrift unter die Versailler Verträge verweigern und sich damit zur Führerin des nationalen Widerstandes ausrufen würde. »Welche Hand müsste nicht verdorren, die sich und uns in solche Fesseln legte? […] Dieser Vertrag ist […] unannehmbar«[22], hatte Scheidemann erklärt.

Dennoch existierten Zweifel und Vorbehalte gegenüber der Regierungssozialdemokratie. Die MSPD hatte zwar wie alle anderen Parteien lautstark protestiert – den ganzen Mai und Juni 1919 über wurde viel und kontrovers über die Frage der Ablehnung der diktierten Vertragsbestimmungen diskutiert – und über die deutsche Delegation versucht, das Schlimmste abzuwenden, aber letztendlich passierte wenig. Das war für viele erhitzte Gemüter unter den ehemaligen Frontkämpfern nicht nachvollziehbar. Man erwartete markige Reaktionen. Die Folge war eine weitere Verunsicherung unter den Soldaten gegenüber der sozialdemokratischen Regierung.

Den künftigen Propagandaleuten, zu denen Hitler gehörte, attestierte der Referent des Juni-Lehrganges Bothmer dann auch ein indifferentes Verhältnis zur Regierungssozialdemokratie. »Durch alle drei Kategorien, Offiziere, Unteroffiziere und Mannschaften, geht ein einheitlicher Zug des Misstrauens und der Ungeklärtheit gegenüber der augenblicklichen Staatsgewalt«, schrieb Bothmer in einem Erfahrungsbericht über die Zöglinge Mayrs.[23] Zu diesem Verhalten hatte sicher auch Bothmer im Verlauf seines Vortrags »Der Sozialismus in Theorie und Praxis«[24] beigetragen, denn der Publizist und Schriftsteller brachte die MSPD mit dem Großkapital und damit mit dem Judentum in Verbindung, vertrat er doch die Meinung, dass die »Arbeiterführer […] nicht zur Bekämpfung, sondern zum Sieg der plutokratisch-mammonistischen Weltherrschaftspläne« des »jüdischen Großkapitals« beitrügen. Bothmer sprach die sozialdemokratischen Führer, die er ebenfalls meinte, zwar nicht explizit an, sondern nur die radikalen Linken, wenn er sagte, dass »die Herrschaft kommunistischer Anarchisten in unserem Vaterland heute die teils offene, teils geheime Unterstützung all jener Kreise findet, die bewusst im Banne einer börsenmäßigen Ausnutzung des mobilen Kapitals«[25] stünden.

All diese Vorurteile gegen die MSPD, wie sie Bothmer und andere während des Lehrgangs formulierten, schienen wenige Tage nach dessen Abschluss ihre Bestätigung zu finden. Denn die von der MSPD getragene Reichsregierung billigte nach einer dramatischen Nachtsitzung in Weimar die Bedingungen des Versailler Vertrages – genauer, sie musste sie billigen. Am 16. Juni 1919 hatten die Siegermächte des Weltkriegs nämlich ein Ultimatum gestellt. In diesem war eine Militärintervention der Entente angekündigt worden, falls Deutschland nicht innerhalb von fünf Tagen die Bedingungen des Friedensvertrages billigen würde. Die Reichsregierung aus MSPD, Zentrum und Deutscher Demokratischer Partei (DDP) war damit in ihre schwerste Krise geraten. Denn gleichgültig, was sie auch tat, die Folgen würden verheerend sein. Lehnte sie die Entente-Forderungen ab, würden englische, französische und amerikanische Truppen ins Innere des Reiches vorrücken. Beugte sie sich dem Diktat aus Versailles, setzte sie sich besonders bei den Frontsoldaten dem Vorwurf aus, Büttel der Sieger zu sein.

Aus Protest und in dem Bewusstsein, nur falsch handeln zu können, trat Scheidemann, gefolgt von seinem Kabinett, zurück, nachdem er, seine Partei und nur Teile des Koalitionspartners vom Zentrum schweren Herzens für die Annahme der Bedingungen gestimmt hatte. Alle anderen, die konservative Deutschnationale Volkspartei (DNVP) und die Deutsche Volkspartei (DVP), der andere Teil des Zentrums, die DDP sowie USPD und KPD stimmten in der Weimarer Nationalversammlung dagegen. Der sozialdemokratische Außenminister Hermann Müller und der Verkehrsminister Johannes Bell vom Zentrum wurden von der von den Mehrheitsparteien getragenen Berliner Regierung abgestellt, die demütigende Reise nach Versailles anzutreten, um dort, wo am 18. Januar 1871 die Bismarck'sche Reichsgründung mit der Proklamation des Deutschen Kaiserreichs ihren glanzvollen Höhepunkt gefunden hatte, am 28. Juni 1919 ihre Namen unter die Verträge zu setzen. Nachdem sie das getan hatten – so berichtete ein Beobachter – seien sie aus dem Spiegelsaal »abgeführt« worden »wie Sträflinge von der Anklagebank, die Augen immer noch auf einen fernen Punkt am Horizont gerichtet«[26].

Es ist viel darüber diskutiert worden, was aus der Weimarer Republik geworden wäre, hätte die mehrheitssozialdemokratisch geführte Reichsregierung das Ultimatum verstreichen lassen und sich stattdessen zum nationalen Widerstand entschlossen. Der Zerfall Deutschlands wäre dann sicherlich vor allem angesichts der wachsenden separatistischen Strömungen unabwendbar geworden. Neben den Kräften, die mit französischer Unterstützung eine Linksrheinische Republik ins Leben rufen und mit Hilfe einiger Welfen Hannover aus dem Staatsverbund herausbrechen wollten, war es vor allem die Bayerische Volkspartei (BVP), die eine Abspaltung von Deutschland betrieb. Ihr Führer Georg Heim hatte schon im November 1918 offen sein Desinteresse an einem Fortbestand des Deutschen Reiches bekundet und die Bildung eines süddeutschen Staatenbundes unter Einbeziehung Österreichs propagiert. Reichswehrminister Gustav Noske vertrat am 19. Juni 1919 dann auch den Standpunkt: »Wir müssen uns klar sein, dass die Aufnahme des Kampfes im Westen ein selbstständiges Süddeutschland, ein selbstständiges Rheinland und vielleicht ein selbstständiges Hannover zur Folge haben wird«[27] – ein Standpunkt, den der Berliner Historiker Henning Köhler in seinem Buch über die französische Deutschlandpolitik der Jahre 1918/19 für durchaus realistisch hält.[28]

Nicht minder gewichtig für die Annahme des Ultimatums war die Sorge um ein erneutes Aufflammen der Revolution in Deutschland. Und auch sie war nicht unbegründet. Eine Fortsetzung des Krieges hätte den Bemühungen um eine Bolschewisierung Deutschlands gewiss enormen Vorschub geleistet. Entsprechend lag das Interesse Moskaus auch bei der Wiederaufnahme der Kampfhandlungen im Westen. Karl Radek, der offizielle Abgesandte der Sowjetregierung, hatte auf dem Gründungskongress der KPD zum Jahreswechsel 1918/19 erklärt, dass »nichts einen solchen Enthusiasmus bei den russischen Arbeitern hervor[ruft], als wenn wir ihnen sagen, es kann die Zeit kommen, wo euch die deutschen Arbeiter zu Hilfe rufen und wo ihr zusammen mit ihnen am Rhein kämpfen müsst [...]«[29]

Um den Preis eines bolschewistischen Deutschlands wäre der Aufstieg Hitlers, dessen Agitation und Propaganda zentral um den Versailler Vertrag kreisen sollte, sicherlich unmöglich geworden. Dass der mit dem Diktat erzeugte Hass den Revanchegedanken aus den Gräbern des Weltkriegs erstehen lassen sollte und er zum Hauptpropagandastoff einer neuen antidemokratischen und radikal-antisemitischen Bewegung werden würde, die »den Juden« als Hauptfeind ausmachen würde, sah die unter dem Eindruck der Revolution ganz auf die Gefahr von links fixierte MSPD-Führung um Ebert und Scheidemann nicht. Wie sollten sie es auch aus der Perspektive dieses schicksalhaften Jahres 1919? Wer könnte es ihnen verübeln, dass sie sich nach viereinhalb Jahren Krieg mit fast zwei Millionen Gefallenen und nicht weniger Kriegsversehrten, nach Hungerwintern und unbeschreiblichem menschlichem Elend und angesichts der damit einhergehenden lähmenden Depression dem Diktat der Sieger beugten?

Dabei hatten sie nichts unversucht gelassen, um Verständnis für ihre Entscheidung zu gewinnen. In Reden, Zeitungsbeiträgen und Flugblättern hatten ihre Vertreter die Entscheidung für die Annahme der Vertragsbedingungen begründet, indem sie die Bevölkerung Deutschlands über die Konsequenzen im Falle einer Ablehnung des Ultimatums informierten. »Neben den schweren wirtschaftlichen Schädigungen für unser Land drohte man uns an: Verschärfte Blockade, Überschwemmung durch feindliche Truppen, Bombardierung friedlicher deutscher Städte aus der Luft.« Für all das entsetzliche

Elend und für die Zerstörung deutscher Kraft hätte kein Mensch die Verantwortung tragen können, hieß es auf einem dieser Flugblätter. Und weiter war darauf zu lesen, dass die Männer, die »sich wohlbewusst ihrer Verantwortung gegenüber dem Volkswohl zur Hergabe der erpressten Unterschrift entschieden« hätten, nun von vielen Leuten bitter angefeindet würden. Von »Versündigung am Volke« und vom »ausgestreuten Gift der Zwietracht« war auf dem Flugblatt die Rede, ehe abschließend zu Einigkeit, Geschlossenheit und zum Zusammenhalten der Kräfte beim Aufbau des Vaterlandes aufgerufen wurde.[30]

Einigkeit kam bekanntlich nicht zustande. Die deutsche Nachkriegsgesellschaft spaltete sich in zwei beziehungsweise drei Lager. Im einen hielt man die Annahme der Bedingungen für unvermeidlich, in den beiden anderen sprach man von Würdelosigkeit bis hin zu Verrat – die Kommunisten, für die die MSPD ohnehin der Hauptfeind war, vom Verrat an den deutschen Werktätigen; die Nationalisten vom Verrat an der deutschen Nation. Für die Frontkämpfer des Weltkriegs war nach der Zustimmung der MSPD zu den Vertragsbedingungen die Partei endgültig diskreditiert. Ein Regimentskommandeur notierte: »Überall herzzerbrechende Szenen und Aussprachen, die mich ganz und gar zunichte machen, immer das gleiche Argument, ›die Truppe will doch kämpfen, so lassen Sie sie doch vorgehen. Dann wird ja alles werden! Sie können uns ja gar nicht in Stich lassen!‹«[31] Ob bei der Reichswehrführung um Wilhelm Groener, bei den regulären Verbänden oder bei den zahlreichen Freikorps, die an den Ostgrenzen des Reiches im Kampf gegen Polen standen – überall fühlten sich die Männer verraten und verkauft.

Die Republik und die sie tragende Mehrheitssozialdemokratie war für Millionen Deutsche nun nicht mehr die nationale und soziale Alternative zum Ancien Régime. Doch nicht nur das: Erstere wurde von der Rechten fortan verächtlich als »System« bezeichnet und hatte keine Chance mehr, auch »ihre« Republik zu werden. Dabei hätte sie dies trotz aller Ressentiments durchaus werden können. Weimars eigentliches Geburtshandicap waren nämlich weit weniger die immer wieder hervorgehobenen antidemokratischen Befindlichkeiten der Konservativen als der Vertrag von Versailles. Der Schriftsteller Ernst Jünger antwortete einmal auf die Vorhaltung, er sei ein Gegner Weimars gewesen: »Sprechen Sie lieber vom Versailler Vertrag. Wenn die Leute von Weimar unsere Interessen würdig vertreten hätten, wären wir mit ihnen gegangen.«[32]

Jünger traf sich in dieser Wahrnehmung mit Hitler, der die Auffassung vertrat, dass die Regierungssozialdemokratie den »Kampf gegen den kapitalistischen Westen« hätte organisieren müssen, um das neue, soziale Deutschland zu verteidigen. Die Republik hätte die Pflicht gehabt, das deutsche Volk erneut zum Widerstand aufzurufen. »Hatte die Republik am Tage ihrer Begründung ausgerufen: ›Deutsche sammelt euch, auf zum Widerstand! Das Vaterland, die Republik erwartet von euch, dass ihr für sie kämpft bis zum letzten Atemzug!‹ Millionen, die sie heute zu Gegnern hat, waren fanatische Republikaner. Heute sind sie Feinde der Republik, nicht der Republik halber, sondern weil diese Republik gegründet wurde mit der deutschen Erniedrigung.«[33]

Hitler hatte dabei offensichtlich noch differenziert, was die Rolle der MSPD anging. Im Verlauf eines Tischgesprächs am 27. Januar 1942 – gleichsam aus historischer Distanz und fern aller Propaganda – sprach er über die Unterzeichnung des Versailler Vertrages, lobte Scheidemann und kritisierte die Zentrumspolitiker Joseph Wirth und den im August 1921 von ehemaligen Freikorpsleuten ermordeten Matthias Erzberger: »Es gab Sozialdemokraten, die es auf das Äußerste wollten ankommen lassen. Wirth und Erzberger, die haben es gemacht.« Am 24. August 1942 kam Hitler auf dieses Thema zurück. Er gab dabei zum Besten: Dass es damals zu einer Unterzeichnung des Vertrags gekommen sei, »verdanken wir nur eigentlich in erster Linie dem Zentrum. Die Sozialdemokraten wollten das nicht, daher aber die voreilige Äußerung Scheidemanns.«[34] Hitler, der hier die berühmte Erklärung des Reichsministerpräsidenten vom 12. Mai 1919 meinte, sagte einmal an anderer Stelle, dass er auf solche Differenzierungen in der »Kampfzeit« keine Rücksicht hätte nehmen können.

Eine solche eher positive Rückschau wie hier auf die MSPD ließ Hitler keiner anderen Partei zuteil werden und dies, obwohl die MSPD aus den gleichen marxistischen Wurzeln wie die KPD hervorgegangen war. Diese Tatsache lässt nur einen Rückschluss zu: Hitler konnte sich, entgegen späterer eigener Behauptungen, nicht im Vorkriegs-Wien oder -München mit dem Marxismus auseinandergesetzt haben – und er konnte demzufolge auch nicht schon damals Marxismus und Judentum miteinander verknüpft haben. Dies tat er erst seit dem Frühjahr 1919. Doch seine nun Zug um Zug gewonnenen Einsichten über das »wahre«, verderbliche Wesen der

Sozialdemokratie änderten nichts mehr daran, dass ein Rest an Sympathie für die MSPD bei Hitler – besonders aus der verklärenden Erinnerung heraus – blieb: Er selbst hatte einmal in ihr die zukunftsweisende politische Kraft gesehen.

Mit der »Wehrlosmachung Deutschlands« – mit der Unterzeichnung des Versailler Vertrages also – war seine Einstellung anders geworden. Für Hitler verlor die MSPD jeglichen Kredit. Das für ihn Negative an der Partei, ihr Eintreten für die parlamentarische Demokratie und für das von ihm so verachtete Mehrheitsprinzip, ihr Internationalismus und ihr Pazifismus traten nun für Hitler in den Vordergrund, weshalb die Sozialdemokratie für ihn bald zum Handlanger des aus seiner Sicht alles beherrschenden »internationalen Judentums« wurde. In der bereits erwähnten Stellungnahme zu »Regierungssozialdemokratie und Judentum«[35] beschrieb Hitler die Rolle der Partei, wie er sie im September 1919 sah. Dem vorangegangen war die Anfrage des Ulmer Propagandamannes Adolf Gemlich. Der wollte von Mayr wissen, ob die Juden eine nationale Gefahr seien, ob ihr »verderblicher Einfluss« überschätzt werde oder ob die Regierung die Gefahr verkenne – »oder aber ist die Regierung zu schwach, um gegen ein gefährliches Judentum einzuschreiten?« In der für seinen Vorgesetzten verfassten Antwort Hitlers unterstellt dieser den Führern der Sozialdemokratie, dass sie die vom Judentum ausgehende Gefahr »sicher erkannt« hätten »(Beweis dafür sind verschiedene Aussprüche derzeit leitender Persönlichkeiten)«, spricht ihnen aber das »innere Verantwortungsgefühl« ab und bemängelt, dass der Partei »national gesinnte Führerpersönlichkeiten« fehlten.

Kurzum, die Sozialdemokraten seien ein schwächlicher Haufen, der dazu gezwungen sei, »sich Unterstützung zu suchen bei jenen, die ausschließlich Nutzen aus der Neubildung der deutschen Verhältnisse zogen, und die aus diesem Grunde ja auch die treibenden Kräfte der Revolution waren: den Juden.« Deshalb seien sie gezwungen, die ihnen zum eigenen Vorteil von den Juden bereitwillig gewährte Unterstützung anzunehmen und damit auch die geforderte Gegenleistung zu bringen. Und dieser »Gegendienst besteht nicht nur in jeder möglichen Förderung des Judentums überhaupt, sondern vor allem in der Verhinderung des Kampfes des betrogenen Volkes gegen seine Betrüger, in der Unterstützung der antisemitischen Bewegung«. Im Klartext bedeuten Hitlers ungelenke Sätze nichts anderes als: Die sozialdemokratische Reichsführung sei von den Juden korrumpiert worden und gehe daher nicht gegen die Juden als Träger der Revolution und Hintermänner von Versailles vor.

Gottfried Feder ging in dieser Hinsicht schon weiter. In einem Kommentar zu seinem *Manifest zur Brechung der Zinsknechtschaft*, der in der zweiten Hälfte des Jahres 1919 erschien, unterstellte er der Reichsführung bereits eine Affinität zum Judentum. Er schrieb: »Es ist nun erstaunlich zu sehen, wie die sozialistische Gedankenwelt von Marx und Engels vom kommunistischen Manifest angefangen bis herauf zum Erfurter Programm (besonders Kautsky) und auch die heutigen sozialistischen Machthaber vor den Interessen des Leihkapitals wie auf Kommando Halt machen. Die Heiligkeit des Zinses ist das Tabu; der Zins ist das Allerheiligste; an ihm zu rütteln, hat noch niemand gewagt, während Besitz, Adel, Sicherheit von Person und Eigentum, die Rechte der Krone, Reservate und religiöse Überzeugung, Offiziersehre, Vaterland und Freiheit mehr oder weniger vogelfrei«[36] seien.

Hitlers Abneigung gegenüber der MSPD sollte parallel zu der sich verschärfenden innenpolitischen Auseinandersetzung um Versailles weiter zunehmen. Dazu trug ein beispielloses Komplott bei, das ohne die Billigung der Versailler Vertragsbestimmungen wohl kaum möglich gewesen wäre. Denn einmal diskreditiert, boten sich die Regierungsparteien, und damit vor allem die MSPD, als Zielscheibe für weitere Anwürfe geradezu an. So wurden sie jetzt von den Konservativen der Sabotage gegenüber den Fronten bezichtigt, und man gab ihnen damit die Schuld am Ausgang des Weltkriegs. Dabei war dieser Ausgang maßgeblich auf das kopflose Agieren der dritten Obersten Heeresleitung, namentlich des Generalquartiermeisters Erich Ludendorff, zurückzuführen, also auf das Verhalten derer, die jetzt die Schuld auf andere abwälzen wollten.

Ludendorff selbst hatte am 29. September 1918 die Konsequenz daraus gezogen, dass der entscheidende Durchbruch der materiell weit überlegenen alliierten Armeen im Westen geglückt war und dem auf deutscher Seite kaum noch etwas entgegengesetzt werden konnte. Aus der Einschätzung heraus, dass der Krieg nicht mehr zu gewinnen war, hatte der Generalquartiermeister in ultimativer Form von der Politik die Einleitung von Waffenstillstandverhandlungen binnen 24 Stunden gefordert und dies damit begründet, nur noch innerhalb dieses Zeitraums garantieren zu können, dass keine militärische Katastrophe an der Westfront eintrete. Um das Heer zu retten, hatte Ludendorff dazu gedrängt, den Notenwechsel mit Wilson aufzunehmen. Doch sein Kalkül scheiterte an der sich verhärtenden Haltung des amerikanischen Präsidenten, woraufhin der Generalquartiermeister in einem Akt der Verzweiflung umschwenkte und die Fortsetzung des Kampfes forderte. Da er der Reichsregierung keine Möglichkeit aufzeigen konnte, wie der militärische Zusammenbruch zu verhindern sei, wurde er entlassen.

Derselbe Ludendorff formulierte mit dem deutschnationalen Politiker Karl Helfferich eine Erklärung, die Hindenburg am 18. November 1919 vor einem Untersuchungsausschuss der Verfassungsgebenden Nationalversammlung vortrug. Darin wurde der ebenso ungeheuerliche wie unzutreffende Vorwurf vorgetragen: »Die Parteien haben den Widerstandwillen der Heimat erschüttert [...] Hinzugekommen sind die heimliche planmäßige Zersetzung von Flotte und Heer und die revolutionäre Zermürbung der Front. So mussten unsere Operationen misslingen, es musste der Zusammenbruch kommen. Ein englischer General sagte mit Recht: ›Die deutsche Armee ist von hinten erdolcht worden.‹«[37] Das war der Durchbruch für die »Dolchstoßlegende«. Die Revolution wurde damit für Millionen Deutsche die Ursache der Niederlage im Weltkrieg. In Wirklichkeit war sie ihre Folge.

Die Legende, die ihre volle Tragweite erst Ende 1919 entfalten sollte und nicht, wie Kershaw glauben machen will, unmittelbar nach Kriegsende, erreichte eine Geschichtsmächtigkeit wie nur wenige Legenden vor ihr. Das lag nicht nur daran, dass die Worte Hindenburgs, des Siegers der Schlacht von Tannenberg, Gewicht hatten. Alle hatten doch vom »unbesiegten Heer« gesprochen. Sozialdemokraten, aber auch namhafte Vertreter des Zentrums hatten der Truppe bescheinigt, sie kehre nicht besiegt und nicht geschlagen in die Heimat zurück. Die Politiker glaubten, dies getrost tun zu können, gingen sie doch von einem gerechten Frieden aus und nicht von der Umwidmung des Waffenstillstands in eine entwürdigende Niederlage Deutschlands. Ohne es ahnen zu können, hatten sie so den Verdacht genährt, dass es im November 1918 nicht mit rechten Dingen zugegangen war. Wasser auf die Mühlen der »Dolchstoß«-Propaganda waren auch die Erklärungen der äußersten Linken, die die Novemberrevolution zu einer zielgerichteten Entmachtung der kaiserlichen Militärs verklärten. Für Millionen Deutsche war damit die Sache klar: Neben der radikalen Linken waren es vor allem »Demokraten und Sozialdemokraten«, die »die Front erdolcht« und »damit über das Volk den Erzbergerschen Schmach-, Hunger- und Mordfrieden« gebracht hätten, wie es in einem Flugblatt der DNVP aus dem Jahr 1920 hieß.[38] Und Hitler erklärte, »von den mit jüdischem Gold bestochenen Judensozi« sei die »todesmutige« Armee vom Gemeinen bis zum obersten Feldherrn »von hinten erdolcht«[39] worden.

Die vermeintliche Entlarvung der ohnehin schon diskreditierten Sozialdemokratie und ihrer Partner, die fortan als die »Novemberverbrecher« gegeißelt wurden, hatte schwerwiegende Folgen für die innere Stabilität der ohnehin schon durch den Bürgerkrieg geschwächten Republik. Diese war nämlich wegen der Versailler Abrüstungsbestimmungen auf die Unterstützung der Freikorps angewiesen, in denen sich Abertausende teils entwurzelter, radikalisierter und von Revanchegedanken durchdrungener Kriegsteilnehmer tummelten. Die Zusammenarbeit, die die Ruhigstellung dieses Unruheherdes implizierte, konnte aber nur solange funktionieren, wie die Freikorps und ihre Führungen in Reichsregierung und Reichswehr die Sachwalter der nationalen Interessen wähnten. Eben dies war aber fortan nicht mehr der Fall. Die Freikorps pfiffen nun auf die Berliner Regierung. Und auch die Reichswehr-Soldaten waren in weiten Teilen nur noch loyal gegenüber der Reichsregierung, weil ihnen der Sold ein sicheres Auskommen bescherte. Emotional fühlten sie sich oft den Freikorpsmännern näher. Die Verfahrenheit der Situation führte im März 1920 dazu, dass sich bei dem Putsch des ostpreußischen Generallandschaftsdirektors Wolfgang Kapp, der sich auf die Freikorps-Marine-Brigade des Fregattenkapitäns Hermann Ehrhardt stützte, ein Großteil der Reichswehrtruppen für neutral erklärte. Nachdem Kapps dilettantisches Unternehmen gescheitert war und die nach Stuttgart ausgewichene Reichsregierung nach Berlin zurückgekehrt war, kämpfte dann dieselbe Marine-Brigade, die schon beim Entsatz Münchens dabei gewesen war, wieder Seite an Seite mit regulären Reichswehr-Verbänden im Ruhrgebiet, in dem eine 50000 Mann starke »Rote Armee« operierte. Die blutigen Kämpfe zogen sich wochenlang hin und erstreckten sich bis zur holländischen Grenze in die entmilitarisierte Zone, was Paris mit der Besetzung des Rhein-Main-Gebietes quittierte.

In Bayern hingegen war das Reichswehrgruppenkommando unter General Arnold Ritter von Möhl seit der Niederschlagung der »Räteherrschaft« die eigentliche

Machtzentrale. Doch auch nachdem die inzwischen aus MSPD und Bayerischer Volkspartei (BVP) gebildete Regierung im September 1919 (!) wieder von Bamberg nach München zurückgekehrt war, schaltete und waltete das Gruppenkommando wie es wollte. Als Kapp in Berlin putschte, erzwang es für sich zusammen mit den Heimwehren abermals die vollziehende Gewalt. Dies markierte das Ende der Koalitionsregierung und damit auch das Ende der Teilhabe der Sozialdemokratie an der Macht im bayerischen Freistaat. Nachdem bereits Spannungen in der Schul- und Kirchenpolitik das Verhältnis von MSPD und BVP zerrüttet hatten, waren nämlich Hoffmann und alle MSPD-Minister zurückgetreten. Bayern marschierte nach rechts und verstand sich bald als »Ordnungszelle Deutschlands«.

Auch im Reich beschleunigte sich der Niedergang der Mehrheitssozialdemokratie. Seit dem Scheitern Kapps waren die Fronten endgültig geklärt. Denn der Putschist und seine Gefolgschaft waren angetreten, um eine sofortige Beendigung des in Versailles diktierten Truppenabbaus zu verhindern. Dass die MSPD erbittert gegen die von Moskau gesteuerten Kommunisten kämpfte, um ein Abgleiten des geschlagenen Landes in den Bolschewismus zu verhindern, interessierte auf der Rechten nun niemanden mehr. Für die Männer in Freikorps und Reichswehr – und damit auch für Hitler – entlarvte sich die MSPD geradezu, wenn jetzt aus ihren Reihen verlautete, dass sie auf »dem rechten Auge blind gewesen« sei. In den Mittelpunkt der Kritik rückte Reichswehrminister Noske, dem die MSPD-Linke freilich auch sein konsequentes Einschreiten gegen die radikale Linke nachtrug. Noske musste gehen.

Die Folge von all dem war, dass die MSPD bei den vorgezogenen Juni-Wahlen des Jahres 1920 erdrutschartige Verluste erlitt. Sie verfügte nur noch über ganze 21,6 Prozent. Die sogenannte Weimarer Koalition aus SPD, Zentrum und Deutscher Demokratischer Partei (DDP) war von satten 76,2 Prozent auf 43,6 Prozent zurückgefallen. Gewinner waren die Parteien, die gegen die Annahme des Versailler Vertrags gestimmt hatten. Es war in besonderer Weise eine Ironie der Geschichte, dass just an diesem Wahltag, an dem die Weimarer Reichsverfassung in Kraft trat, die parlamentarisch stabilen Verhältnisse zu Ende gingen, die es der jungen Republik überhaupt erst ermöglicht hatten, in diesen dramatischen Zeiten Fuß zu fassen. Eine Minderheitsregierung ohne die SPD, gebildet aus Zentrum, DDP und erstmals Deutscher Volkspartei (DVP) unter Führung des Zentrumspolitikers Konstantin Fehrenbach, sollte nun der Auftakt einer Phase der parlamentarischen Instabilität werden, die sich in nicht weniger als sieben Kabinetten ausdrückte, die Deutschland bis zu den Wahlen des Jahres 1924 regierten.

Die Demontage der Mehrheitssozialdemokratie, die mit dem Bekanntwerden der Versailler Vertragsbestimmungen im Mai 1919 begann, war von eminenter Bedeutung für den Weg Deutschlands in die Katastrophe. Denn Zug um Zug wurden dadurch vor allem Millionen ohnehin schon verunsicherter Frontsoldaten zu politisch Heimatlosen gemacht. Da die traditionelle Rechte, die konservativen Honoratioren-Parteien wie die DNVP oder die DVP, nicht ihre Sache waren – standen diese doch für das alte Regime –, konnte genau diese Gruppe in den Bann einer neuen politischen Bewegung geraten:

einer radikal-antisemitischen Bewegung, die vorgab, Sozialismus und Nationalismus miteinander zu versöhnen, so wie es Feder und Bothmer während des Lehrgangs für die Propagandaleute, und damit auch für Hitler, erläutert hatten.

Aus der völkischen Bewegung waren im deutschen Sprachraum seit etwa 1880 Gruppierungen entstanden, die einerseits radikal nationalistisch und antisemitisch, andererseits zum Teil »revolutionär« im Sinne einer künftigen Zusammenführung aller Deutschen gegen die bestehenden Monarchien ausgerichtet waren. Die »Deutsche Arbeiterpartei« des österreichischen Sudetenlandes zum Beispiel benutzte den Begriff »Nationaler Sozialismus« 1904 als Erste, um ihr Ziel – nationale Einigung und regionale Autonomie durch die Abspaltung von der Habsburger Monarchie – zu beschreiben. Am 5. Mai 1918 nannte sich die Partei dazu in »Deutsche Nationalsozialistische Arbeiterpartei« um. Ihr Programm verfasste der sudetendeutsche Abgeordnete Rudolf Jung unter dem Titel »Nationaler Sozialismus«.

Ähnliche Mobilisierungstendenzen gab es nach dem Ende des Weltkriegs auch in Deutschland. So war die Deutsche Arbeiterpartei (DAP) gegründet worden, um die Arbeiterschaft für die Sache der Nation zu mobilisieren. Die Partei ging auf eine Initiative der Münchner Thule-Gesellschaft zurück, wo man sich schon vor dem Ende des Krieges mit theoretischen Überlegungen zu Deutschlands Zukunft beschäftigt hatte. Auch innerhalb der Anfang Mai 1919 entstandenen Deutschsozialistischen Arbeitsgemeinschaft war man zu der Erkenntnis gelangt, dass der Wiederaufstieg Deutschlands nur erreichbar sei, wenn es gelänge, den Gegensatz zwischen der Linken und der Rechten, zwischen Sozialismus und Nationalismus zu überbrücken. Aus ihrer Hochburg Nürnberg kam der fanatische Julius Streicher, der später das berühmt-berüchtigte antisemitische Hetzblatt *Der Stürmer* herausgeben sollte.

Diese Organisationen und die vielen anderen, die am Ende des Weltkriegs aus dem völkischen Milieu auf unterschiedlichste Initiativen hin zustande kamen, waren letztendlich bedeutungslose Kleingruppen. Einen gewissen Auftrieb erhielten sie dann mit Bekanntwerden der Versailler Vertragsbestimmungen. Doch erst die Demontage der Mehrheitssozialdemokratie schuf ein politisches Vakuum. Auch in dieser Hinsicht war Versailles zum Geburtshelfer der nationalsozialistischen Bewegung mit ihrem mörderischen Judenhass geworden. Letzterer war aus Sicht dieser Bewegung mit all ihren frühen antisemitischen Gruppierungen zu einer Existenzfrage geworden, denn die Juden waren für sie nicht nur die Träger des Bolschewismus, sondern sie standen auch der angestrebten Versöhnung von Nationalismus und Sozialismus im Wege. Hitler sagte 1921 einmal: »Wir sind überzeugt, dass die friedliche Lösung des Klassenproblems nur dann möglich ist, wenn wir den Giftpilz beseitigen. Darum ist die Lösung der Judenfrage für uns Nationalsozialisten die Kernfrage.«[40] Der radikale Antisemitismus der national-sozialen Gruppierungen leitete sich demnach auch aus der Zielsetzung dieser Gruppen ab, denn aus ihrer Sicht waren es die Juden, die den Sozialismus internationalisierten, denselben Sozialismus, der für sie wiederum mit der internationalen Macht des »Börsen- und Leihzinskapitals« im Bunde zu stehen schien.

Die politischen Vorstellungen der DAP von einer Aussöhnung zwischen Nationalismus und Sozialismus als der entscheidenden Voraussetzung für Deutschlands Wiederaufstieg konkretisierten sich dabei seit Sommer 1919 in den Vorstellungen Feders. Deren »wahrer«, nationaler und antisemitischer Sozialismus gewann für ihn in dem Maß an Attraktivität, in dem die MSPD an Kredit verlor. Dieser Prozess war bereits in vollem Gange, als Hitler bei einer Veranstaltung der DAP am 12. September 1919, zu der er im Auftrag Mayrs gegangen war, erneut auf den selbst ernannten Welterklärer traf. Feder sprach dort über das Thema: »Wie und mit welchen Mitteln besiegt man den Kapitalismus?«[41] Es war jene Veranstaltung im Gasthof »Sternecker«, bei der Hitler einem Professor Albert Baumann wortgewaltig in die Parade fuhr, als der im Zuge seines Vortrags die Lostrennung Bayerns vom Deutschen Reich forderte. Für den Wirtschaftslaien Hitler, der sich leidenschaftlich für ein Großdeutschland aussprach, was den DAP-Mitbegründer Anton Drexler zu der Feststellung veranlasste, »jetzt haben wir einen Österreicher, der hat eine solche Goschen«[42], lieferte Feder ein Stück Programmatik, so etwas wie eine Patentlösung. Hitlers Stellungnahme zur Regierungssozialdemokratie, die unmittelbar nach der DAP-Veranstaltung mit Feder entstand, atmete bereits den Geist des selbst ernannten Wirtschaftstheoretikers, wenn Mayrs Propagandamann schrieb: »Die Macht der Juden ist das Geld, das sich in Form des Zinses endlos und ohne Mühe vermehrt.«[43]

In *Mein Kampf* schrieb der Landsberger Häftling: »Seine [Feders, R. G. R.] Ausführungen waren in den grundsätzlichen Fragen so richtig, dass die Kritiker der-

selben von vorneherein weniger die theoretische Richtigkeit der Idee bestritten, als vielmehr die praktische
Möglichkeit ihrer Durchführung anzweifelten. Alles,
was so in den Augen der anderen eine Schwäche der
Federschen Darlegung war, bildete in den meinen ihre
Stärke.«[44] Aus der Sicht des sozial- und wirtschaftspolitischen Dilettanten Hitler wiesen dessen Vorstellungen
neben dem Kapitalismus westlicher Prägung und dem
nicht minder internationalistischen und damit »jüdischen« Sozialismus einen Dritten Weg, einen Weg, der
gleichermaßen national und sozial sein würde. Und
so wollte Feder sich auch verstanden wissen, der seine
Theorie von der »Brechung der Zinsknechtschaft« als
»planvollen, neuen Gedanken« sowohl dem »Wüten
des Bolschewismus, dieser sinnlosen Umwälzung«, als
auch der »drohenden wirtschaftlichen Versklavung [...]
durch die goldene Internationale« entgegengestellt wissen wollte.[45] Wie besessen Feder von seinen Vorstellungen war, verdeutlicht der Welterlösungsanspruch, den er
für seine Idee reklamierte In der Begründung seines
Manifestes schrieb er: »International ist der Gedanke;
die ganze Welt muss er befreien. Heil der Nation, die
zuerst den kühnen Schritt wagt. Bald werden alle anderen folgen.«[46]

Hitler schrieb in *Mein Kampf* zwar, dass ihm schon
im Verlauf von Feders Vortrag während der Schulung
an der Münchner Universität vom Juni 1919 der Gedanke durch den Kopf geschossen sei, »nun den Weg zu
einer der wesentlichsten Voraussetzungen zur Gründung einer neuen Partei gefunden zu haben«[47]. Tatsächlich jedoch verinnerlichte er Feders Anschauungen
zur »Zinsknechtschaft« erst nach seinem Besuch der

DAP-Veranstaltung im September. Ebenso wenig wurde die DAP von Hitler gegründet, vielmehr trat er der Partei, die damals keine 200 Mitglieder zählte, kurz nach besagtem Auftritt im »Sternecker« bei. Feders Theorien vom »wahren Sozialismus« mochten gewiss das Ihre zu diesem Entschluss beigetragen haben. Sein Einfluss spiegelt sich auch darin, dass Hitler in *Mein Kampf* lediglich einen Mann erwähnte, dem er so etwas wie eine Mentorenrolle zubilligte: Gottfried Feder.

Hitler, der aufgrund seines Redetalents schnell in die vordersten Reihen der DAP aufrückte, übernahm Feders sozial- und wirtschaftspolitische Vorstellungen in das von ihm selbst Ende 1919/Anfang 1920 maßgeblich mitverfasste 25-Punkte-Programm der Partei.[48] Neben der Abschaffung des Zinses, des »arbeits- und mühelosen Einkommens«, des »Bodenzinses und [der] Verhinderung jeder Bodenspekulation« sollten alle bisher bereits vergesellschafteten Betriebe verstaatlicht, eine Gewinnbeteiligung in den Großbetrieben eingeführt und die Altersversorgung großzügig ausgebaut werden. Bei allem Dilettantismus waren diese Forderungen die einzige konkrete Programmatik im Nationalsozialismus, eine Programmatik, die allerdings am Ende der 20er-Jahre wegen ihrer Unausgegorenheit sang und klanglos aus der braunen Gedankenwelt verschwand. Übrig blieb von Feders »Brechung der Zinsknechtschaft« lediglich das Schreckbild vom »Börsen-Juden«.

Das 25-Punkte-Programm der DAP, die von nun an Nationalsozialistische Deutsche Arbeiterpartei (NSDAP) heißen sollte, wurde dominiert vom Kampf gegen den Versailler Vertrag. In Anlehnung an Wilsons 14 Punkte sollte der »Zusammenschluss aller Deutschen aufgrund des Selbstbestimmungsrechts der Völker zu einem Groß-Deutschland« erfolgen. Gefordert wurden darüber hinaus »die Gleichberechtigung des deutschen Volkes gegenüber allen anderen Nationen, Aufhebung der Friedensverträge von Versailles und St. Germain«. Dass dies das zentrale Anliegen Hitlers war, zeigte sich nicht zuletzt daran, dass der Kampf gegen den Versailler Vertrag auch im Mittelpunkt seiner Reden stand. Gebetsmühlenartig geißelte er immer wieder das »Schanddiktat«, wie die allerersten überlieferten Inhalte seiner Reden verdeutlichen. So hieß es in einem Bericht der Polizei über einen dieser Auftritte: »Solange die Erde steht, hat noch kein Volk einen solchen Schandvertrag zu unterzeichnen sich bereit erklären müssen (Judenmache) […]« Und weiter bemerkte der Beobachter: »Begeisternde Zustimmung fand der Vortragende, als er die deutsche Republik als einen Freistaat der Entente bezeichnete, dessen Freiheiten innerhalb seiner Grenzen darin bestünden, dass Volksausbeuter, Wucherer, Schieber und Schleichhändler das Volk auf die gemeinste Weise ungestraft auspressen dürfen.«[49]

Es überrascht nicht, dass Kershaw Versailles als Kernpunkt des 25-Punkte-Programms ausspart – er will die NSDAP in eine Kontinuität mit einem wilhelminischen Weltmachtstreben stellen. Mit keinem Wort erwähnt Kershaw die »Aufhebung der Friedensverträge von Versailles und St. Germain« als zentrales Anliegen Hitlers und der frühen Nationalsozialisten. Der britische Historiker schreibt stattdessen lediglich von der Forderung nach einem »Großdeutschland«[50]. Wer Versailles entgegen jeglicher historischen Redlichkeit keine Bedeutung für die Entstehung der Hitler-Bewegung beimisst, der muss es auch als den entscheidenden Punkt des NSDAP-Programms unterschlagen. Und noch etwas: Der in den 25 Punkten zum Ausdruck kommende Antisemitismus wird dadurch aus seinem ursprünglichen Kontext gerissen.

Tatsächlich begriffen Hitler und die frühen Nationalsozialisten in ihrem antisemitischen Wahn auch diejenigen Programmpunkte, bei denen es um die Juden ging, als Abwehrmaßnahme gegen kapitalistische und bolschewistische Strömungen. Den Juden sagte der maßgebliche Verfasser der 25 Punkte nämlich den Kampf an, weil sie – aus seiner Sicht – durch Kapitalismus und Bolschewismus Deutschlands Vernichtung betrieben und dessen Wiederaufstieg vereitelten. Hermann Göring, vor dem Internationalen Militärtribunal in Nürnberg auf die antisemitischen Komponenten der 25 Punkte angesprochen, antwortete: »Als nun die Bewegung ihr Programm gestaltete […] nahm auch dieses Programm jenen Punkt auf, der damals als ein Abwehrpunkt stark in großen Kreisen des deutschen Volkes vorhanden war. Kurz vorher war in München die Räterepublik gewesen, die Geiselmorde, und auch hier waren die Führer durchweg Juden gewesen. Man muss verstehen, dass hierbei ein Programm, das in München von einfachen Leuten entstand, diesen Punkt ganz klar mit als Abwehr aufnahm.«[51]

Im Einzelnen wurde in dem Programm gefordert, dass Staatsbürger nur sein kann, wer »Volksgenosse« ist. »Volksgenosse kann nur sein, wer deutschen Blutes ist, ohne Rücksichtnahme auf Konfession. Kein Jude kann daher Volksgenosse sein.« Außerdem sollten diejenigen Juden, die nach 1914 eingewandert waren, ausgewiesen werden, wie es bereits im Mai 1919 vom Münchener Stadtkommandanten qua Kriegszustandsgesetz verfügt worden war, aber nicht hatte umgesetzt werden können. Nicht minder gegen die Juden richtete sich das Postulat, Schieber und Wucherer mit der Todesstrafe zu belegen. In der antisemitisch-ideologischen Verblendung der Nationalsozialisten waren diese samt und sonders Juden, die aus der Not der Bevölkerung der Isarmetropole und ihres Umlands Kapital schlügen.

Diese Forderungen, wie sie schon von der DAP vorgebracht worden waren, gingen einher mit dem eskalierenden Antisemitismus in der Münchner Arbeiterschaft, in der Hunger, Kindersterblichkeit und Wohnungsnot am größten waren. Gerade dort war die Propaganda gegen die vermeintlich »jüdischen Schieber« und ebenso vermeintlichen »Feinde des Deutschtums« auf einen fruchtbaren Boden gefallen, sodass der sozial motivierte Judenhass gegen Ende 1919 seinem Siedepunkt entgegentrieb. In einem Tagesbericht der Nachrichtenabteilung der Münchner Polizei hieß es: »Bedenklich [ist] die Ausbeutung der Unzufriedenheit in der Behandlung der Schieberfrage für Zwecke der antisemitischen Propaganda in allen Kreisen, vornehmlich auch in der Arbeiterbevölkerung. Der Berichterstatter hält [...] das Eintreten von Judenpogromen nach und nach für durchaus möglich.«[52] Genau diese radikal-antisemitische Stimmung in der Hauptzielgruppe der DAP sollte mit dem 25-Punkte-Programm aber bedient werden.

Kershaw sind bei der Niederschrift seiner Hitler-Biographie »einige überraschende Lücken« im 25-Punkte-Programm ins Auge gestochen. Die Auslassungen betreffen Marxismus und Bolschewismus, hebt er hervor[53], um einmal mehr zu umgehen, Hitlers Judenhass in einen ursächlichen Zusammenhang mit dem Bolschewismus stellen zu müssen. Der Grund für die »Auslassungen« ist jedoch offenkundig: Mit dem Programm sollten auch all jene angesprochen werden, die es einmal mit der Linken gehalten hatten, unter ihnen Hitler selbst. Aus diesem Grund beschränkte sich der Hauptverfasser der 25 Punkte auf die lapidare Feststellung, dass die Partei »den jüdisch-materialistischen Geist in und außer uns [bekämpft]«. Hitler, der damit auf nichts anderes ansprach als auf den materialistischen Bolschewismus und auch den materialistischen Kapitalismus, hat später in *Mein Kampf* geschrieben, dass er bei der Formulierung des Programms, »Rücksicht auf psychologische Momente nehmen musste«[54].

Bereits diesem Programm, das er im Verlauf einer ersten Großkundgebung im Februar 1920 im Festsaal des Münchner Hofbräuhauses der Anhängerschaft präsentiert hatte, lag die Vorstellung Hitlers zugrunde, dass das Judentum in Gestalt von Bolschewismus und Kapitalismus Deutschland vernichten würde. Die kursierenden antisemitischen Klischees schienen dies zu bekräftigen. Schon in seiner Stellungnahme vom September 1919 beschrieb Hitler sie: Die Juden seien keine Religionsgemeinschaft, sondern eine Rasse, deren vermeintliche Eigenarten denen der Deutschen diametral entgegenstünden. »Durch tausendjährige Inzucht [!], häufig vorgenommen im engsten Kreise« – so Hitler weiter –, »hat der Jude im allgemeinen seine Rasse und ihre Eigenart schärfer bewahrt, als zahlreiche der Völker, unter denen er lebt. Und damit ergibt sich die Tatsache, dass zwischen uns eine nichtdeutsche, fremde Rasse lebt, nicht gewillt und auch nicht imstande, ihre Rasseneigen-arten zu opfern, ihr eigenes Fühlen, Denken und Streben zu verleugnen, und die dennoch politisch alle Rechte be-sitzt, wie wir selber. Bewegt sich schon sein [des Juden, R. G. R.] Gefühl im rein Materiellen, so noch mehr sein Denken und Streben […] Alles was Menschen zu Hö-herem streben lässt […] es ist ihm alles nur Mittel zum Zweck, Geld und Herrschgier zu befriedigen. Sein Wir-ken wird in seinen Folgen zur Rassetuberkulose der Völker.«[55]

Als Antwort auf die »Gefahr des Judentums« hatte sich Hitler bereits in seiner »Stellungnahme« für einen neuen, radikaleren Antisemitismus ausgesprochen. »Der Antisemitismus als politische Bewegung« – so der »Auf-klärer« Hitler – »darf nicht und kann nicht bestimmt werden durch Momente des Gefühls, sondern durch die Erkenntnis von Tatsachen.« An anderen Stellen dessel-ben Papiers heiß es, dass der »gefühlsmäßige Antisemi-tismus« lediglich zu Pogromen in der Bevölkerung führt. Der von »Tatsachen« bestimmte Antisemitismus da-gegen – später sollte Hitler von einem »modernen wis-senschaftlichen Antisemitismus« sprechen – ermöglicht dieser Logik zufolge Lösungen. In seinem Brief an Adolf Gemlich vom September 1919 umriss Hitler diese Lösungen bereits, wenn er schrieb: »Letztes Ziel aber muss unverrückbar die Entfernung der Juden überhaupt sein.«[56]

Bei der Verfolgung dieses »letzten Ziels« wurde Hit-ler angetrieben von einem Hass, der sich potenziert hatte, weil er »den Juden« sowohl als Träger des Bol-schewismus wie auch als Träger des Großkapitals sah, das er hinter Versailles am Werk wähnte. Und er setzte beide Bedrohungsszenarien in einen Wirkungszusammenhang, wenn er erklärte, dass »der Jude« mit Versailles zu seiner »schärfsten Waffe« greife, indem er an die Stelle des Weltkriegs den Bürgerkrieg setze, die nationale Wirtschaft zertrümmere und »dem Volk endlich jene Freiheit [gibt], in der es unter Peitschenhieben in zwölfstündiger Arbeit fronen darf. Sowjet-Paradies!« Am Ende dieses Prozesses stehe, wie Hitler wieder und wieder verbreitete, »die Aussaugung und Eroberung« durch das »internationale Leih- und Börsenkapital«[57].

5. Das Unfassliche:
Der Weltverschwörungs-theoretiker

Von 1920 an sprach Hitler von einer »jüdischen Welt-verschwörung«, was aus heutiger Sicht oft als bizarre Propagandarhetorik abgetan wird. Doch Hitler glaubte tatsächlich daran, wie jetzt auch der Holocaust-Experte Peter Longerich in seiner viel beachteten Himmler-Biografie konstatiert.[1] Hitler tat es, weil es doch so aussah, als hätte sich nach dem Krieg die ganze Welt gegen Deutschland verschworen. 27 souveräne Staaten hatten den Versailler Vertrag unterzeichnet, darunter auch Länder wie Saudi Arabien, Haiti und Siam, allen voran aber die Hauptsiegermächte, die Vereinigten Staaten und das Britische Reich, hinter denen Hitler das internationale Großkapital wähnte, gefolgt von Frankreich, Italien und Japan. Entsprechend war im Zusammenhang mit Versailles, das Deutschland vom Völkerbund ausschloss, von einem »Welttribunal« die Rede. Daneben wurde von Moskau immer wieder der revolutionäre Umsturz in Deutschland als nächstes und wichtigstes Ziel der kommunistischen Weltrevolution propagiert. Wer hinter all dem die Juden sah, für den war es in gewisser Hinsicht folgerichtig, von einer »jüdischen Weltverschwörung« zu sprechen.

Hitler glaubte, in besonderem Maße die Welt verstanden zu haben, und hielt damit nicht hinter dem Berg. Dass dies so war, lag nicht nur an seinem neurotisch-exaltierten Wesen, sondern auch an seiner ausgeprägten Fähigkeit, Stimmungen und Ängste zu erfassen, zu verinnerlichen und dann zu artikulieren. In seiner Person spiegelte sich also nicht nur das mentale Befindlichkeitschaos der deutschen Nachkriegsgesellschaft wider, sondern er verlieh diesem auch Ausdruck, indem er die Welt auf eine bestimmte Art und Weise erklärte. Der Historiker und Publizist Wolfgang Schivelbusch schreibt treffend von der frühen Weimarer Republik als einer »Kultur der Niederlage«, die wegen des unheroischen und demütigenden Charakters des Zusammenbruchs, der keine innere Kompensation fand, zur »Schaffung einer imaginären – klinisch gesprochen: einer neurotisch-halluzinatorischen – Ersatzwelt«[2] drängte.

Schivelbuschs Forschungen werden durch die Aussagen von Hitlers Zeitgenossen bestätigt. So beschrieb der preußische Sozialdemokrat Hans Goslar 1919: »Die verzweifelte und zerrüttete Stimmung dieser Tage, die ohnmächtige Wut über den Jammer um uns und gewiss nicht zuletzt auch die Beteiligung einer größeren Anzahl von Männern jüdischen Blutes an der radikal-sozialistischen und an der bolschewistischen Bewegung hat es zuwege gebracht, dass die an sich inhaltslose und demagogische Phrase von der jüdischen Weltherrschaft in die Köpfe von zahllosen deutschen Männern und Frauen eingedrungen ist, die sonst sehr wohl imstande gewesen sind, sich ein starkes Urteil zu wahren. Die dies aber heute gar nicht mehr vermögen, weil von den vielen Windrichtungen her immer wieder die gleichen Worte in ihre Ohren getragen werden […]«[3]

Dazu hatte eine Flut von antisemitischer Schundlite-
ratur beigetragen, die in den Jahren 1919 und 1920
insbesondere in den Verlagen des alldeutschen Thule-
Mitglieds Julius Lehmann und des bekannten Leipziger Judenhassers Theodor Fritsch, der das berüchtigte
Handbuch der Judenfrage[4] herausgegeben hatte, erschienen war. Die Machwerke, die nicht selten eine Auf-
lage von 100 000 Exemplaren erreichten, behandelten,
wie die von Ludwig Langemann[5] und Walter Liek[6], der
im Judentum »die bestgefügteste Weltmacht der Erde«
sah, die vermeintliche Schuld der Juden am Weltkrieg.
Andere, wie Fritschs *Anti-Rathenau*[7], gaben vor, die geheimen Wirtschaftsverflechtungen aufdecken zu wollen.
Und wieder andere, wie diejenigen Erich Kühns[8] und
Johann Hermann Wilkes[9] thematisierten den »jüdischen« Bolschewismus« sowie die von ihm ausgehende
Weltbedrohung.

Hinter all diesen antisemitischen Schriften stand eine
gemeinsame Überzeugung, die sich auf die einfache For-
mel bringen ließ: das vermeintliche Streben der Juden
nach der »Weltherrschaft«. Diese Unterstellung war alles andere als eine Erfindung der Nachkriegszeit. Sie hat
eine lange Geschichte. Schon im Zuge der Gegenaufklä-
rung entstand die Verschwörungsthese, nach der die
Freimaurer und die 1784 verbotenen Illuminaten von
Juden gesteuert und begründet worden seien, um die
Welt zu beherrschen. Ähnliche Ambitionen unterstell-
ten den Juden im 19. Jahrhundert die französischen Journalisten Alphonse Toussenel in seinem Traktat *Les Juifs,
rois de l'époque* (dt. *Die Juden, Könige der Epoche*)[10]
und Édouard Drumont in *La France Juive* (dt. *Das ver-
judete Frankreich*)[11]. Auch Gegner der Judenemanzipa-

Wie eine Monsterkrake verschlingt der Bolschewismus den europäischen Kontinent. Vom Titelblatt der Zeitschrift Welt-Echo, *7. März 1919.*

tion in deutschsprachigen Ländern, wie Hartwig von Hundt-Radowsky[12] und Friedrich Rühs[13], warnten vor einer bevorstehenden jüdischen Weltherrschaft über die christliche, insbesondere die »germanische« Welt. Der Journalist Wilhelm Marr sprach 1879 kulturpessimistisch von einem »Sieg des Judenthums über das Germanenthum«, wobei er die Juden bereits als eigene Rasse darstellte.[14] Die Überzeugung von einem »jüdischen Weltherrschaftsstreben« wurde auch von aufgeklärten, liberalen Bildungsbürgern wie dem Philosophen Eduard von Hartmann vertreten. In seinem 1885 erschienenen Buch *Das Judentum in Gegenwart und Zukunft* schrieb er diesem eine internationale Freimaurerei zu, eine von wirtschaftlichen Interessen geleitete »Alliance Israelite Universelle«[15].

Was in der Vergangenheit abseits der gesellschaftlichen Hauptströmungen in den antisemitischen Zirkeln und Gruppen diskutiert wurde, erreichte 1919 bereits vor dem Erscheinen der deutschen Übersetzung der *Protokolle der Weisen von Zion* eine nie da gewesene Präsenz. Die »jüdische Weltverschwörung« war in völkischen und rechtskonservativen Pamphleten und Blättern allgegenwärtig. So berichtete die *Deutsche Zeitung* am 27. Juni 1919 von aufgefundenen Notizen, nach denen alle hundert Jahre in den unterirdischen Gewölben auf dem Prager Judenfriedhof eine Vertreterversammlung der zwölf Stämme Israels stattfände. Bei dem letzten Treffen im Jahr 1860 sei ein Programm zur Erringung der jüdischen Herrschaft über alle Völker entworfen worden, das binnen hundert Jahren umgesetzt werden solle. Im Kommentar der *Deutschen Zeitung* hieß es, dass die »Wucht der Ereignisse« unzweifelhaft den Beweis erbrächte, »dass ein solches Programm des Judentums vorhanden ist […] und mit allen Mitteln durchgeführt werden wird, wenn wir Deutschen uns nicht endlich der Gefahr bewusst werden, die riesengroß uns bedroht. Der Weltkrieg wie auch die Revolution sind Kämpfe um Weltanschauungen, und letzten Endes des Judentums gegen alles, was sich seinem Streben nach Weltherrschaft entgegenstemmt. Sieger im Weltkrieg sind nicht, wie sie glauben, die Nationen der Entente selbst, sondern der jüdische Kapitalismus […]«[16]

Solche und ähnliche Auslassungen kannte Hitler natürlich auch. Als Propagandaredner der Reichswehr gebot sich für ihn aber eine gewisse Zurückhaltung, weshalb er erst seit seinem Ausscheiden aus dem Militärdienst Ende März 1920 ganz offen von einer »jüdischen Weltverschwörung« sprach. Zwei Monate nach seiner Entlassung erläuterte er bei einer Parteiveranstaltung deren vermeintlichen Verlauf. In einer Mitschrift seiner Ausführungen hieß es, das »Börsen- und Leihkapital« zerstöre »Staaten, unterjocht Völker und zertrümmert Kulturen. Träger des Kapitals und Systems ist der Jude.« »In allen Fällen« sei »der Jude« Führer »der internationalen Arbeiterbewegung«. Er gehöre der »nationalsten Rasse aller Zeiten« an; er lebe »als Staat im Staate, als Nomade vom Raub und heute als Raubritter. Volkstum und Religion ergänzen sich im Juden gegenseitig und treiben ihn zur Weltherrschaft. Zur Erringung der Weltherrschaft verfolge er 1. die Entnationalisierung der Völker, 2. die Enteignung von Grund und Boden, 3. die Vernichtung des selbstständigen Mittelstandes, [...] 4. die Ausrottung der nationalen Intelligenz (Russland), 5. die Ewige Sicherung durch vollständige Verdummung in Presse, Kunst und Literatur [...] und 6. als letztes Mittel den Klassenkampf«, bei dem der »Arbeiter als Mittel zum Zweck im Dienste des Juden zum Schutz des internationalen Börsen- und Wucherkapitals« gelte.[17]

Für das Konstrukt einer »jüdischen Weltverschwörung«, wie Hitler es seit 1920 immer wieder strapazierte, bedurfte es keiner besonderen Bezüge zur Rassenlehre. Da Hitler über seinen Judenhass zur Rassenlehre gefunden hatte, reduzierte sich diese für ihn auf den Gegensatz zwischen Ariern und Juden. Andere Rassen, also die in der Lehre als »schwarze« oder »gelbe« bezeichneten, interessierten ihn nicht. Das lag daran, dass er nur von den Juden eine Bedrohung ausgehen sah, da er sie doch gleichermaßen als die vermeintlichen Träger von

Bolschewismus und Börsenkapital ausgemacht hatte. Sein Hass richtete sich dann auch nur gegen die Juden. »Lieber sind mir 100 Neger im Saal als 1 Jude«, rief er einmal während einer Rede seiner Gefolgschaft zu.[18]

Die entscheidende Vermittlung zwischen Hitlers Judenhass und Rassenlehre übernahm dabei Dietrich Eckart, jene neurotische Existenz, die bereits ihr eigenes Scheitern als Schriftsteller als Ergebnis einer Verschwörung ansah. Von dem intellektuellen Judenhasser Eckart erhielt Hitler seit Herbst/Winter 1919 eine regelrechte Einweisung in die Rassenlehre. Konrad Heiden schreibt darüber, Eckart habe dessen Denken »geleitet«. Dies sei – so der erste Hitler-Biograf – nicht allzu schwierig gewesen, denn Eckarts »Schüler« sei »in gewissem Sinne naiv, ungebildet und belehrbar« gewesen. Da man in den Grundvorstellungen einig gewesen sei, habe der mit einem hervorragenden praktischen Verstand ausgestattete Hitler, der vor höherer Bildung ehrfürchtig und zudem leichtgläubig gewesen sei, Eckarts Weisheiten »eilig und massenhaft« »wie ein trockener Schwamm« in sich eingesogen.[19] Heidens Einschätzung scheint zuzutreffen, denn Hitler war tatsächlich von Eckart beeindruckt. Dieser sei damals ein »Polarstern« gewesen. »Alles, was die anderen geschrieben haben, war so platt«, sagte Hitler später einmal über den Mann, der ihm das vermeintlich wahre Wesen der Rassen und den ewigen Widerstreit derselben mit den aktuellen vermeintlich jüdischen Bedrohungsszenarien zu verbinden half.[20] »Dietrich Eckart beschäftigte sich damit vom geistreich-literarischen Geschichtspunkt aus, beherrschte aber den gesamten Komplex wie selten einer«[21], erinnerte sich Hitler 1929 voller Hochachtung.

*Hitlers antisemitischer
Mentor, der völkische
Schriftsteller Dietrich
Eckart, um 1923.*

Mit dem »geistreich-literarischen Geschichtspunkt«
meinte Hitler Eckarts Beschäftigung mit den kursierenden antisemitischen Machwerken, wie etwa denjenigen des Österreichers Guido von List. Beeinflusst von
der deutsch-russischen Schriftstellerin Helena Blavatsky
propagierte dieser den »arischen Herrenmenschen«, der
vom Norden her kommend der gesamten Menschheit
einmal die Kultur gebracht haben sollte, nun aber durch
die »Blutbeimischungen« der »minderen Rassen« in seiner Existenz bedroht sei. Durch »Entmischung« und
strikte Abgrenzung gegenüber den »Minderen« und die
Überwindung der »Internationalen«, worunter List Ka-
tholiken, Juden und Freimaurer verstand, sollten die
»ario-germanischen Herrenmenschen« wieder das werden, was sie einmal waren: die von Gott bestimmten Be-
herrscher der Welt. Denjenigen, der sie in den hierzu
notwendigen großen »arisch-germanischen Weltkrieg«

und zum »Endsieg« führen werde, kündigte List, der an die magische Kraft alter Runen glaubte, in seinem 1899 erschienenen Buch *Der Unbesiegbare* – mit dem Verweis darauf, dass es die *Edda* genau so prophezeit habe – als Gottmensch, als den »Starken von Oben« an.[22]

Nicht minder bizarr waren die Ergüsse eines Jörg Lanz von Liebenfels, der zu Beginn des Jahrhunderts auf einer niederösterreichischen Burg residierte, von deren Turm eine Hakenkreuzfahne wehte, was später freilich als Beleg für eine enge Verbindung zu Hitler herhalten musste. Unter dem Titel *Ostara* – der Name der germanischen Frühlingsgöttin – hatte Lanz von Liebenfels seine ebenso mörderische wie verworrene »Lehre« vom Kampf der »Asinge« gegen die »Äfflinge« unter die Leute gebracht. Er hatte einen arier-heroischen Männerorden gegründet, der die Avantgarde der blonden und blauäugigen »Herrenrasse« beim Kampf gegen die »minderwertigen Mischrassen« bilden sollte, zu dem das Kastrationsmesser ebenso gehören sollte wie Deportation in den »Affenwald« oder die Liquidation.[23]

All diese Theorien hatten, so bizarr und verworren jede Einzelne von ihnen auch sein mochte, etwas Gemeinsames. Jeder von ihnen war die Idee eines Kampfes, eines Kampfes um Sein oder Nichtsein, zentral. Sie alle waren Ausdruck eines mehr oder weniger primitiven Sozialdarwinismus, wie er seit dem Ende des 19. Jahrhunderts in den Ländern der imperialen Mächte oder denen, die sich dazu zählten, das Denken der Menschen beeinflusste. »Kraft« und »Kampf« galten als Motoren der Entwicklung der menschlichen Gesellschaften; die Chancen von Individuen oder Gruppen im »Kampf ums

Dasein« hingen, so propagierten es die verschiedenen Lehren, von ihrer biologischen oder genetischen Überlegenheit ab.

Diese Maximen lagen auch dem bekanntesten Traktat des theoretischen Rassenantisemitismus in Europa, Houston Stewart Chamberlains *Die Grundlagen des neunzehnten Jahrhunderts*[24], zugrunde. Das Buch des Engländers basierte auf einem Essay von Graf Arthur de Gobineau über die Ungleichheit der Menschenrassen[25], in dem dieser erstmals die Angst vor dem Rassenwirrwarr der Neuzeit und dem Untergang der Kulturen mit der Promiskuität des Blutes verknüpfte. Gobineau sah in der Vermischung der verschiedenen Ethnien die Ursache für den Untergang der Zivilisation, da sie die einzelnen »Rassen« unfähig zur Bewältigung des Lebenskampfes mache. Gobineau ethnisiert auch die ständische Ordnung: Die »weiße Rasse« entspräche dem Adel, die »gelbe« dem des handeltreibenden bürgerlichen Stands, und das dienende Volk sei »schwarz«. Letztlich aber, so Gobineau, gebe es keine »reinen Rassen« mehr, der unwiderrufliche Niedergang der Menschengattung sei durch die Vermischung bereits festgeschrieben.

Chamberlain war in seinem 1899 in Wien erstmals erschienenen Buch zu dem Ergebnis gelangt, dass es eigentlich nur zwei rivalisierende Rassen gebe: die arische und die semitische, ihre »Gegenrasse«. Die arische Rasse, die das Vermächtnis des Altertums, die griechische Kunst und Philosophie, das römische Recht und das noch nicht von der katholischen Kirche verfälschte, ursprüngliche Christentum in sich trüge, sei als »Herrenrasse dazu auserwählt, den herrschenden materialistischen Zeitgeist zu überwinden und ein neues Zeitalter heraufzuführen«. Voraussetzung dafür war für Chamberlain die »Reinhaltung« der Rasse, denn »edle Menschenrassen werden durch das semitische Dogma des Materialismus, das sich […] frei von allen arischen Beimischungen erhalten hatte, für immer entseelt und aus dem ins Helle strebenden Geschlecht ausgeschlossen«. Chamberlain griff demnach bei seinem Rassenbegriff nicht nur auf biologistische Argumente zurück – zum Juden wurde für ihn auch, wer sich den »jüdischen Geist« zu eigen machte.

Es ist aus heutiger Sicht nur schwer nachzuvollziehen, dass eine derartige Publikation Gegenstand des Diskurses in den Salons der europäischen Bourgeoisie und vor allem in denen des europäischen Adels gewesen war. Chamberlains Buch galt dort als letzter Stand der Wissenschaft von den Rassen und wurde bestenfalls von den Marxisten kritisiert. Deren Kritik änderte folglich auch nichts daran, dass *Die Grundlagen des neunzehnten Jahrhunderts* zu einem Riesenerfolg für den Autor wurden. Thomas E. Lawrence, der später einmal als »Lawrence von Arabien« zu Berühmtheit gelangen sollte, Albert Schweitzer und auch Winston Churchill waren davon ebenso angetan[26] wie Kaiser Wilhelm II. Letzterer führte über 20 Jahre hinweg einen regen Briefwechsel mit Chamberlain und nannte ihn seinen Freund.[27]

Auch wenn Hitler im Jahr 1923 mit Chamberlain in Bayreuth zusammentraf, auch wenn er ihm aus der Landsberger Festungshaft 1924 schrieb und in ihm einen der ganz Großen sah, war die nähere Auseinandersetzung mit den pseudo-akademischen, geschwülstig-komplexen Ergüssen des Wagner-Schwiergersohns letztendlich seine Sache nicht, ganz zu schweigen von den

Auslassungen eines von List oder gar eines Lanz von Liebenfels. Die »Literatur der 90er Jahre« sei »eine zum Teil gefühlsmäßige, zum anderen Teil mehr religiös eingestellte. Das ganze Problem war noch weitaus nicht so wissenschaftlich geklärt wie heute«, meinte Hitler in der Rückschau im August 1929, in der er abermals darauf hinwies, dass der Antisemitismus der Nationalsozialisten als Antwort auf die »jüdische Weltverschwörung« »wissenschaftlich fundiert« sei.[28]

Unter dem Schlagwort der »wissenschaftlichen Fundierung« verstand Hitler mit seinen vagen Vorstellungen von Wissenschaft die Übertragung einiger ihm von Eckart vermittelten und von ihm später in *Mein Kampf* ausgiebig thematisierten Kernaussagen Chamberlains auf Geschichte und Gegenwart. Der Weltenlauf wurde so für ihn zu einem ewigen Kampf zwischen der idealistischen und schöpferischen arischen Rasse und der verschwörerischen, zersetzenden jüdische Rasse. Eckart zufolge war »der Jude« innerhalb dieses »Kampfes« der Urvater der Revolution. »Aus dem Nichts, dem ewig Leeren der Wüste heraus« sei das Judentum »in eine menschlichere Welt« eingefallen. Schon der Jude Saulus hätte sich als Paulus des Christentums bedient, womit dieses das zerstörerische Instrument des Juden geworden sei, das sowohl die griechische als auch die römische Welt zum Untergang gebracht habe. Für die frühe Neuzeit mussten die Sozialrevolutionäre Ulrich von Hutten und Thomas Müntzer in ähnlicher Weise als Zerstörer der mittelalterlichen Welt herhalten.[29] Dass sie Christen waren, machte nichts, sah Eckart doch im »Jüdischen« eine Geisteshaltung, die auch von Nicht-Juden Besitz ergreifen konnte. So spielten in Russland, wo »über einem ungeheueren Leichenfeld [...] Jacobs sechseckiger Stern ragt«[30], die Bolschewisten diese Rolle. Sie bezeichnete Eckart in metaphysisch-eschatologischem Ton als »die christenschächtende Diktatur des jüdischen Weltheilands Lenin und seines Elias, Trotzki-Braunstein«[31]. Derselbe Bolschewismus werde nun Deutschland das Chaos bringen, um es anschließend der Allmacht der »Börse«, und damit dem Judentum, zur totalen Ausbeutung und letztendlich zur Vernichtung zu übergeben. Eckart schrieb: »Mit was ein Reich zerstört wird, ob wie das alte Rom mittels des Christentums oder wie der deutsche Staat mittels des Bolschewismus. Darauf kommt es dem Juden zunächst nicht an; jedes Werkzeug [...] ist ihm dazu recht.«[32]

In den Reden, die Hitler 1920 hielt, finden sich alle Elemente wieder, die Eckart in seinen Vorträgen und in seiner Zeitschrift *Auf gut deutsch* verbreitet hatte. So verhielt es sich auch, als Hitler im August 1920 vor NSDAP-Mitgliedern ausführlich erklärte, warum sie Antisemiten seien, und dabei von den Juden als Nomaden sprach oder davon, dass sie sich des Christentums bemächtigt hätten, »um an der Wurzel des römischen Staates die Axt anzulegen«[33]. Er geiferte weiter über die Rolle des vermeintlichen Juden im Gewande des Bolschewismus, der Deutschland und die Staaten dieser Welt »entnationalisieren« und »zersetzen« wolle, um sie dem internationalen »Leihkapital« als Beute zu übereignen. Wie sehr Hitler diese Sicht der Dinge verinnerlicht hatte, wie sehr er von der Richtigkeit des bizarren Konstrukts einer »jüdischen Weltverschwörung« überzeugt war und wie sehr sie ihn zeit seines Lebens beherrschen sollte, verdeutlicht auch die Tatsache, dass er diese

Theorie noch zwanzig Jahre später bei Tisch im »Führerhauptquartier« ausführlich referieren sollte.[34]

Eckart hatte für Hitlers antibolschewistisch und antikapitalistisch motivierten Judenhass also die pseudowissenschaftliche Unterfütterung geliefert und damit entscheidend dazu beigetragen, dass für diesen das Wahnbild von der »jüdischen Weltverschwörung« zur letzten Wahrheit werden konnte. Alles fügte Hitler fortan in dieses Wahnbild ein – auch wenn die Ergebnisse noch so widersinnig waren, wie etwa seine Deutung der jüngsten Ereignisse zeigte: In Deutschland hätte der Versuch »des Juden«, das Chaos herbeizuführen und sich damit das Land zu unterwerfen, nicht zu Ende gebracht werden können, meinte er einmal und sprach damit den Ereignissen des Winters 1918/19 und des Frühjahrs 1919 jeglichen revolutionären Charakter ab. Eine wirkliche Revolution hätte aus der Sicht Hitlers nach vier Jahren Krieg einzig dem Ziel dienen können, die Kräfte des Landes zu mobilisieren. »Wenn schon das alte Regiment nicht mehr die Kraft besaß, den Armeen nicht mehr den Geist einzuhauchen, der notwendig war, um in des Vaterlandes schwerster Stunde ein Unglück abzuhalten […] dann mochte dieses Regiment in Trümmer gehen«, äußerte Hitler und fuhr fort: »Aber dann hatte diese Revolution von vorne herein eine gewaltige Aufgabe vor sich […] Als ungebundene Kraft musste sie hinausströmen an die Front und den Hunderttausenden in unermüdlicher Folge immer und immer nur den einen Gedanken einhämmern: […] Was ihr von dieser Revolution erhofft, es kann nur werden, wenn eurem Volk die Möglichkeit der freien Selbstbestimmung bleibt.«[35] Da die Revolution ebendies nicht bewirkt hatte, war sie für

Hitler keine deutsche Revolution, sondern eine, hinter der »der Jude« in der Maske des Bolschewismus stand. Deshalb sprach er auch von einer »Börsenrevolution« und formulierte als deren Ziel: die Unterwerfung Deutschlands unter das internationale jüdische Großkapital.

»Der Jude«, so Hitler an anderer Stelle, sei auch dafür verantwortlich gewesen, dass die deutsche Revolution nicht zum Bolschewismus geführt habe, und zwar »aus der jüdischen Angst heraus, dass die Frontdivisionen sich plötzlich besinnen könnten und statt den Befehlen pflicht- und ehrvergessener, lumpenhafter Vorgesetzter zu folgen, mit der Waffe in der Faust dem Bolschewikenunfug ein blitzschnelles Ende bereiten würden«. Als sich die Mehrheitssozialdemokratie gegen Spartakus gestemmt habe, »hätten unsere bornierten bürgerlichen Politiker darin den Beweis für die innere Ablehnung des sozialdemokratischen Marxismus« gegen die Revolution gesehen. »In Wahrheit aber hat die Sozialdemokratie damals durch ihr Vorgehen die Revolution gerettet.« Heute führe »der Jude« die Sozialdemokratie und hoffe, durch sie »die Zügel in die Hand zu bekommen […] um die internationale Ausbeutung zu errichten«[36].

Eckarts Rolle für die antisemitische Ideologisierung Hitlers wird von Bullock, Fest und Kershaw unterschätzt. Das liegt nicht zuletzt daran, dass Hitler seinen Mentor im ersten Band von *Mein Kampf* nicht vorkommen lässt. Lediglich am Ende des zweiten Bandes reihte der Autor den im Dezember 1923 kurz nach dem gescheiterten Putsch Verstorbenen in die Riege der »Blutzeugen« ein, also jener Nationalsozialisten, die vor der Feldherrnhalle unter den Schüssen der Bayerischen Landespolizei ums Leben kamen. Im Jahr 1929 sollte sich Hitler dann im *Illustrierten Beobachter* fast schwärmerisch über den morphinsüchtigen Rassenfanatiker äußern.[37]

Es bedurfte erst des zeitlichen Abstands, ehe er dies tun konnte. Eine frühe Würdigung des rassenideologischen Mentors passte nämlich nicht zur Selbstdarstellung Hitlers als Wiener Judenhasser und Weltversteher. Wäre er ein solcher gewesen, hätte er doch keinen Eckart gebraucht. Dieser soll vor seinem Tod Ende 1924, auf seine Bedeutung für das Zustandekommen von Hitlers Weltverständnis angesprochen, überaus kryptisch geantwortet haben: »Beklagt mich nicht; ich werde mehr Einfluss auf die deutsche Geschichte gehabt haben, als jeder andere Deutsche.«[38]

Eckarts Bedeutung für das Zustandekommen von Hitlers globalverschwörerischer Weltsicht kann nicht hoch genug eingeschätzt werden, da der dogmatische, über ein eklektisch gesammeltes Wissen verfügende Hitler, wenn er einmal eine Meinung hatte, nicht mehr von ihr abließ. Das wurde bereits dem jungen Hitler von seinem Jugendfreund Kubizek und von seinem Männerheimgefährten Hanisch nachgesagt. Hitlers Vertrauter Otto Wagener meinte über den NSDAP-Chef: Er »schaute nicht danach, wer ihn [einen Zeitungsartikel, R. G. R.] geschrieben hatte, und welches die Zeitung war, in der er stand, sondern er nahm, was ihn interessierte, nur einfach in sich auf und registrierte es in seinem Gehirn an der Stelle, wo es hinpasste und seine eigenen Ideen oder seine Meinung bestätigte und vielleicht sogar begründete. Was gegen seine Ideen war, lehnte er ab und nahm es gar nicht erst in sich auf.«[39]

Der Wirtschaftsminister Hjalmar Schacht, der Hitler für den »Typus eines Halbgebildeten« hielt, betrachtete den »Führer« und Reichskanzler ganz ähnlich: »Er [Hitler, R. G. R.] hatte zwar, namentlich während seiner Gefängnishaft, unendlich viel gelesen, aber immer nur das aufgenommen, was seinen Neigungen und Wünschen entsprach.«[40]

Genau nach diesem Verhaltensmuster sollte Hitler all die antisemitischen Traktate behandeln, die er in die Hände bekam: Sie konnten seine seit 1919 gewonnenen »unerschütterlichen Einsichten« nur noch untermauern beziehungsweise ergänzen. Das galt auch für die *Protokolle der Weisen von Zion*, die Hitler im Jahr 1920 gelesen haben dürfte, nachdem sie in deutscher Sprache erschienen waren. Herausgegeben wurde die antisemitische Hetzschrift, die auf einer Übersetzung aus dem Russischen basierte, von dem Antisemiten Ludwig Müller von Hausen unter dem Pseudonym »Gottfried zur Beek«[41]. Als Konkurrenzausgabe zu den *Geheimnissen der Weisen von Zion* erschien im selben Jahr eine von Fritsch besorgte Ausgabe, die auf einer englischen Vorlage basierte und den Titel *Die Zionistischen Protokolle. Das Programm der internationalen Geheimregierung* trug. Bei den *Geheimnissen* beziehungsweise *Protokollen* handelte es sich um eine Collage wahllos zusammengewürfelter Vorgaben, die eine von Gott gewollte, »jüdische Weltherrschaft« herbeiführen sollten. Diese sollte auf der Allmacht des Goldes gründen (»In unserer Zeit […] ist allein die Macht des Goldes maßgebend«[42]), aber auch auf der Unterdrückung der Arbeiterschaft (»Unsere Macht beruht auf dem dauernden Hunger und der Schwäche des Arbeiters«). Aufgerichtet werden sollte diese Weltherrschaft durch die Zersetzung der Völker. Lüge, Betrug und Täuschung, politische Ideen, wie der Liberalismus oder die Demokratie, die Prostitution und die unterwanderte Presse, aber auch Wirtschaftskrisen und bloßer Terror waren die Mittel, mit denen die Herrschaft durchgesetzt werden sollte.

Über eine Reihe von Entwicklungsstufen würde aus der »Volksherrschaft« so schließlich die »Gewaltherrschaft«, die aber nicht mehr öffentlich und gesetzmäßig anerkannt sei und deshalb keine Verantwortung mehr trüge. Es handele sich vielmehr um »eine unsichtbare und unbekannte Macht, um einen Geheimbund, der im Verborgenen arbeitet und sich deshalb in der Wahl seiner Mittel keinerlei Schranken aufzuerlegen braucht [...]« An anderer Stelle heißt es: »Sobald ein nichtjüdischer Staat es wagt, uns Widerstand zu leisten, müssen wir in der Lage sein, seine Nachbarn zum Krieg gegen ihn zu veranlassen. Wollen aber die Nachbarn gemeinsame Sache mit ihm machen und gegen uns vorgehen, so müssen wir den Weltkrieg entfesseln.« Sollten die Nicht-Juden »vor der Zeit entdecken, wie alles zusammenhängt«, sollten die Hauptstädte der Welt von den Stollen der Untergrundbahnen aus in die Luft gesprengt werden.

Bei den *Protokollen*, die durch die russische Revolution Bestätigung und Brisanz erhalten zu haben schienen, handelte es sich angeblich um die Sitzungsprotokolle des 1. Zionisten-Kongress, der 1897 unter Führung des Begründers der zionistischen Weltbewegung, Theodor Herzl, in Basel stattgefunden hatte. Dort war es um die Schaffung einer gemeinsamen, auf dem Prinzip der Gleichheit gründenden und damit in gewissem Sinne sozialistischen Heimstätte für die über den gesamten Globus verstreuten Juden gegangen. In seinem 1896 erschienenen Buch *Der Judenstaat* hatte Herzl diesen Staat beschrieben. Als Begründung für dessen Aufbau führte er an, dass die Juden mit den europäischen Völkern nicht zu assimilieren seien. Der Zionistenführer unterstellte den Juden sogar, dass sie im Zuge der »aufsteigenden Klassenbewegung« »zu einem Umsturz« drängten.[43] Die Juden, so Herzl an anderer Stelle seines Buches, seien ein eigenes Volk, eine Nation, die in den Ländern »nach unten hin zu Umstürzlern proletarisiert« würden und »die Unteroffiziere aller revolutionären Parteien« bildeten.[44] Herzls Ausführungen wurden seit der Oktoberrevolution von den Antisemiten überall auf der Welt als Beleg für das jüdische Wesen der Revolution angesehen, zumal der Zionismus im Kern die Grundzüge einer sozialistischen Bewegung trug.

Auch wenn Herzls taktisch motivierte Charakterisierung der Juden mit den *Protokollen* zu korrespondieren schien, ist es aus heutiger Sicht nicht nachzuvollziehen, wie ein solch bizarres, zusammenhangloses Traktat weltweit auf einen fruchtbaren Nährboden fallen konnte. Der amerikanische Historiker Jeffrey L. Sammons erklärte seinen enormen Erfolg mit der Krisenzeit. Der Schock der bolschewistischen Revolution und der Zusammenbruch der Monarchien – so konstatierte er – habe viele Menschen derart verunsichert, dass sie für vereinfachte Erklärungen zugänglich geworden seien.[45] Die Frage der Echtheit der *Protokolle*, deren explosionsartige Verbreitung über die ganze Welt 1919/20 einsetzte, wurde selbst von renommierten Blättern wie der Londoner *Times* monatelang diskutiert. Die Zeitung schrieb am 8. Mai 1920 unter der Überschrift »Ein verstörendes Pamphlet«: »Forderung nach einer Untersuchung: Was sind das für Protokolle? Sind sie authentisch? Wenn ja, welche böswillige Versammlung hat sich diese Pläne ausgedacht [...]?« Ein paar Tage später stimmte der Londoner *Spectator* mit in den Chor ein, indem er die *Protokolle* »als nichts weniger als ein Traktat moralischer Perversion und intellektueller Verkommenheit« bezeichnete.[46]

Der amerikanische Historiker Neil Baldwin berichtet in seinem Buch über den amerikanischen Automobilbau-Pionier und fanatischen Antisemiten Henry Ford davon, dass sich in den Vereinigten Staaten das Justizministerium, die angesehene Smithsonian Stiftung und die Militärspionage bereits seit Ende 1918 mit dem Traktat beschäftigt hätten.[47] Ende November desselben Jahres war in der *New York Times* unter dem Titel »Bolshevism and Judaism«[48] von einem in Geheimdienstkreisen zirkulierenden Bericht über eine »jüdische Weltverschwörung« die Rede, der für Aufsehen sorge. Im Februar 1919 beschäftigte sich dann ein Unterausschuss des amerikanischen Senats mit den *Protokollen*. Doch damit nicht genug: Sogar unter den Delegierten der Versailler Konferenz und bald auch in den Büros von Kabinettsmitgliedern in London, Paris und Rom – so Baldwin – habe das Machwerk zirkuliert.[49]

In Deutschland setzten sich nicht nur eingefleischte Antisemiten und deren Publikationen, wie der von Fritsch begründete *Hammer* oder Eckarts *Auf gut deutsch* mit der ihnen willkommenen Publikation auseinander, sondern auch weite Teile der Bevölkerung. Das belegen die 45 Auflagen, die die beiden deutschen Über-

*Hitlers »Inspiration«:
Amerikas bekanntester
Antisemit, der Automobil-
baupionier Henry Ford,
1925.*

setzungen allein bis zum Jahr 1933 erreichten. Der Sozialist Eduard Bernstein konstatierte im Zusammenhang
mit der Aufnahme der *Protokolle* enttäuscht: »Ich bin
der Letzte, der dazu schweigt, wenn das deutsche Volk
als der willentliche Mitschuldige […] am Krieg gelte.«
Er habe im Gegenteil wiederholt scharf betont, »dass
mindestens neunzig Hundertstel dieses Volkes genauso
unschuldig sind, wie irgend ein anderes Volk«. Aber wer
glaube, »dass Menschen, die unter dem Druck einer
falschen Anschuldigung zu leiden haben, nun davor geschützt sein sollten, Anschuldigungen der gleichen Art,
wenn sie andere treffen, leichten Herzens Glauben zu
schenken, den werden nicht wenige Deutsche arg ent-
täuschen«[50].

Hitler und die NSDAP räumten den *Protokollen* und vor allen Dingen ihrer Propagandawirkung höchsten Stellenwert ein. Deshalb brachte sie der parteieigene Franz Eher Verlag von 1923 an als »Aufklärungsschrift« unter das Volk. Alfred Rosenberg erläuterte das schwer verständliche Machwerk in einem nicht minder schwer verständlichen Traktat unter dem Titel *Die Protokolle der Weisen von Zion und die jüdische Weltpolitik*[51]. Ihm, Eckart und Hitler dienten die *Protokolle* als neuerlicher Beleg für die vermeintliche Richtigkeit ihrer Sicht der Dinge.

Gewisse Parallelen zwischen den *Protokollen* und den Reden Hitlers deuten darauf hin, dass ihm Erstere als Vorlage gedient haben könnten. So etwa, wenn er kurz nach deren Erscheinen Demokratie, Sozialdemokratie, Marxismus und Bolschewismus als bloße Entwicklungsstufen des Weltmachtstrebens von »Alljuda« ausmachte. »Erst [sei der Jude] autokratisch gesinnt, bereit, jedem Fürsten zu dienen, dann heruntersteigend zum Volk, kämpfend für die Demokratie, [...] besitzt er sie [schließlich], dann wird er zum Diktator«, meinte er im August 1920 und führte als Beispiel Russland an, wo die Revolution mit Alexander F. Kerenski begonnen hätte und »wo ein Lenin ganz so zwischendurch versichert, dass sich die Räte nun bereits überlebt haben« und es genüge, »wenn zwei oder drei proletarisch empfindende Menschen diesen Staat regierten. Diese proletarisch empfindenden Menschen sind einige jüdische Milliardäre«[52].

Genau solche sah Hitler am Werk, als im Januar 1921 von der alliierten Reparationskonferenz gigantische Geldforderungen an Deutschland gestellt wurden. Für die Dauer von 42 Jahren sollte eine Wiedergutmachung von 269 Milliarden Goldmark aufgebracht werden. Es fügt sich da nahtlos in Hitlers Weltverschwörungsszenarium ein, dass just zu dem Zeitpunkt, da der Reichstag die Reparationsforderungen ablehnte und Truppen der Entente am 8. März 1921 Duisburg-Ruhrort und Düsseldorf besetzten, Moskaus deutsche Helfer in Mitteldeutschland losschlugen und ausgehend vom Mansfelder Revier einen neuen Anlauf zum Umsturz in Deutschland unternahmen. Bei der Moskauer Komintern herrschte seit ihrem Zweiten Weltkongress im Sommer 1920 wieder Zuversicht im Hinblick auf den Export der Weltrevolution nach Mitteleuropa. Die Sowjetmacht war nach ihrem Sieg im Bürgerkrieg fest etabliert.

Außerdem hatte in Deutschland die äußerste Linke an Stoßkraft gewonnen, nachdem sich die USPD auf ihrem Parteitag in Halle im Oktober 1920 über der Frage gespalten hatte, ob sie der Komintern beitreten solle. Die übergroße Mehrheit der USPD-Delegierten, die aus der Reichstagswahl vom Juni desselben Jahres mit 18,4 Prozent der Stimmen hervorgegangen war, hatte mit »Ja« gestimmt und sich folgerichtig der Kommunistischen Arbeiterpartei Deutschlands (KAPD), der linken KPD-Abspaltung des Herbstes 1919, angeschlossen, die nun über etwa 200 000 Mitglieder (die Kommunistische Partei Russlands zählte zwei Jahre später 380 000 Genossen) verfügte. Die neue Vereinigte Kommunistische Partei Deutschlands (VKPD), die als Vollmitglied der Komintern ihre Direktiven aus Moskau erhielt, war damit eine beachtliche parlamentarische Kraft geworden, auch wenn ihre Hauptaktivität weiterhin im außerparlamentarischen Kampf gegen die Republik lag. In der *Roten Fahne* hieß es dazu, dass das Proletariat »das Wort

Rosa Luxemburgs, an das der nach Halle gereiste Sinowjew erinnerte, sich wieder in sein Gedächtnis einprägen
[muss], dass der Kampf um den Sozialismus der gewal-
tigste Bürgerkrieg der Weltgeschichte ist«[53].

Auch wenn Hitler nicht wissen konnte – wie die Unterlagen der nach dem Ende des Ost-West-Konflikts
geöffneten Moskauer Archive bestätigen –, dass die
»Märzaktion« bis in alle Einzelheiten von der Komintern geplant war, auch wenn er nicht wissen konnte, dass
sich zu Beginn des Jahres 1921 24 kampf- und strategie-
erprobte sowjetische Bürgerkriegsexperten auf den Weg
nach Deutschland gemacht hatten, so tauchte doch im
Zusammenhang mit dem Umsturzversuch in den Zeitungen immer wieder der Name eines in ganz Europa
bekannten jüdisch-stämmigen Revolutionärs auf, der
auch Hitler ein Begriff gewesen sein dürfte: der Name
Béla Kuns, des Führers der ungarischen Räterepublik
des Jahres 1919. Mitte März 1921 rief der von Lenin mit
der Leitung des Umsturzes beauftragte Kun in der
Roten Fahne dazu auf, nunmehr die »Entwaffnung der
Bourgeoisie« zu besorgen, um dem Proletariat, sprich
der KPD, wie die Partei bald wieder hieß, endlich zur
Macht zu verhelfen.[54]

Der mitteldeutsche Aufstand, mit dem Moskau auch
von den Problemen im eigenen Land abzulenken hoffte,
scheiterte jedoch jämmerlich am entschlossenen Einschreiten von Polizei und Reichswehr, aber auch an der
mangelnden Bereitschaft der deutschen Arbeiter, den
von Moskau geleiteten roten Revolutionären zu folgen.
Einige hundert Verletzte und 145 Tote waren die Bilanz
der von Béla Kun geführten »Märzaktion«, in deren
Folge die KPD schwerste Einbußen bei den Mitglieder-

zahlen hinnehmen musste. Viele deutsche Kommunisten missbilligten nämlich das Vorgehen der Komintern. Hitler sprach von einer »traurigen Lage in Deutschland«, die der im »Sowjetparadies« »verschiedentlich schon sehr ähnelt [...]. Russland wurde von Juda erdolcht, Deutschland wird vorläufig von ihm vergiftet.«[55] An anderer Stelle – so steht es in einem Polizeibericht – »geißelte er [Hitler, R. G. R.] die Eigentümlichkeit des deutschen Arbeiters, jedem hergelaufenen, ausländischen Phrasendrescher meist jüdischer Abkunft alles zu glauben und nachzubeten«. Abschließend – so der Bericht weiter – »richtete er [...] eine Mahnung an die Arbeiterschaft: Lasst die Internationale fallen [...]«[56] Im *Völkischen Beobachter* erklärte er, dass die »Trennung deutscher Volksgenossen in zwei Klassen, die sich dank der unermüdlichen jüdischen Wühlarbeit bis heute geradezu todfeindlich gegenüberstehen«, zu einem Ende kommen müsse. »Wird sie nicht überwunden, sind wir beide verloren.«[57]

Diesen Graben zu überbrücken, indem sie gegen die vermeintlich Schuldigen vorgingen, versuchten derweil seine Anhänger auf den Straßen Münchens, wo Pöbeleien, Friedhofsschändungen und sogar gewaltsame Überfälle gegen Juden häufig vorkamen. Zu den Opfern gehörte der bekannte Sexualwissenschaftler Magnus Hirschfeld, der 1920 auf offener Straße brutal zusammengeschlagen wurde. Nicht anders erging es 1921 dem jüdischen Landtagsabgeordneten Alwin Saenger. In der Pessach-Nacht desselben Jahres wurden die Wände von zwei Münchner Synagogen mit riesigen Hakenkreuzen beschmiert. Das *Berliner Tageblatt* berichtete, dass auf Anschlägen der NSDAP »zurechtgestutzte« Bibelverse auf den »gemeingefährlichen Charakter des Judentums« hinwiesen. Und es berichtete weiter, in der Heilig-Geist-Kirche habe ein Messebesucher die Predigt des Geistlichen mit den höhnischen Zwischenruf unterbrochen: »Wie kann denn Jesus uns helfen, wenn er selbst ein Jude war.«[58]

Die Münchner Polizei tat wenig gegen die randalierenden Antisemiten, war doch deren Präsident, der Hitler-Freund Ernst Pöhner, selbst ein fanatischer Antisemit. Im August 1921 hatte dieser angesichts anhaltender Lebensmitteldemonstrationen und unerträglicher Teuerungsraten zynisch angemerkt, dass wohl bald »einige Juden aufgehängt würden«[59]. Aus der Sicht Pöhners kam der Gewalt gegen Juden eine willkommene Ventilfunktion zu, mit der die Bevölkerung ihre aufgestauten Frustrationen und Aggressionen ob ihrer erbärmlichen Lebensumstände abreagieren konnte, zumal es ja aus seiner Sicht ohnehin gegen diejenigen ging, die hinter den kapitalistischen Ausbeutern und Bolschewisten standen.

Wenn Hitler deren vermeintliches Zusammenspiel in seinen Brandreden immer wieder thematisierte, ja sich regelrecht in seine Vision hineinsteigerte, dann war dies weit mehr als reine Propaganda, mit der er, der Lokalagitator, die antisemitisch aufgewiegelten Bevölkerungsschichten Münchens erreichen wollte. Wie sehr der Wahn von Hitler und seinem Umfeld Besitz ergriffen hatte, verdeutlicht eine Notiz seines glühenden Anhängers und Mitkämpfers Rudolf Hess vom September 1921. Dieser schrieb zunächst von der »russische[n] Hungerkatastrophe«, die sich nicht mehr verheimlichen lasse, und von einem damit einhergehenden Kannibalismus: Hunderttausende durchstreiften auf der Suche nach Essbarem ganze russische Landstriche, »am Wege liegen unbestattet die schon Verhungerten, die Vorüber-taumelnden essen die Leichen auf«. Mit dem Brustton der Überzeugung stellte Hess dann fest: Die »Juden Russlands verlassen das sinkende Schiff und strömen nach Deutschland herein, zu neuem Wirken […] Für den Norden Deutschlands ist es wahrscheinlich für eine Gegenbewegung zu spät. Die Verhetzung der Massen ist so weit fortgeschritten, die Organisation so weit durch-geführt, dass der Bolschewismus losbrechen wird. Die einzige Rettung kann Bayern bedeuten […] [Unleser-lich] […] um von hier aus die Befreiung des Nordens zu organisieren und um der mit Folter und Tod verfolgten Intelligenz Zuflucht zu gewähren. Denn auch das steht in den ›Weisen von Zion‹: Die Intelligenz des Landes ist zuerst zu vernichten. In Russland wurde danach gehan-delt. Bezeichnend ist, dass Rathenau ein unbedingter Gegner der Walchensee-Kraftwerke sein soll. Bayern würde durch den Besitz der Kraft, unabhängig von der Kohle, das Gehen eigener Wege im Falle der Bolsche-wisierung des Nordens erleichtert werden […]«[60]

Zu dieser Bolschewisierung habe schließlich auch die Politik der Siegermächte beigetragen, hielt Hess fest. Diese Auffassung teilte er mit Hitler und anderen Ge-folgsleuten. Denn schon unmittelbar nach der Nieder-schlagung des mitteldeutschen Aufstands und der Auf-hebung des »militärischen Ausnahmezustands« warteten die Kriegsgewinner wiederum mit Schikanen auf. Dies-mal ging es um das neben dem Ruhrbecken wichtigste Industriegebiet Deutschlands: Oberschlesien. In Ver-sailles hatte die deutsche Delegation erreicht, die Zuge-

hörigkeit des zwischen Deutschen und Polen umstritte-
nen Gebiets durch eine Volksabstimmung klären zu
lassen. Nach schweren Auseinandersetzungen und blutigen Kämpfen brachte diese eine klare, aber nicht über-
wältigende Mehrheit für Deutschland. Die Alliierten
setzten im April eine Kommission ein, die einige Monate später das umstrittene Gebiet parteiisch zugunsten der Polen teilen sollte. In Berlin kam es zur Regie-
rungskrise, und Hitler sah Deutschland einmal mehr im
Würgegriff des »internationalen Weltkapitals, das zum
schwersten Schlag gegen die Freiheit unseres Volkes und
seine Unabhängigkeit« aushole, denn »es raubt unserer
Wirtschaft das tägliche Brot, die Kohle«[61].

Belege dafür schien es genügend zu geben, denn die
Reichsregierung glich auch in der Folgezeit einer Gehetzten der Siegermächte. Anfang Mai 1921 legten diese
in London die deutschen Reparationszahlungen auf 132
Milliarden Goldmark neu fest, was immer noch einer
Goldmenge von 47 000 Tonnen entsprach. Eine Milliarde sollte innerhalb von 25 Tagen aufgebracht werden,
andernfalls – so hieß es aus London – würde das Ruhrgebiet besetzt werden. Die Entscheidung der Reichsregierung, den Forderungen nachzukommen, löste die
Reparationsfrage freilich nicht, denn mittelfristig waren
die Summen nicht aufzubringen. Ende 1921 konnte der
von den Nationalsozialisten und Völkischen als »Juden-
sau« apostrophierte und später ermordete Reichsaußen-
minister Walter Rathenau ein Abkommen mit Frankreich herbeiführen, in dem vereinbart wurde, dass Paris
mehr Sachleistungen anstelle von Bargeld akzeptierte.
Im darauf folgenden Jahr 1922 erreichte Berlin einen
Zahlungsaufschub, da London die deutsche Kaufkraft

und industrielle Produktion schützen wollte, damit der Kriegsverlierer weiterhin zur Kasse gebeten werden konnte. Damit verbundene Hoffnungen Berlins auf ein Einsehen der Entente, dass die Reparationszahlungen nicht aufgebracht werden könnten, zerstoben auf der Konferenz von Genua, die keine nennenswerten Ergebnisse brachte, einmal abgesehen von dem die Welt überraschenden und den Westen verschreckenden Vertrag von Rapallo. Mit diesem verständigten sich die Russische Föderative Sowjetrepublik und das Deutsche Reich darauf, von der jeweils anderen Seite keine Reparationen zu verlangen. Auch wenn die nationalsozialistische Propaganda Rapallo weitgehend ausklammerte – wollte sie sich doch nicht an die Seite der SPD stellen, die den Vertrag mit dem bolschewistischen Russland wegen dessen Bürgerkriegsaktivitäten in Deutschland ablehnte –, sah Hitler jedoch einmal mehr hinter dieser Entwicklung eine Finte des »internationalen Judentums« und seiner internationalen Helfer und deutschen Helfershelfer.

In seiner Auffassung, dass dieses »internationale Judentum« die Weltherrschaft anstrebe und die Niederwerfung Deutschlands eine wichtige Wegemarke dahin sein werde, wurde Hitler 1921 von völlig unerwarteter Seite bestärkt: von dem amerikanischen Industriellen Henry Ford oder, besser gesagt, durch dessen in Deutschland erschienenes Buch *Der internationale Jude*[62]. Dieses bestand aus einer Artikelfolge, die Ford in seiner Zeitung, dem *Dearborn Independent*, von Mai 1920 an veröffentlicht hatte. Ford war zutiefst von der Existenz einer »jüdischen Weltverschwörung« überzeugt, die sich vor allem gegen Deutschland richte. Denn es gebe keinen größeren Gegensatz in der Welt als die rein arische und die rein semitische Rasse.«Darum hasste der Jude das deutsche Volk, und daher auch zeigten die Länder, in denen die Juden den stärksten Einfluss hatten, während des beklagenswerten Weltkrieges den stärksten Hass gegen Deutschland.«[63] Dieser Hass – so Ford, der von Versailles als einer »Koscher«-Konferenz sprach – habe dort seine Fortsetzung gefunden.

Ausgangspunkt für die antisemitische Agitation des Automobilbauers war die Wirtschaftkrise, die nach dem Weltkrieg die Vereinigten Staaten erfasst und eine sozialistische Bewegung hatte aufkommen lassen. Vor dem Hintergrund der revolutionären Ereignisse in Europa sorgte Letztere bei den amerikanischen Industriellen für eine gewisse Beunruhigung. Als dann die *Protokolle* die Juden als vermeintliche Drahtzieher hinter der Revolution zu entlarven schienen, kam Angst auf. Würden sich die *Protokolle* nämlich als echt herausstellen, wäre auch die amerikanische Wirtschaft wegen der in ihr tätigen Juden durch den Bolschewismus bedroht. Eine solche Frage musste freilich einen der maßgeblichen Industriellen Amerikas tangieren. Indoktriniert durch sein unmittelbares antisemitisches Umfeld und einen ehemaligen zaristischen Offizier und fanatischen Antisemiten namens Boris Brasil, der die *Protokolle* aus dem Russischen ins Amerikanische übersetzt hatte, wurde Ford innerhalb kurzer Zeit zu einem fanatischen Antisemiten.[64]

Als solcher führte er fortan einen regelrechten Kreuzzug gegen die Juden und deren vermeintliche Weltverschwörung. »All-Juda hat seine Vize-Regierungen in London und Neuyork. Nachdem es seine Rache an Deutschland ausgelassen hat, macht es sich daran, an dere Nationen zu unterjochen. Britannien hat es schon. In Russland kämpft es darum [...]«, hieß es im *Dearborn Independent*[65], in dem immer wieder versucht wurde, die Authentizität der *Protokolle* durch eine Vielzahl von Begebenheiten und analogen Äußerungen von Juden, wie zum Beispiel denen Theodor Herzls, zu beweisen. Für Ford und seine Schreiber stand fest, dass es sich bei den *Protokollen* um ein authentisches Programm handelte, durch das »Völker mit kühler Überlegung materiell und geistig zugrunde gerichtet werden sollen. Und auf der anderen Seite sehen wir, wie dasselbe Programm Tag für Tag in die Wirklichkeit umgesetzt wird und zwar zum größten Teil, wenn nicht ganz und gar, unter der Kontrolle der Mitglieder einer Rasse.«[66]

Ford lieferte schließlich so etwas wie eine Deutung der *Protokolle*. Nach ihm stellten die Juden »eine zentrale Finanzmacht« dar, die mithilfe der Presse ein weltweit straff organisiertes Spiel trieben. »Die Welt ist ihr Spieltisch und die Welt-Beherrschung der Einsatz. Die Kulturvölker haben jedes Vertrauen in die Behauptung verloren, dass an allen sich abspielenden Veränderungen ›ökonomische Verhältnisse‹ schuld seien. Unter der Maske ›ökonomischer Gesetze‹ werden sehr viele Erscheinungen zusammengefasst, die durch keinerlei ›Gesetze‹ verursacht sind, außer durch das Gesetz menschlicher Selbstsucht einiger weniger Leute, welche den Willen und die Machte haben, im weitesten Maße die Völker zu ihren Untertanten zu machen«[67], schrieb Ford.

Gleichzeitig sah der amerikanische Antisemit in den Juden die Träger jeglicher Revolution. »Was jetzt in Russland entstanden ist« – so Ford –, »ist eine dem

nicht-jüdischen Russland von den jüdischen Revolutionären aufgezwungene Herrschaftsform, in der das Judentum seit den frühesten Zeiten seiner Berührung mit
der übrigen Menschheit geschult ist.«[68] »Unter seinem
verlogenen Sozialismus und seinen hohlen Phrasen von
›Menschheits-Verbrüderung‹ verbirgt sich der scharf
umrissene Plan eines rassischen Weltherrschafts-Stre-
bens, das nicht russisch ist und das die gesunde Vernunft
und das gemeinsame Interesse der gesitteten Menschheit
zu zertreten sucht.«[69]

Die Frage, wie »jüdischer Börsenkapitalismus« und
»jüdischer Bolschewismus« unter einen Hut zu bringen
sind, wurde auf Fords eigener, allwöchentlich wieder-
kehrender Zeitungsseite wie folgt beantwortet: »Der
Bolschewismus ist anti-kapitalistisch nur gegen den
nicht jüdischen Besitz.« Wenn sich die Dinge nach der
Revolution klärten, werde sich herausstellen, dass die
meisten wertvollen Güter höchst »gesetzmäßig« in jüdische Hände übergegangen seien. »Die rote Revolution
ist die größte Spekulations-Tat der ganzen Menschheits-
Geschichte«, schlussfolgerte der amerikanische Multi-
millionär und Erfinder des Fließbands[70] bereits zu einem
Zeitpunkt, da der Gefreite Hitler noch Soldatenrat in
seinem in die »Rote Armee« der Bayerischen Räterepublik integrierten Infanterieregiment gewesen war.

Fords Antisemitismus stieß in der Neuen Welt auf
eine beträchtliche Resonanz. Die fünf Bände von *The
International Jew* wurden zum Bestseller. Dazu beigetragen hatte sicherlich auch der mit 25 Cent überaus
niedrige Preis, mit dem Ford eine weite Verbreitung
seines Pamphlets gewährleistet sehen wollte. Aber auch
in Europa und besonders in Deutschland, wo zwischen

1921 und 1934 31 Auflagen gedruckt wurden, avancierte das in sechzehn Sprachen übersetzte Buch neben den *Protokollen* zur Pflichtlektüre der Antisemiten und derer, die nach Erklärungen für das Unverstandene suchten und sie im vermeintlich zersetzenden Wirken der Juden gefunden zu haben glaubten. Der Reichsjugendführer Baldur von Schirach sagte noch vor den Schranken des Nürnberger Kriegsverbrechertribunals, »das ausschlaggebende antisemitische Buch, das ich damals las und das Buch, das meine Kameraden beeinflusste [...] war das Buch von Henry Ford ›Der internationale Jude‹. Ich las es und wurde Antisemit. Dieses Buch hat damals auf mich und meine Freunde einen so großen Eindruck gemacht, weil wir in Henry Ford den Repräsentanten des Erfolges, den Repräsentanten aber auch einer fortschrittlichen Sozialpolitik sahen. In dem elenden, armen Deutschland von damals blickte die Jugend nach Amerika, und außer dem großen Wohltäter Hoover war es Henry Ford, der für uns Amerika repräsentierte.«[71]

Antisemitische Phantasten sahen mit dem Buch des einflussreichen Amerikaners bereits so etwas wie eine Weltwende hin zu einem universalen Antisemitismus. So hieß es im Vorwort der wiederum von Fritsch verlegten deutschen Lizenzausgabe des Jahres 1921, dass der Weltkrieg die »jüdische Weltherrschaft habe besiegeln sollen. Russland in den Krallen des Bolschewismus, Deutschland zertreten, alle Länder, auch die ›Sieger‹ tief verschuldet, Ratlosigkeit, Elend überall [...]«. Doch »Alljuda« habe einen Rechenfehler gemacht: »Die Schuldfrage, die man in der Verurteilung des Versailler Friedens, in der Verurteilung Deutschlands durch einen Machtspruch hatte erledigen wollen, kam nicht zur

Ruhe. In Frankreich und England ließ sich nicht alles unterdrücken; in beiden Ländern wird schon öffentlich ausgesprochen: Der Weltkrieg war ein Judenkrieg. Alle Völker haben sich verblutet, nur Alljuda hat klingenden Gewinn davon. Und nun in Amerika das gänzlich unerwartete Aufflammen einer sogleich außerordentlichen anschwellenden Aufklärungs- und Abwehrbewegung […] Der Dank gebührt der mutigen Tat Henry Fords […] Ohne ihn und ohne sie wäre die Menschheit der Umklammerung der Weltschlange erlegen. Nun wird die Welt ihre Ringe sprengen.«[72]

Albert Lee kommt in seiner Untersuchung *Henry Ford and the Jews* zu dem Schluss, dass der amerikanische Antisemit sich auch weiter reichende Gedanken über die »Judenfrage« gemacht habe. Lee deutet kühn, dass es wenig Vorstellungskraft bedürfe, in Henry Ford einen Wegbereiter (»precursor«) von Hitlers »Endlösung« zu sehen, wenn dieser im *Dearborn Independent* den Brief eines russischen Patrioten präsentierte, der nach der Russischen Revolution entstanden sei und folgenden Wortlaut trug: »Ich habe mir einen Moment vorgestellt, dass es keine Juden in Europa gäbe. Würde dort die Tragödie so furchtbar sein. Wohl kaum. Sie haben doch die Menschen in allen Ländern aufgewiegelt, ihnen Krieg, Revolution und Kommunismus gebracht. Sie glauben an den Spruch, dass es sich in trüben Wasser gut fischen lässt.«[73]

Der internationale Jude, der in Deutschland auch unter dem Titel *Der ewige Jude* erschien, diente Hitler sicherlich als Anregung. In seinem Büro im Braunen Haus hing ein großes Porträt von Ford. Als Hitler im Jahr 1931 von einem Reporter der *Detroit News* besucht und mit dem Hinweis auf das Bild gefragt wurde, was der amerikanische Industrielle ihm bedeute, antwortete er: »Ich betrachte Henry Ford als meine Inspiration.«[74] Das bestätigen nicht zuletzt die zahlreichen Parallelen zwischen Fords *Internationalem Juden* und Hitlers *Mein Kampf* – Parallelen, die bei Weitem nicht nur die antisemitischen Kernthesen betreffen.

Lee zeigt in seiner Studie einige dieser deckungsgleichen Passagen auf, so zum Beispiel diejenigen über den Umgang mit der Gleichheit der Menschen, dem obersten Credo des demokratischen Staates. »Weil es nur wenige Menschen mit großen Fähigkeiten gibt«, habe Ford geschrieben, »ist es für die Masse von Menschen mit geringen Fähigkeiten möglich, diejenigen mit den großen Fähigkeiten klein zu halten – aber, indem sie dies tun, ziehen sie sich selbst hinunter.« Bei anderer Gelegenheit habe er, Ford, festgestellt, dass es keine größere Absurdität und keinen größeren Schaden für die Menschheit im Allgemeinen gebe, als darauf zu bestehen, dass alle Menschen gleich seien. Bei Hitler lese sich das so, beschreibt Lee: »Die Menschen sind nicht von gleichem Wert oder von gleicher Wichtigkeit.« Und später: »Die absurde Idee, dass Genies durch allgemeines Wahlrecht geboren werden, kann nur äußerst scharf zurückgewiesen werden.« Dies wiederhole Fords Gedanken, dass Demokratie nicht mehr sei als eine Nivellierung der Fähigkeiten Einzelner.[75]

Beide Männer hätten auch ihre Furcht zum Ausdruck gebracht, so Lee weiter, dass »der Jude« ihr jeweiliges Land verwüsten würde. Im *Independent* habe Ford geschrieben, dass es für die Industrie (das heißt für die jüdischen Interessen) notwendig sei, das Land von

Arbeitern und Kapital zu befreien. Und Hitler habe geschrieben: »Das Maß wird übervoll, als er [der Jude, R. G. R.] auch den Grund und Boden in den Kreis seiner händlerischen Objekte einbezieht und ihn zur verkäuflichen, besser handelbaren Ware erniedrigt.« Ford sei wohlbekannt gewesen für seine Verehrung des Bauern, und Hitler habe dem in *Mein Kampf* zugestimmt: »Auf dem Land kann es kein soziales Problem geben, weil der Bauer und der Knecht die gleiche Arbeit tun und diese zusammen tun.« Die Juden würden – so Lee – in beiden Büchern als eine Bedrohung dieses grundsätzlich gesunden Landlebens ausgemacht. Nahezu mit gleichen Worten wie Ford habe Hitler vermerkt: »Er [der Jude, R. G. R.] [hat] selber den Boden nie bebaut, sondern bloß als ein Ausbeutungsobjekt betrachtet [...]«[76]

Juden seien – so Lee – sowohl für Ford als auch für Hitler »Parasiten« in anderen Völkern. »Wenn New York abgeriegelt würde«, so stünde es in Fords *International Jew*, würde die jüdische Initiative nicht ausreichen, um genug Nahrungsmittel für die Bewohner zur Verfügung zu stellen. In *Mein Kampf* habe Hitler hinzugefügt: »Wären die Juden auf dieser Welt allein, würden sie ebenso sehr in Schmutz und Unrat ersticken wie im hasserfüllten Kampfe sich gegenseitig zu übervorteilen und auszurotten versuchen [...]«[77] Ihre Meisterschaft im Debattieren habe sowohl Hitler als auch Ford frustriert, meint Lee: Beide hätten die Juden angeklagt, die Sprache zu gebrauchen, um Gedanken zu verfälschen oder um sie zumindest zu verschleiern, sodass die Wahrheit im Verborgenen bliebe.[78]

Lee listet weitere deckungsgleiche Passagen auf. Doch es existieren ungleich mehr, wie etwa beider Männer Argumentation bei der Frage, ob es sich bei den *Protokollen der Weisen von Zion* um eine Fälschung handele oder nicht. Hitler und Ford heben dabei hervor, dass dies gar nicht der Punkt sei. Der Amerikaner schreibt: »Von Interesse für uns […] ist nicht, dass ein ›Verbrecher oder Wahnsinniger‹ ein solches Programm verfasst hat, sondern dass dieses, nachdem es verfasst war, Mittel und Wege fand, sich in seinen wichtigsten Einzelheiten zu verwirklichen. Das Dokument selbst ist verhältnismäßig unwichtig.«[79] »Den einzigen Beweis für seine Echtheit trägt das Dokument in sich, und an diese innere Beweiskraft sollte sich, wie auch die *Times* meint, die allgemeine Aufmerksamkeit richten.«[80] Und der in Landsberger Festungshaft Einsitzende konstatiert: »Sie [die *Protokolle*, R. G. R.] sollen auf einer Fälschung beruhen, stöhnt immer wieder die *Frankfurter Zeitung* in die Welt hinaus […] Es ist ganz gleich aus welchem Judenkopf diese Enthüllungen stammen […] Die beste Kritik an ihnen [den *Protokollen*, R. G. R.] bildet die Wirklichkeit. Wer die geschichtliche Entwicklung der letzten hundert Jahre von den Gesichtspunkten dieses Buches aus überprüft, dem wird auch das Geschrei des jüdischen Presse sofort verständlich werden.«[81]

Trotz dieser und anderer Parallelen hat der amerikanische Freund gewiss nicht die antisemitische Weltanschauung Hitlers geprägt. Beide stützten sich vielmehr auf die gängige, in Teilen gleiche antisemitische Literatur, die in vielerlei Variationen um die »Judenfrage« und um die *Protokolle* kreiste. Hitler sah in Fords Buch aber sicherlich jene »Inspiration«, von der er sprach. Über seinen Gewährsmann Kurt Lüdecke ließ er bei dessen Besuch in Detroit dem amerikanischen Automobilbau-

pionier ausrichten: Wenn er einmal die Macht übernommen habe, werde er die sozialen Programme in Angriff
nehmen, »für die die Artikel im *Dearborn Independent*
eindrucksvolles Material bereithalten«[82].

Weitaus wichtiger war im Zusammenhang mit Fords
Buch jedoch etwas anderes: Der einflussreiche, weltbe-
kannte Amerikaner, der wegen seines pazifistischen En-
gagements während des Weltkriegs für den Friedens-
nobelpreis im Gespräch gewesen war, bestätigte den
regional-bayerischen Splitterparteiführer Hitler in seiner Sicht der Dinge. Dies galt nicht nur für sein Welt-
verschwörungskonstrukt, sondern auch für die welt-
wirtschaftliche Analyse aus der Hand des Gottfried
Feder. Denn auch der Wirtschaftmann Ford schrieb
»vom Juden« als dem »Weltmakler« und vom »Kampf«
zwischen Börse und Industrie, »der entscheiden wird,
ob die Geldmacht wieder herrschen soll«[83].

Kurzum: Fords Buch wertete aus der Sicht der bayerischen Nationalsozialisten ihre Weltanschauung ungeheuer auf. Aus diesem Grunde genoss Ford in der
Münchner NSDAP-Führung und bei Hitler höchstes
Ansehen. Wilhelm Hoegner, der bayerische Sozialdemokrat, erinnerte sich: »Ford spielte in der nationalsozialistischen Partei eine große Rolle. Man wollte ihn nach
München kommen lassen und hier wie einen König
empfangen. Für sein Buch ›Der internationale Jude‹
wurde in den nationalsozialistischen Kreisen Propaganda gemacht.«[84] Und es wurde auch in beträchtlicher
Zahl verbreitet. In einem Korrespondentenbericht der
Chicago Tribune vom 8. Mai 1923 ist die Rede davon,
dass das Ford-Buch »gleich wagenladungsweise« ver-
schickt worden sei. Demselben Bericht zufolge sagte

Hitler – angesprochen auf eine mögliche Präsident-
schaftskandidatur des Industriellen –, dass dieser mit seiner hundertprozentigen Unterstützung rechnen könne.
»Ich wünschte, ich könnte einige meiner Sturmabtei-
lungsleute (Shock-Troops) nach Chicago und andere
große Städte Amerikas schicken, um bei den Wahlen zu
helfen.«[85]

Wie sehr Hitler den amerikanischen Freund schätzte,
zeigt sich auch daran, dass er ihn in *Mein Kampf* erwähnte. Er schrieb: »Die Juden sind es, die die Börsen-
geschäfte der amerikanischen Union kontrollierten.«
Und weiter: »Jedes Jahr werden sie mehr zu Kontroll-
meistern der Produzenten in einem Volk von 120 Millionen; nur ein einziger großer Mann, Ford, behält
ihrem Zorn zum Trotz volle Unabhängigkeit.«[86] In den
später erschienenen Ausgaben von *Mein Kampf* tauchte
Ford, der sich mit den Juden ausgesöhnt hatte, wie Hitler im Februar 1929 konstatierte, nicht mehr auf.[87]
Gleichwohl ehrte er Ford 1938 mit der höchsten deutschen Auszeichnung für Ausländer, dem Großkreuz des
Schwarzen-Adler-Ordens.

Es verwundert nicht, dass Ford, von dem Hitler einmal sagte, er habe mit seinem Fließband-Automobil
mehr für den Sozialismus getan als alle anderen[88], weder
in der Hitler-Biografie von Fest noch in der Bullocks
vorkommt. Anders liegen die Dinge bei Kershaw, der
im Gegensatz zu Fest und Bullock auf ungleich mehr
Forschungsergebnisse zurückgreifen konnte. Dennoch
sucht man den Namen Henry Fords in seiner Hitler-
Biografie vergeblich – auch dort, wo sich der britische
Historiker detailliert mit den nationalen und internationalen Gönnern Hitlers auseinandersetzt.[89]

Tatsächlich gibt es eine Reihe von Hinweisen, wonach der amerikanische Industrielle den bayerischen Lokalpolitiker materiell unterstützte. So berichtete die *New York Times* am 10. Dezember 1922, dass man in der Reichsregierung davon ausgehe, dass Hitler von Henry Ford finanziert werde, eine Aussage, die auch bei Konrad Heiden nachzulesen ist.[90] Am 20. Dezember 1922 präzisierte die Zeitung diese Annahme, indem sie über einen für Ebert bestimmten Bericht des Münchner Sozialdemokraten Erhard Auer schrieb: »Der Bayerische Landtag besitzt seit langem Informationen darüber, dass die Hitler-Bewegung zum Teil durch einen amerikanischen antisemitischen Führer, Henry Ford, finanziert wird. Fords Interesse an der bayerischen antisemitischen Bewegung begann vor einem Jahr, als ein Vertreter Fords […] mit dem notorischen Alldeutschen Dietrich Eckart Kontakt aufnahm. Kurz danach bat Herr Eckart Fords Vertreter um finanzielle Unterstützung. Der Vertreter kehrte nach Amerika zurück, und unmittelbar darauf begann Henry Fords Geld in München einzutreffen. Herr Hitler rühmt sich offen der Unterstützung Fords und preist Ford als großen Individualisten und großen Antisemiten.«[91] In demselben Zeitungsbericht wurde insinuiert, dass mit Fords Geld Tausend junge Männer (»so-called Storming Batallion«) mit neuen Uniformen und Revolvern ausgestattet und außerdem zwei brandneue Autos finanziert worden seien. Im März 1923 traf dann der amerikanische Vizekonsul Robert Murphy mit Hitler zusammen, um vor allem zu klären, ob die »vielen Berichte« der Presse zuträfen, dass Ford die NSDAP und ihren antisemitischen Kampf unterstütze. Das Gespräch endete – wie nicht anderes

zu erwarten – mit einem klaren »Nein« des Parteiführers.[92]

In Washington interessierte man sich 1923 erstmals
für Hitler, war er doch in Deutschland derjenige, der am
lautstärksten und radikalsten gegen die Siegermächte des
Weltkriegs agitierte. Schon mit Beginn des Jahres sah
der Parteiführer nämlich die »jüdische Weltverschwörung« gegen Deutschland in eine neue, entscheidende
Phase treten: Nach dem sich seit längerer Zeit abzeich-
nenden Scheitern der Reparationsverhandlungen waren
am 11. Januar 1923 französische und belgische Truppen
in das Ruhrgebiet einmarschiert und hatten das Kern-
land der deutschen Industrie besetzt. Doch nicht nur
das: Die Streitkräfte vergrößerten ihre rechtsrheinischen
Brückenköpfe Mainz, Koblenz und Köln und verbanden diese miteinander. Auch in Baden besetzten sie strategisch wichtige deutsche Gebiete. Mit diesen »produk-
tiven Pfändern« – so der französische Premierminister
Raymond Poincaré – wollte Frankreich den Reparationsforderungen Nachdruck verleihen. Die Regierung
Cuno, die vergeblich um eine Stundung der geforderten
Reparationsleistungen nachgesucht hatte, rief daraufhin
den »passiven Widerstand« aus. Befehle von Angehörigen der »Einbruchsmächte« waren jetzt nicht mehr zu
befolgen. Innerhalb kürzester Zeit waren die gesamte
Kohleförderung und deren Abtransport nach Frankreich lahmgelegt. Doch Paris brachte mit Abertausenden französischen und belgischen Arbeitern und einem
rücksichtslosen Regime – Befehlsverweigerer wurden
samt Familien unverzüglich aus den besetzten Gebiet
ausgewiesen – die Wirtschaft wieder halbwegs in Gang,
während deutsche Untergrundkämpfer, wie der später

von den Franzosen standrechtlich erschossene Albert
Leo Schlageter, Anschläge und sonstige Sabotagemaß-
nahmen verübten.

Der »passive Widerstand« war für die deutsche Regierung jedoch nicht zu finanzieren. Die Konsequenz
daraus war, dass die deutsche Volkswirtschaft allmählich zusammenbrach, die Inflation in rasantem Tempo
voranschritt und schließlich schwindelerregende Dimensionen erreichte. Kostete der Dollar im Januar 1918
noch 8,90 Mark, so mussten im Januar 1923 bereits
17,972 Mark dafür bezahlt werden. Bis zum November
1923 sollte der Kurs auf wahnwitzige 4 200 000 000 000
Mark steigen. Der Verfall der Mark, die am Ende nicht
einmal mehr das Papier wert war, auf das sie gedruckt
wurde, beraubte nicht nur die mittellose Masse der Arbeiter ihrer Existenz. Millionen Deutsche darbten –
und das nicht nur in den besetzten Gebieten. Wie groß
die Not etwa der urbanen Bevölkerung in jenem
Herbst 1923 war, zeigt die erschütternde Denkschrift
des Münchner BVP-Stadtrats Michael Gasteiger. Er berichtete, dass der Milch- und Fleischkonsum der Bevölkerung pro Kopf weniger als halb so hoch war wie
im Jahr 1913. Brennmaterial war so unerschwinglich
teuer geworden, dass sogar große Teile des Mittel-
stands es sich nicht leisten konnten, im Winter ihre
Wohnungen zu heizen. In manchen Stadtvierteln waren bis zu 50 Prozent der Schulkinder unterernährt. In
jedem fünften Haushalt gab es Tuberkulosekranke, die
meist auf engstem Raum mit anderen Familienmitglie-
dern zusammenhausten, denn die Wohnungsnot war
eklatant.[93]

»Würden nicht die Anständigen schweigend sterben«,

geißelte Hitler die vermeintlich von den Juden und ihren Helfershelfern verantworteten Zustände in Deutschland, »würden sie das Maul aufreißen wie die Parlamentarier, welcher Lärm würde die Welt erfüllen […] Heute gehen auch andere als Kommunisten auf die Straße, weil sie der Hunger treibt […] In ganzen Gebieten werden wir in kurzem nur mehr ein rebellierendes Volk haben, weil niemand aus Liebe zur Weimarer Verfassung, zu Fritz Ebert und seiner Tafelrunde verrecken will.« Schließlich stellte er die rhetorische Frage, »Wozu leben wir denn? Wozu Kinder? Warum arbeiten? Bloß, damit man lebt, damit Goldpreise und Papierlöhne bezahlt werden? Damit es heißen kann: Billionäre aller Länder vereinigt Euch!«[94] Hitler attackierte auch die deutschen Industriellen, die sich nicht mehr als Sachwalter der Nation, sondern als Sachwalter ihres eigenen Geldbeutels sähen. Sie seien nicht national, sondern international gesinnt. Ebenso wenig fühlten sich Tausende von Arbeitern als Sachwalter der Nation, »sondern lediglich als das willenlose Werkzeug einer internationalen und in ihrem Kern jüdischen Ideologie«[95].

Wenn Hitler die speziellen Münchner Verhältnisse im Blick hatte, prangerte er die Inflationsgewinnler, die Grund- und Börsenspekulanten, vor allem aber die »Schieber und Wucherer« an. Gegen diese, die von ihm kurzerhand pauschal als Juden abgestempelt wurden, richtete sich immer wieder seine Agitation. Wiederholt hatte er von der bayerischen Regierung die restlose Ausweisung aller seit dem August 1914 zugewanderten Juden gefordert, und das »innerhalb eines Monats« und »unter Einziehung der festzustellenden Wuchervermögen und Enteignung des von diesen erworbenen Grund

und Bodens zu Nutzen der Staatskasse für Zwecke des Wohnungswesens«[96].

Kapitalisten wurden jetzt sogar von den Kommunisten mitunter mit den Juden gleichgesetzt. So zitierte der sozialdemokratische *Vorwärts* die Vorsitzende der Berliner KPD, Ruth Fischer, mit den Worten: »Tretet die Judenkapitalisten nieder, hängt sie an die Laterne, zertrampelt sie […] Nur im Bund mit Russland […] kann das deutsche Volk den französischen Kapitalismus aus dem Ruhrgebiet hinausjagen.«[97]

In Moskau hielt man Deutschland angesichts der chaotischen Zustände vor allem in den besetzten Gebieten, angesichts der Streiks und der um sich greifenden Verzweiflung – wie Trotzki sich ausdrückte – für »vollständig reif« für die Revolution.[98] Im August 1923 beschloss deshalb das Politbüro der KPR, der Kommunistischen Partei Russlands, ausgehend von Thüringen und Sachsen, wo Volksfrontregierungen gebildet worden waren, den großen bewaffneten Aufstand zu wagen, um dem weltrevolutionären Prozess eine neue Dynamik zu geben. Nach dem »russischen Oktober« sollte nunmehr auch der »deutsche Oktober« kommen. Unter maßgeblicher Beteiligung sowjetischer Militärinstrukteure wurden in Deutschland Militäroberleitungen gebildet und erste »Revolutionäre Hundertschaften« bewaffneter Arbeiter nach dem Vorbild der Petrograder revolutionären Garden aufgestellt.

Abertausende Kommunisten standen dabei unter Waffen, wie Otto Wenzel in seiner Studie *Die gescheiterte deutsche Oktoberrevolution*[99] schreibt. Sie sollten nun unter Führung des erneut aus Moskau entsandten Karl Radek und des schlachterprobten Bürgerkriegsführers

Georgi L. Pjatakow aus der Mitte des Reiches einem Flächenbrand gleich die Revolution entfachen. Ein gewisser Wjatscheslaw M. Molotow, der für Militärfragen zuständige Zentralkomitee-Funktionär, schickte an alle KP-Büros einen »Mobilisierungsbefehl«, in dem angeordnet wurde, für den Einsatz in Deutschland geeignete Genossen zu erfassen: deutschsprachige Balten, Ungarn, Polen und ehemalige Kriegsgefangene. Dem allgemeinen Mobilisierungsplan zufolge sollten 2,3 Millionen Rotarmisten, verstärkt durch 20 Territorialdivisionen, Gewehr bei Fuß stehen, um zum geeigneten Zeitpunkt durch Polen in das Reich vorzustoßen und die deutsche Revolution zu einem siegreichen Abschluss zu bringen. Wie hatte doch der Historiker Arthur Rosenberg, der später ins Präsidium der Komintern berufen wurde, schon im Jahr 1922 erklärt: »Die Sowjetunion hat die Pflicht, ihre unversöhnlichen Feinde unschädlich zu machen.«[100]

Auch wenn die militärstrategischen und operativen Maßnahmen strengster Geheimhaltung unterlagen, hielten die Revolutionsmacher mit ihrem Vorhaben als solchem doch keineswegs hinter dem Berg, sondern schlugen die Propagandatrommel. In der Moskauer *Iswestia* erschien am 14. August 1923 ein Leitartikel, in dem die »zweite Welle der Weltrevolution« angekündigt wurde.[101] Im Zentralorgan der KPD, der *Roten Fahne*, wurde diese »zweite Welle« immer wieder vollmundig thematisiert. In dem Blatt wurden unter anderem auch die Handschreiben von Sinowjew, Bucharin, Trotzki und Stalin an die KPD abgedruckt, in denen diese die Bedeutung der deutschen Revolution hervorhoben. Stalin, der neue Generalsekretär der KPR, versicherte dabei, dass der Sieg der kommenden deutschen Revolution das Zentrum der Weltrevolution von Moskau nach Berlin verlegen werde.[102]

In der gewitterschwülen Atmosphäre des Herbstes 1923 schürten solche Äußerungen, die über die gesamte deutsche Presse verbreitet wurden, die alten Ängste vor dem Bolschewismus. Verzweiflung und Hass kamen auf, nachdem die Regierung Cuno zurückgetreten war und der neue Reichskanzler Gustav Stresemann am 26. September 1923 das Ende des »passiven Widerstands« und die Wiederaufnahme der Reparationszahlungen der Öffentlichkeit bekannt gegeben hatte. Aus Sicht der Rechten schien sich Deutschland nunmehr vollends seinen Feinden zu unterwerfen. Dort verglich man die Situation in Deutschland mit der Russlands zur Kerenski-Zeit, der bald die Machtübernahme durch die Bolschewisten folgte.[103] Und auch der DVP-Politiker Gustav Stresemann meinte im Juli 1923: »Wir tanzen auf einem Vulkan, und wir stehen vor einer Revolution, wenn wir nicht durch eine ebenso entschlossene wie kluge Politik die Gegensätze versöhnen können.«[104] Und als Reichskanzler schrieb er in einem Brief an den Industriellen und Politiker Hugo Stinnes: »Wir kämpfen jetzt um das nackte Überleben des deutschen Volkes und müssen diesem Gesichtspunkte alles andere unterordnen.«[105]

In Bayern rief die Regierung als Antwort auf die neuerliche »Erfüllungspolitik« und auf die Entwicklung in Mitteldeutschland den Ausnahmezustand aus und ernannte den Regierungspräsidenten von Oberbayern, Gustav Ritter von Kahr, zum Generalstaatskommissar, dem die vollziehende Gewalt übertragen wurde. In diesem Vorgehen spiegelte sich die bayerische Sonderent-

wicklung seit der Niederschlagung der Räterepublik im
Mai 1919 wider. Dort wähnte man sich als »Hochburg
des bedrängten Deutschtums«, wie es von Kahr formu-
licrtc. Die Weimarer Reichsverfassung, die Bayern viele
Zuständigkeiten genommen hatte, lehnte man ebenso
ab wie die Reichsregierung, wobei sich die traditionelle
Abneigung gegen Preußen mit Ressentiments gegen
Juden und Sozialisten vermischte. Alles Undeutsche
komme aus Berlin, so das Resultat einer permanenten
rechten Aufschaukelung, die wohl aufgrund der noch
allgegenwärtigen Ereignisse des Jahres 1919 nirgendwo
so aggressiv war wie in Bayern. Damit einher ging eine
fast manische Fixierung auf den Bolschewismus und somit auf die Juden.

So berichtete der französische Gesandte Pozzi aus
München an seinen Premierminister Raymond Poincaré, von Kahr habe mit seinem Amtsantritt als Generalstaatskommissar einen Punkt in Hitlers Programm
einer vordringlichen und schnellen Realisierung für
würdig befunden: den Antisemitismus.[106] Mit allerlei
Erlassen über Schutzhaft, Aufenthaltsbeschränkungen
und Abschieberegelungen für Ausländer, die »ein das
Wirtschaftleben schädigendes Verhalten«[107] an den Tag
legten (was immer das auch sein mochte, wurde nicht
näher präzisiert), schuf von Kahr in der Folgezeit einen
pseudorechtlichen Rahmen, um die Münchner Juden
außer Landes schaffen zu können. Im Oktober 1923
ging in der Berliner Reichskanzlei eine Meldung ein,
wonach in München »60 prominente jüdische Familien
mit einer Frist von 5 Tagen ausgewiesen« worden seien.
Eine Anzahl von Juden sei gefangen gesetzt worden.
Weitere Ausweisungsbefehle stünden bevor.[108] Wäh-

rend man sich in Berlin empörte und bereits um das Ansehen Deutschlands im Ausland sorgte, begründete man in München die Ausweisung der »Ostjuden« damit, dass diese arm ins Land gekommen seien und »inzwischen zum Schaden des deutschen Volkes Vermögen erworben hätten«. Daraufhin ergriff kein Geringerer als der Erzbischof von München, Kardinal Michael von Faulhaber, Partei für die Juden. In einem Schreiben an Stresemann hatte es der Erzbischof als eine Gewissenspflicht der Kirche erklärt, an der sittlichen Wiedergeburt des Volkes mitzuarbeiten, und hinzugefügt: »Wie wollen wir sonst den Hass abbauen, der blindwütig über unsere israelitischen Mitbürger [...] in Bausch und Bogen, ohne Schuldnachweis von Kopf zu Kopf den Stab bricht?«[109] Letztendlich scheiterte von Kahrs Vorhaben, die Juden in großem Stil außer Landes zu schaffen.

Und Hitler, der immer wieder die Todesstrafe für »Schieber und Wucherer« forderte, polterte – so als sei er derjenige gewesen, der die Ausweisung selbst veranlasst hatte: »Wir haben nur dreißig Juden ausgewiesen – eine halbe Maßnahme ohne Wegnahme des Gestohlenen und die ganze Judenpresse heult heute über uns.«[110] Später sollte Hitler erklären, dass die »sogenannte Judenfrage nicht das Problem der Ausweisung [ist] [...], das Problem gehe wesentlich tiefer«[111]. Für ihn als NSDAP-Führer stellten sich die Dinge so dar, dass der Monarchist von Kahr seine Rassenideologie überhaupt nicht verstanden und deshalb nicht ernst genug genommen habe.

Hitlers Rassenideologie zufolge arbeiteten die »Ostjuden« Münchens an demselben Ziel wie diejenigen Bolschewisten, die in Mitteldeutschland mobil machten.

Dazu beigetragen habe, so Rogalla von Bieberstein, die Tatsache, »dass es sich bei den Strategen des ›deutschen Oktober‹ zum größten Teil um jüdische Weltrevolutionäre gehandelt hat«[112]. Als Gerüchte aufkamen, nach denen sich an der nördlichen Grenze Bayerns von »Sowjetthüringen« aus eine »Rote Armee« zum Schlag gegen den Freistaat rüste, geriet Hitler in Alarm. Schon am 5. September 1923 hatte er im *Völkischen Beobachter* gewarnt, »dass der Wille der von Moskau dirigierten Kommunisten härter ist, als der dieser schwammigen Spießer«, mit denen er die Angehörigen der Reichsregierung meinte. Und er fuhr fort, die Presse verschweige »die Tatsache, dass ein ganzer Staat sich in rapid fortschreitender Bolschewisierung befindet […] Wir stehen jetzt vor dem Beginn der zweiten Revolution in Deutschland. Wie in Russland nach der Kerenski-Regierung, genauso sollen wir nun in Deutschland nach der limonadigen Ebert-Revolution die Sowjetrepublik bekommen.«[113] Und dem Reporter des New Yorker Magazins *The American Monthly* erklärte er: »Der Bolschewismus […] ist unsere größte Bedrohung. Wenn man den Bolschewismus in Deutschland abschafft, bringt man 70 Millionen Menschen zurück an die Macht […]. Der Versailler Friedensvertrag und der Bolschewismus sind zwei Köpfe eines Monsters. Wir müssen beide abschlagen.«[114]

Für Hitler stand Deutschland im Herbst 1923 an einer schicksalhaften Wegscheide. Schon seit Langem war er von der zwanghaften Vorstellung durchdrungen, handeln zu müssen, denn für ihn war der Kampf gegen den »jüdischen Bolschewismus« eine dringliche Notwendigkeit. Bereits kurz vor Weihnachten 1922 hatte er gegenüber seinem Geldgeber Eduard August Scharrer,

Aufsichtsrat der Hugenberg'schen Vera Verlagsanstalt, erklärt, »falls durch irgendein Ereignis der große Kampf angeht, so wird der Norden rettungslos für uns verloren sein. Man kann dann höchstens von hier aus den Gegenstoß organisieren.« Weiter führte er aus, dass man innerhalb von vierzehn Tagen über Bayerns Grenzen hinauskommen müsse, weil sonst das Land von der Versorgung mit Kohle und anderen Dingen abgeschnürt werde.[115] Nachdem sich die politische Lage in der Zwischenzeit weiter zugespitzt hatte, hatte Hitler sich vorgenommen, gemeinsam mit der rechtskonservativen Vereinigung Vaterländischer Verbände in Bayern (VVVB) unter der Führung von Kahrs – dessen »Kampfverband«, in dem die völkischen und nationalsozialistischen Verbände zusammengefasst waren – sowie mit den bayerischen Reichswehrverbänden, die kaum noch loyal gegenüber der Reichsregierung waren, auf Berlin zu marschieren, um Deutschland zu retten. »Nicht für die Wahl sind wir gegründet worden«, so meinte er, »sondern um als letzte Hilfe in der Not einzuspringen, wenn dieses Volk angstvoll und verzweifelt das rote Ungeheuer herankommen sieht [...] Es gibt nur zwei Möglichkeiten: Entweder marschiert Berlin und endet in München, oder München marschiert und endet in Berlin. Wir werden sehen, was stärker ist: jüdischer, internationaler Geist oder deutscher Wille.«[116]

So war auch Hitlers Münchner Putsch vom 9. November 1923, der im »Bürgerbräukeller« mit dem gescheiterten Versuch, von Kahr für den Marsch nach Berlin zu gewinnen, begann und mit der Verzweiflungstat, dem Marsch auf die Feldherrnhalle, im Feuer der bayerischen Landespolizei endete, die zwanghafte

Die des Hochverrats angeklagten November-Putschisten. Links neben Hitler steht Erich Ludendorff, 26. Februar 1924.

Konsequenz seiner ins Hysterische gesteigerten Bedrohungsangst, die in einem schroffen Missverhältnis zur tatsächlichen Gefahr stand. Denn trotz aufwendiger Vorbereitung scheiterte der »Deutsche Oktober« kläglich. Da es den Umstürzlern nicht gelang, die Masse der Arbeiterschaft zu mobilisieren, bereiteten Reichswehr und Polizei dem Aufstand Ende Oktober 1923 zum Preis einiger hundert Toter ein schnelles Ende, ebenso wie dem zeitgleich erfolgten Hamburger Putsch.[117]

Für Kershaw ist der »Deutsche Oktober« bestenfalls Propagandavorwand für Hitler. In den wenigen Sätzen, die er darauf verwendet, schreibt er von einer »angeblichen Bedrohung von links«, ohne dabei in Rechnung zu stellen, dass diese Bedrohung von weiten Teilen der Bevölkerung tatsächlich empfunden wurde, zumal für

jedermann sichtbar war, dass hinter diesem Umsturzversuch das Riesenreich im Osten stand. Kein Wort ver-
liert Kershaw über die Rolle Moskaus. Stattdessen stellt
er fest, dass die Reichsregierung bei der Niederschlagung des Aufstandes »einen Eifer gezeigt [habe], den
sie gegenüber den Rechtsextremen nicht an den Tag
legte«[118]. Eine solche Betrachtungsweise ist einmal mehr
der These des Briten geschuldet, dass Hitler das Resultat
kontinuierlich fortwirkender Strukturen ist.

Natürlich spielten bei Hitlers kläglich gescheitertem
Griff zur Macht auch taktische Überlegungen eine Rolle.
Er wollte den schweren Konflikt zwischen der bayerischen Regierung und Berlin ausnutzen, das seinerseits
den Ausnahmezustand ausgerufen hatte. Natürlich
glaubte er, die Zeit laufe ihm weg, nachdem die Reichswehr den »Deutschen Oktober« niedergeschlagen hatte,
denn nur im völligen Chaos war der »Marsch auf Berlin« aus seiner Sicht Erfolg versprechend. Nur so konnte
er es dem exaltierten, populistischen italienischen Fa-
schistenführer Benito Mussolini nachtun, der im Vorjahr erfolgreich auf Rom marschiert war und in Italien
die Macht übernommen hatte. Doch Hitlers eigentliches
Motiv entsprang seiner rassenideologischen Wahnwelt,
wonach die seiner Überzeugung zufolge große »jüdische
Verschwörung« Deutschland unweigerlich in die Arme
des Bolschewismus treiben würde. Daraus resultierte
wiederum sein Hass auf die Republik, die aus seiner
Sicht nicht mit der notwendigen Konsequenz gegen die
Feinde Deutschlands vorging und deshalb mit diesen im
Bunde stehen musste. Dass Berlin entschlossen gegen
die »Märzaktion« und den »Deutschen Oktober« vorgegangen war, interessierte ihn dabei längst nicht mehr.

Zu blindwütig war sein Hass. Es war sein Hass auf eine Republik, die für ihn zum Synonym für einen gigantischen Verrat an der Nation geworden war.

Hitler hatte dabei einen unbändigen Willen zur Macht entwickelt, der durch seine Erfolge als Redner und bayerischer Parteiführer einen zusätzlichen Schub erhalten hatte. Doch nicht nur das: Er beanspruchte für sich, den Gang der Welt verstanden zu haben. Nur er konnte es – seinem Selbstverständnis zufolge – dann auch sein, der Deutschland zu retten in der Lage wäre. Viele seiner Wegbegleiter bestätigten, dass Hitler ganz und gar von seiner Weltsicht und von der Rolle, die er in dieser Welt glaubte spielen zu müssen, durchdrungen war. Hitlers Freund und Chauffeur, Emil Maurice, der schon im Dezember 1919 mit von der Partie war und der den frühen Politiker kannte wie nur wenige, meinte über ihn: »Er war ein großer Idealist, der fest an seine Mission glaubte.«[119]

Das zeigte sich auch daran, dass er bereits vor dem Putsch Vorbereitungen hatte treffen lassen, die es ihm nach einem erfolgreichen Marsch auf Berlin sogleich ermöglichen sollten, die Dinge in Deutschland entsprechend seinen rassenideologischen Vorstellungen umzugestalten. Hierfür hatte er eine »Notverfassung« ausarbeiten lassen, die an die Stelle der Weimarer Reichsverfassung treten sollte.[120] Das von Hitler mit ausgearbeitete Papier, das in einer Manteltasche des vor der Feldherrnhalle erschossenen Juristen Theodor von der Pfordten steckte und die Ausrufung des Belagerungszustands sowie die Auflösung sämtlicher parlamentarischen Körperschaften vorsah, richtete sich vor allem gegen die Juden. Hatte man in dem 25-Punkte-Pro-

gramm der NSDAP vom Februar 1920 »nur« eine Frem-
dengesetzgebung für Juden, den Ausschluss der Juden
aus dem politischen Leben und die Ausweisung der
sogenannten Ostjuden postuliert, so wurde nunmehr
die Internierung sämtlicher Juden gefordert. Wörtlich
hieß es in der »Notverfassung«: »Alle in Deutschland
aufhältlichen Angehörigen des jüdischen Volksstamms
männlichen und weiblichen Geschlechts jeden Alters,
Standes und Berufes sind zum Zwecke der eigenen Sicherheit [...] in Sammellager zu überführen.« Ihr »gesamtes bewegliches und unbewegliches Vermögen [...]
ist zu beschlagnahmen«. Wer sich diesen und allen
anderen Maßnahmen entziehe, solle mit dem Tode be-
straft werden, hieß es weiter in diesem Pamphlet, von
dem der sozialdemokratische *Volksfreund* schrieb, es
sei das »blutrünstigste Dokument, das die politische
Geschichte«[121] kenne.

Mit welcher Entschlossenheit Hitler dabei vorging,
zeigte sich daran, dass er bereits mit Beginn des Münchner Putsches die Internierung der deutschen und in
Deutschland lebenden Juden in Angriff nehmen ließ. So
war dem ehemaligen Weltkriegshauptmann Max Müller,
der das zweite Bataillon des Freikorps »Bund Oberland« führte, die Aufgabe übertragen worden zu verhindern, dass die Juden aus der Stadt flöhen. Auch im
»Bürgerbräukeller«, wo der Putsch mit der Sprengung
einer Kundgebung des rechtskonservativen bayerischen
Politestablishments samt Ritter von Kahr begann, hatte
Hitler sämtliche jüdischen Veranstaltungsteilnehmer als
Geiseln festhalten lassen.[122]

Der Gang der Ereignisse ließ die von Hitler eingeleiteten Maßnahmen, bei denen es auch zu Ausschrei-

tungen gekommen war, jedoch im Sande verlaufen. Entsprechend groß war die Genugtuung bei der jüdischen Bevölkerung, nachdem der durch die Schießerei vor der Feldherrnhalle leicht verletzte NSDAP-Führer am 11. November 1923 in Uffing am Staffelsee festgenommen und in das nahe Weilheim gebracht wurde. In dem Bericht der Bayerischen Landpolizei über Hitlers Festnahme war zu lesen, dass sich dort »besonders Juden angesammelt« hätten, um den gescheiterten Putschisten und Judenhasser zu sehen, der das Eiserne Kreuz trug, zu dem ihm ein Jude verholfen hatte.[123]

Hitlers Griff nach der Macht war damit zunächst gescheitert. Seine Zuspitzungen von »Sieg oder Untergang« verlangten nun einen großen, dramatischen Gestus. Seine Selbstmordabsichten, ob sie ernst gemeint waren oder nicht, korrespondierten damit. Für den Putschisten stand von vornherein fest, dass er nur einen geringen Teil der für Hochverrat vorgesehenen Mindeststrafe von fünf Jahren, zu der er verurteilt wurde, würde absitzen müssen. Dies war den besonderen Umständen geschuldet, unter denen der Prozess ablief. Von Kahr und der bayerische General Otto von Lossow hatten sich im Vorfeld des Putsches weit mit Hitler eingelassen. Als sie dann von diesem im »Bürgerbräukeller« in die Pflicht genommen worden waren, hatte sie der Mut verlassen – sie schwenkten um. Ebendies wollte das Münchner Volksgericht vertuschen. Der Profiteur dieser Strategie war Hitler. Seine blutrünstige Maßnahmen gegen die Juden, wie sie zum Beispiel in der bei von der Pfordten gefundenen »Notverfassung« standen, wurden im Gegenzug ebenfalls vertuscht: sie waren nicht Gegenstand der Verhandlung. So erschien der Angeklagte Hitler, der sich vor den Schranken des Gerichts zum Ankläger der Verhältnisse in Deutschland aufschwang, als ein lupenreiner Patriot mit antisemitischen Attitüden und weniger als ein in globalen Weltverschwörungsszenarien gefangener Fanatiker. Ersterer begeisterte viele Menschen in Deutschland, schien sich doch der Splitterpartei-Führer so wohltuend von der seit langer Zeit ohnmächtigen Berliner Politik abzugrenzen, indem er die Dinge, die viele dachten, ungeschminkt beim Namen nannte.

Wenn nun also Hitler, der in der Landsberger Festung die Zelle des schnell begnadigten Eisner-Mörders Anton Graf von Arco auf Valley bezog, beschloss, seinen Kampf gegen die »jüdische Weltverschwörung« fortzusetzen, hatte das auch ganz wesentlich damit zu tun, dass der Hochverratsprozess zu dem größten Propagandaerfolg seiner bisherigen Laufbahn als Politiker geworden war. Er, der so stark auf Bestätigung reagierte, fasste neue Kraft. Ausdruck derselben wurde sein Buch *Mein Kampf*, das er im Frühjahr 1924 zu schreiben begann. Es war die radikalste Artikulation seines Antisemitismus und eine Dokumentation seines abgrundtiefen Judenhasses. Hitler durchlebte nach dramatischen Jahren beim Schreiben sein Leben noch einmal. Aus der Perspektive des seit Mai 1919 ideologisierten Antisemiten schilderte er seine Lebenserfahrungen und Wahrnehmungen so, dass sie sich nahtlos in sein neu gewonnenes Weltbild einfügten. Erst jetzt eröffnete sich ihm in der Wiener »Erscheinung in langem Kaftan und schwarzen Locken« der fremdartige Charakter »des Juden«[124]. Erst jetzt waren ihm die Juden der Donaumetropole zu »Made[n] im faulenden Leibe«[125] geworden – dieselben Juden, mit denen er einst einvernehmlich zusammengelebt hatte, mit denen er teilweise sogar freundschaftlich verbunden gewesen war. Erst jetzt heftete er den sozial-demokratischen Politikern Wiens das »jüdische Etikett« an. Erst jetzt wurden sie ihm zu Büttel des »jüdischen Marxismus«. Und daran anschließen musste sich dann zwangsläufig das, was er als Soldat so noch nicht gesehen hatte: die Juden, die sich während des Weltkriegs als Feiglinge und Drückeberger hervorgetan hätten, die Juden, die an der Heimatfront ihre zersetzende Tätigkeit betrieben hätten, die Juden, die im November 1918 den »roten Fetzen« aufgezogen hätten und schließlich die Juden, die die Räterepublik zur »Judenherrschaft« gemacht hätten. Dies alles waren nachträgliche Projektionen, gewonnen aus seinen Erfahrungen und vermeintlichen Erkenntnissen, die ihn im nachräterepublikanischen München zum Judenhasser hatten werden lassen. »Ich habe früher den Antisemitismus als grausam angesehen […]«[126], hatte er im Dezember 1922 gegenüber seinem Gönner Scharrer erklärt.

Bei all dem spiegelt sich in Hitlers Buch aber auch eine in sich geschlossene, pervertierte Weltanschauung wider. Ausgangspunkt dieser Weltanschauung war für ihn, wie auch für viele andere aus jener Frontkämpfergeneration, ein primitiver Sozialdarwinismus, wie er auf den Schlachtfeldern des Weltkriegs erfahren und verinnerlicht worden war. So seien auch alle Geschehnisse im Völkerleben »nicht Äußerungen des Zufalls, sondern naturgesetzliche Vorgänge des Dranges der Selbsterhaltung und Mehrung von Art und Rasse, auch wenn sich die Menschen des inneren Grundes ihres Handelns nicht bewusst zu werden vermögen«[127], schrieb Hitler. Für ihn war Rasse Natur, und die Aufgabe des Menschen war es, im Sinne dieser Natur und ihrer Gesetzmäßigkeiten zu handeln. Dazu gehören die Abgeschlossenheit der Art und die Rasseeinheit als Voraussetzungen für Selbstbehauptung und Stärke der Rasse. Entsprechend lag für ihn auch der »tiefste und letzte Grund des Untergangs des alten Reiches […] im Nichterkennen des Rasseproblems und seiner Bedeutung für die geschichtliche Entwicklung der Völker«[128]. »Erfüllungspolitik« gegenüber Versailles und »Dolchstoß« waren für Hitler demnach nur noch Symptome, zwangsläufige Konsequenzen einer im Kaiserreich sträflich ignorierten »Reinhaltung« der arischen Rasse, deren beste Bestandteile zudem durch den Weltkrieg verloren gegangen seien.

Die Rasse oder die »Blutsgemeinschaft«, die für Hitler mit dem Begriff »Nation« korrespondierte, war für ihn nicht nur integratives Moment, sondern auch ideologischer Unterbau des Nationalsozialismus. Wenn alles von der Rasse abhing, dann war der Mensch eben nicht nur Subjekt irgendwelcher gesellschaftlicher Verhältnisse, wie es der »jüdische Marxismus« lehrte. Vielmehr erlaubte die Rasse Individualität, die Hitler konsequent gegenüber dem marxistischen Egalitarismus abgegrenzt wissen wollte, zumal sein Rasseverständnis mehr metaphysisch als biologistisch war. Die »Überlegenheit der arischen Rasse« – sofern sie sich vom »fremden Blut« reinhielte – gründete für ihn dann auch in deren Idealismus, so, wie es schon Chamberlain geschrieben hatte und wie es ihm von Eckart vermittelt worden war.[129]

Das Gegenstück dazu und damit der Hauptfeind der arischen Rasse sei der »seelenlos-materialistische Jude«, der »Völkerparasit«, die »Weltpest«. Unter dem Mantel der »jüdischen Lehre« vom Marxismus, »unter diesem Mantel rein sozialer Gedanken liegen wahrhaft teuflische Absichten verborgen«[130], schrieb er und begründete seine Auffassung damit, dass diese Lehre ein unzertrennliches Gemisch von Vernunft und menschlichem Aberwitz darstelle, aber immer so, dass nur der Wahnsinn Wirklichkeit zu werden vermag. »Durch die kategorische Ablehnung der Persönlichkeit und damit der Nation und ihres rassischen Inhalts zerstört sie die elementaren Grundlagen der gesamten menschlichen Kultur, die gerade von diesen Faktoren abhängig ist.«[131] Schließlich beginne – so Hitler weiter – »die große, letzte Revolution«, denn »indem der Jude die politische Macht erringt, wirft er die wenigen Hüllen, die er noch trägt, von sich. Aus dem demokratischen Volksjuden wird der Blutjude und Völkertyrann. In wenigen Jahren versucht er, die nationalen Träger der Intelligenz auszurotten, und macht die Völker, indem er sie ihrer natürlichen geistigen Führer beraubt, reif zum Sklavenlos einer dauernden Unterjochung unter das Börsenkapital. Das furchtbarste Beispiel dieser Art bildet Russland, wo er an [die] drei Millionen Menschen in wahrhaft fanatischer Wildheit teilweise unter unmenschlichen Qualen tötete oder verhungern ließ, um einem Haufen jüdischer Literaten und Börsenbanditen die Herrschaft über ein großes Volk zu sichern«[132], schrieb Hitler, besessen von der Vorstellung, dass es nur eine Frage der Zeit sei, ehe in Deutschland und den übrigen Ländern die gleichen Zustände herrschten. Dann gäbe es kein Halten mehr, glaubte der selbst ernannte Apokalyptiker und schrieb: »Siegt der Jude mit Hilfe seines marxistischen Glaubensbekenntnisses über die Völker dieser Welt, dann wird seine Krone der Totentanz der Menschheit sein, dann wird dieser Planet wieder wie einst vor Jahrmillionen menschenleer durch den Äther ziehen.«[133]

Der bizarren Logik dieser Hitler'schen Wahnwelt zufolge implizierte die Rettung des abendländischen Kulturkreises und damit – aus dem Verständnis der Zeit heraus – die Rettung der Welt die Ausschaltung des Judentums; eine Auffassung, die Hitler sich schon lange zu eigen gemacht hatte. Schon in seiner Stellungnahme zur Regierungssozialdemokratie sprach er von der »Beseitigung der Juden überhaupt«. Im April 1920 – desillusioniert durch das Scheitern des Kapp-Putsches – bekräftigte er seine »unerbittliche Entschlossenheit«, »das Übel an der Wurzel zu packen und mit Stumpf und Stiel auszurotten«[134]. Und im darauf folgenden August hatte er im Verlauf einer seiner unzähligen Reden zur Lage in Deutschland und zu der »verderblichen Rolle« der Juden erklärt: »Und denken Sie nicht, dass Sie eine Krankheit bekämpfen können […] ohne den Bazillus zu vernichten, und denken Sie nicht, dass Sie die Rassentuberkulose bekämpfen können, ohne zu sorgen, dass das Volk frei wird von dem Erreger […]. Das Wirken des Judentums wird niemals vergehen, und die Vergiftung des Volkes nicht enden, solange nicht der Erreger, der Jude, aus unserer Mitte entfernt ist.«[135] Selbst noch als Angeklagter vor dem Münchner Volksgericht bezeichnete Hitler die Juden als »Rassentuberkulose« und machte kein Hehl daraus, das die »Vernichter Deutschlands« vernichtet werden müssten.[136]

Eine globale Dimension erhielt Hitlers Rassenkampf einmal mehr in der letzten veröffentlichten Schrift Dietrich Eckarts *Der Bolschewismus von Moses bis Lenin.*

Zwiegespräch zwischen Adolf Hitler und Mir. Mit dem Anfang 1924 vom Münchner Hoheneichen-Verlag als Broschüre herausgegebenen fiktiven Dialog erklärte Eckart seine und Hitlers Sicht auf die Welt an ihrem Verhältnis zum Judentum. Nachdem die »ewig die Völker zersetzende« Rolle des Juden herausgestellt worden ist und das »Ich« (Eckart) die Verbrennung der Synagogen und Judenschulen erwähnt, antwortet er (Hitler): »Das ist es ja! Auch wenn nie eine Synagoge, nie eine jüdische Schule, nie das alte Testament existiert hätte, der jüdische Geist wäre da und täte seine Wirkung. Seit Anbeginn ist er da; und kein Jude, nicht einer, der ihn nicht verkörperte.«[137] Da sowohl für den fiktiven als auch für den realen Hitler Geist und Rasse untrennbar miteinander verknüpft waren, folgte für ihn daraus, dass der »jüdische Ungeist, das Zersetzende des Weltenlaufes erst von diesem Globus verschwunden« wäre, wenn die »jüdische Rasse« nicht mehr existierte. Mit anderen Worten: Laut Eckart war für Hitler die physische Vernichtung der Juden inzwischen Voraussetzung für die Rettung der Welt.

Das Ungeheuerliche, das mit dem Völkermord an den europäischen Juden im Schatten des Zweiten Weltkrieges Wirklichkeit werden sollte, war von Hitler schon seit 1920 mehr oder weniger bewusst ausgesprochen worden, wenn er von »ausrotten« gesprochen und die Juden mit Ungeziefer verglichen hatte. Und als Hitler in der Landsberger Festungshaft 1924 den ersten Band von *Mein Kampf* fertig geschrieben hatte, war das Ungeheuerliche, wie es sich dann zwanzig Jahre später ereignen sollte, bereits zu einer programmatischen Möglichkeit geworden. Die tradierten zivilisatorischen Normen spielten dabei für Hitler, wie zuvor für Lenin und die bolschewistische Führung, keine Rolle mehr, denn die »Größe der Aufgabe« rechtfertigte ihre Außerkraftsetzung. In der Konsequenz bedeutete das: Indem Hitler die Welt vor dem »furchtbarsten Menschheitsverbrechen aller Zeiten«, wie er in seiner Weltsicht das Wirken des Judentums einmal bezeichnet hatte[138], retten wollte, nahm er in Kauf, selbst das furchtbarste Menschheitsverbrechen aller Zeiten zu begehen.

6. Die bestrittene Konsequenz:
Programmatiker
bis zur Weltzerstörung

Hitler hatte, als er *Mein Kampf* schrieb, eine klar definierte Weltanschauung. Sie war geprägt von einer in sich geschlossenen antisemitisch-weltverschwörerischen Ideologie, die in der Krisenzeit der frühen Republik entstanden war. War diese später für ihn aber auch der Überbau seiner Politik, Strategie und Kriegführung? Oder überlebte sie sich angesichts der politischen Wirklichkeit? Für Kershaw sind diese Fragen irrelevant, denn Hitler und seine Politik sind für ihn in erster Linie Ausdruck gesellschaftlicher Entwicklungen. Und zu diesen passt ein chauvinistisch und rassistisch motiviertes deutsches Weltmachtstreben eher als eine wahnwitzige Ideologie als Antwort auf ein ebenso wahnwitziges Weltverschwörungsszenarium. Fest, der – anders als Kershaw – Hitlers individualhistorische Bedeutung hervorhebt, will sich in dieser Frage offenbar nicht festlegen. Einerseits meint er, die Ideologie Hitlers sei Unfug, an den er vermutlich selbst nicht geglaubt habe, andererseits verwirft er die Annahme, Hitler habe überhaupt keine ideologischen Vorstellungen gehabt. Der Kampf gegen das Judentum ist für Fest ein »Fixpunkt« gewesen.[1] Bullock schließlich urteilt über Hitler, dass seine zwölfjährige Diktatur »bar jeder Idee« gewesen sei, »außer der einen – seine eigene und die Macht der Nation, mit der er sich identifizierte, immer weiter auszudehnen«[2].

Dass der deutsche Diktator Machtpolitiker gewesen war, erscheint zunächst plausibel. Denn das Erscheinungsbild Hitlers und der NSDAP waren nach ihrer Neugründung im Jahr 1925 bis zum Januar 1933 so vielschichtig, dass eine eindeutige ideologische Festlegung für den Zeitgenossen nahezu unmöglich war. Die Agitation richtete sich in populistischer Weise gegen fast alles: gegen Versailles, gegen das Weimarer System, gegen die »System«-Parteien, gegen Konservative, Liberale, Sozialdemokraten und vor allem gegen die Kommunisten und ihre Moskauer Hinterleute. Kritik wurde natürlich auch am Kapitalismus geübt. Was die Ziele der NSDAP und ihres »Führers« anbelangt, so waren diese – einmal abgesehen von der Revision Versailles' und der Schaffung eines deutschen Nationalstaates – ziemlich vage national und sozial.

In der Wahrnehmung der Deutschen war das Verhältnis der Partei zum Judentum in diesem Zeitraum vielgestaltig und – was Hitler betrifft – einem nahezu kontinuierlichen Wandel unterzogen. Nach seiner Entlassung aus der Festungshaft hatte er zunächst weiterhin seine Weltverschwörungsszenarien verbreitet. Im zweiten Band von *Mein Kampf*, der im Dezember 1926 und damit knapp eineinhalb Jahre nach dem ersten erschien, wurde von ihm einmal mehr die Gefahr einer »jüdischen Weltherrschaft« beschworen: »Die Gedankengänge des Judentums sind dabei klar. Die Bolschewisierung Deutschlands, d. h. die Ausrottung der nationalen, völkischen deutschen Intelligenz und die dadurch ermöglichte Auspressung der deutschen Arbeitskraft im Joche der jüdischen Weltfinanz, ist nur als Vorspiel gedacht für die Weiterverbreitung der jüdischen Welteroberungstendenz. Wie so oft in der Geschichte, ist in dem gewaltigen Ringen Deutschland der große Drehpunkt. Werden unser Volk und unser Staat das Opfer dieser blut- und geldgierigen jüdischen Völkertyrannen, so sinkt die ganze Erde in die Umstrickung dieses Polypen [...]«[3], schrieb Hitler.

Ab 1927/28 ließ seine antisemitische Agitation jedoch merklich nach, wie Michael Mayer in seiner Studie über den Antisemitismus der NSDAP zwischen 1919 und 1933 treffend schreibt.[4] Von einer »jüdischen Weltverschwörung« sprach er bei öffentlichen Auftritten, die durch Redeverbote ohnehin eingeschränkt waren, nicht mehr. Und wenn er die Juden attackierte, geschah dies mit knappen Seitenhieben oder Anspielungen und nicht mehr mit dem Hinweis auf die »großen Zusammenhänge«. Es war also nicht mehr offen die Rede davon, dass der Bolschewismus »jüdisch« beziehungsweise dessen Führer Juden seien. Auch wenn Hitler von der »Börse« sprach, geschah dies nicht im Kontext mit dem Judentum. Im Wahlkampf für die Reichstagswahlen vom September 1930, bei denen er – einem Erdrutsch gleich – mit 18,3 Prozent der Stimmen die politische Bühne der Republik betrat, verlor er über sein einst alles beherrschendes Thema nahezu kein Wort mehr. Und wenn er einmal seinen Hass nicht zügeln konnte, dann attackierte er das Judentum verdeckt, ohne es konkret beim Namen zu nennen. So stellte er zum Beispiel im August 1930 den einfachen KPD-Mann als Opfer dar und begründete dies damit, dass dieser nicht sehe, wer eigentlich hinter ihm stehe. Mitunter – wie zum Beispiel bei einer Rede vor Wirtschaftsbossen, unter denen sich auch der ehemalige Reichskanzler und Chef der Hamburg-Amerika-Linie, Wilhelm Cuno, befand – kündigte Hitler sogar an, dass es im Falle seiner Kanzlerschaft, also in einem nationalsozialistischen Staat, nicht zu gewaltsamen Judenverfolgungen kommen werde.[5] Antisemiten kritisierten Hitler sogar wegen seiner laschen Haltung gegenüber den Juden. So schrieb der völkische Publizist Reinhold Wulle in seinem 1932 erschienenen *Schuldbuch der Republik*: »Gewiss ist Hitler ein Judengegner. Aber auch hier ist er zu Konzessionen bereit, er denkt nicht an eine Sonderstellung des Judentums etwa durch Einführung eines Fremdenrechts, er will lediglich das Judentum aus seiner jetzigen Vormachtstellung verdrängen.«[6]

Der Antisemitismus der Partei bot hingegen ein widersprüchliches Bild. Da waren die Satrapen Hitlers, die durch einen Radau-Antisemitismus von sich reden machten. Zu ihnen gehörte der Berliner Gauleiter Joseph Goebbels, der am Abend des jüdischen Neujahrfests im September 1931 SA-Männer auf dem hauptstädtischen Kurfürstendamm vermeintlich jüdische Passanten attackieren ließ. Goebbels betrieb auch eine Dauerkampagne gegen den Berliner Vize-Polizeipräsidenten Bernhard Weiß, den er in seiner Kampfpostille *Der Angriff* als »Isidor Weiß« in Wort und übler antisemitischer Karikatur verunglimpfte. Auf noch primitiverem Niveau besorgte der Nürnberger Gauleiter Julius Streicher die Judenhetze, der einmal von Hitler gesagt hatte, er sehe »schärfer als jeder andere« den Zusammenhang zwischen Judentum und Bolschewismus.[7] Streicher gab seit

1923 den *Stürmer* heraus, in dem die Juden unter anderem als »sittenlose Lüstlinge« gegeißelt wurden, die sich an »deutschen Mädels« vergriffen.

Insgesamt hing die antisemitische Agitation in der NSDAP von der regionalen Einstellung der jeweiligen Satrapen ab. Der Historiker Oded Heilbronner kommt in einer Arbeit zu dem Ergebnis, dass – anders als Streicher in Franken oder Robert Ley im Rheinland –, Gauleiter wie Wilhelm Murr in Württemberg, Albert Krebs in Hamburg oder Hermann Rauschning in Danzig dem Antisemitismus recht indifferent gegenübergestanden hätten.[8] Krebs schrieb in seinen Memoiren, dass die »linke« norddeutsche Fraktion der NSDAP um die Brüder Gregor und Otto Strasser den »kollektiven« Antisemitismus als »fragwürdig hingestellt und offen madig gemacht« habe. Selbst der »Centralverein deutscher Staatsbürger jüdischen Glaubens« konnte 1932 nach Auswertung des braunen Schriftguts zwar viel Antisemitismus – besonders in Bereichen und Gruppen, die sich von jüdischer Konkurrenz bedroht sahen –, ausmachen, aber der NSDAP keine klare antisemitische Linie nachweisen.[9] Umso wichtiger musste die Position des Parteiführers sein. Und der schien dem Antisemitismus seiner politischen Anfangszeit abgeschworen zu haben.

Eine Entideologisierung Hitlers auszumachen, weil er gegenüber seinem Massenpublikum unideologischer auftrat, hieße, Hitler auf den Leim gegangen zu sein. Denn tatsächlich war dieser kein Jota von seiner wahnwitzigen Weltsicht abgewichen. Wenn er sich mit seinem Antisemitismus zurücknahm, geschah dies ausschließlich aus taktischen Erwägungen: Seine nicht-antisemi-

tischen Anhänger sollten ihn nicht mehr mit unappetit-
lichen anti-jüdischen Vorfällen in Verbindung bringen.
Wie gut seine Taktik aufging, zeigte sich dann, wenn es
später in grober Verkennung der Wirklichkeit sogar hieß:
»Wenn das der Führer wüsste…« Hitler hatte nämlich
spätestens mit der Reichstagswahl des Jahres 1928, bei
der die NSDAP ganze 2,6 Prozent der Stimmen erhalten
hatte (1924 waren es in einer Listenverbindung mit der
Deutschvölkischen Freiheitspartei im Mai 6,6 und im
Dezember 3,0 Prozent), einsehen müssen, dass er mit
Weltverschwörungsszenarien und Judenhetze nicht im
Ansatz die Anzahl von Wählerstimmen erreichen würde,
die er bräuchte, um aus der politischen Bedeutungslo-
sigkeit zu gelangen und nicht der bayerische Lokal-
revoluzzer zu bleiben, der durch seinen Auftritt vor
den Schranken des Münchner Hochverratsprozesses lediglich für einen kurzen Augenblick ins Bewusstsein
einer reichsweiten Öffentlichkeit getreten war.

Die Situation in Deutschland hatte sich von 1924 an
merklich entspannt: Der Inflation war Einhalt geboten
worden. Mit der Rentenmark war eine stabile Verrech-
nungseinheit zur Mark geschaffen worden, die bald
durch die Reichsmark ersetzt werden sollte. Sogar im
okkupierten Ruhrgebiet war annähernd Ruhe einge-
kehrt. Und vor allem: Die von Moskau betriebenen
weltrevolutionären Aktivitäten waren niedergeschlagen
worden. (Mit Russland unterhielt die Reichswehr sogar
bald eine geheime militärische Zusammenarbeit, mit der
die Bestimmungen des Versailler Vertrages unterlaufen
wurden.) Die Gefahr, dass Deutschland vollends im
Chaos versinken und damit über kurz oder lang bolschewistisch werden würde, hatte die Siegermächte des

Weltkriegs Ende 1923 zum Umdenken bewegt. Ausdruck ihrer neuen Politik war die auf Initiative Großbritanniens und der Vereinigten Staaten anvisierte Neuregelung der Reparationsfrage, die mit dem Dawes-Plan umgesetzt werden sollte, der lediglich eine Zahlung von erträglichen 5,4 Milliarden Goldmark bis 1928 vorsah.

Mit der Entspannung der politischen Lage veränderte sich auch die Stimmung in Deutschland. Freilich: Versailles mit seinen Gebietsabtretungen und als Ehrabschneidung empfundenen Bedingungen war nach wie vor wie ein tief sitzender Stachel im Fleisch der Deutschen. Doch diese schauten nach der Zeit des Welt- und Bürgerkriegs, der Schikanen durch die Siegermächte und der permanenten Not erstmals wieder positiver in die Zukunft. In den nun folgenden Jahren, die zu den »Goldenen Zwanzigern« wurden, verebbte auch die antisemitische »Hochflut«, von der Alfred Wiener und andere besorgte Juden geschrieben hatten. Von den jüdischen Organisationen wurde mit großer Erleichterung aufgenommen, dass die Pogromstimmung der Vergangenheit angehörte und Übergriffe gegen die jüdische Bevölkerung auch nur noch selten vorkamen. Der forcierte Antisemitismus wurde als eine der vielen Verirrungen einer Zeit des mentalen Ausnahmezustands abgetan und abgehakt.

Bei Hitler hatte der Stimmungswandel die Erkenntnis reifen lassen, dass sich die vermeintlich wahren Zusammenhänge des Weltenlaufs der breiten Masse der Bevölkerung ohnehin nicht erschlössen. Und schon gar nicht würden diese die »notwendigen Maßnahmen« gegen die Juden mittragen – eine Auffassung, die von seinen wenigen ideologischen Mitstreitern geteilt beziehungsweise übernommen wurde. So hob Heinrich Himmler, Reichsführer-SS, der schon als Freikorps-Mann in München gegen die »jüdische Räterepublik« gekämpft hatte, später mehrfach hervor, dass seine Organisation die Verantwortung für die Ausrottung der Juden auf sich genommen habe, weil »die Mehrheit unserer Bevölkerung noch kein rassisch aufgeklärtes Bewusstsein besitze«[10].

Man muss sie dann schon suchen, die Reden oder sonstigen Ausführungen Hitlers, die ihn seit Ende der 20er-Jahre bis zu seiner Machtübernahme als einen von der »jüdischen Weltverschwörung« getriebenen Antisemiten ausweisen. Wenn er vor der ureigenen Anhängerschaft in München sprach, bekannte er sich mitunter offen. Hier ließ er seiner Vorstellung von einer Wahnwelt freien Lauf und steigerte sich in den Rausch der frühen Reden. Hier glaubte er offenbar am ehesten, jenes Publikum vorzufinden, das ihn verstünde, verfügten die Münchner doch über Erfahrungen mit dem »jüdischen Bolschewismus« in Gestalt der Räterepublik. Hier prangerte er dann diejenigen an, die die »Ostjuden« einbürgern wollten, oder erklärte, dass es die Nationalsozialisten »niemals« dulden würden, dass ein Jude eine Stelle im öffentlichen Dienst einnehmen oder deutscher Staatsbürger sein könne.[11] Hier geißelte er die Heirat zwischen Juden und Christen als »naturwidrig« und »unmöglich«, werde dadurch doch das deutsche Volk »mit fremdem Blut«[12] vergiftet. Und hier mokierte er sich über die Ohnmacht des ihm verhassten Bürgertums, das glaube, einer »Weltpest« entgegentreten zu können, »die ihre Fahnen flattern lässt über Wladiwostock bis weit hinein in das Herz der amerikanischen Union«[13].

Neben solchen Aussagen, die dem 25-Punkte-Programm der NSDAP vom Februar 1920 entsprachen, hob er mitunter sogar auf die ganz »großen Zusammenhänge« ab, wie sie ihm von Eckart vermittelt worden waren, wenn er »den Juden« als den »Drahtzieher der Geschichte der Menschheit« anprangerte, oder wenn er erklärte: »Heute sehen wir auf der ganzen Welt den Versuch, den Völkern ihre innere Einheit zu nehmen und sie zu Bastarden zu machen, damit der Jude sie langsam in seine Hand bekommt.«[14] In einer anderen Rede, die er in Nürnberg, neben München die zweite Hochburg der Bewegung, im Juli 1930 hielt, drohte er sogar finster: »Die Zeit, in der es ihm [dem Juden, R. G. R.] ergeht, wie es ihm vor hunderten von Jahren ergangen ist, ist bereits angebrochen.«[15]

Auch in seinen für die eigene Klientel bestimmten Zeitungsartikeln im parteieigenen *Illustrierten Beobachter* zügelte sich Hitler mitunter nicht. Anfang 1929 thematisierte er dort das Prinzip der »jüdischen Weltverschwörung«: »Juden hier, Juden dort. Die einen zertrümmern mit Hilfe der dummen Masse des Proletariats die unabhängigen nationalen Kulturen, die anderen richten auf dem Trümmerhaufen ihre internationale Finanzherrschaft auf.«[16] Dem zersetzenden »jüdischen Weltmarxismus«, den er rund um den Globus auf dem Vormarsch wähnte – die Weltrevolution hatte bereits China erreicht und das mittelamerikanische Nicaragua in den Bürgerkrieg gestürzt –, widmete Hitler nach wie vor seine Aufmerksamkeit.

In seinem nie veröffentlichten »Zweiten Buch« aus dem Jahr 1928, in dem er die künftige nationalsozialistische Außenpolitik skizzierte, zog er eine Art Bilanz des gegenwärtigen Rassenkampfs. Er schrieb: »In allen europäischen Staaten wird augenblicklich ein zum Teil stiller und heftiger Kampf, wenn auch oft unter der Decke, um die politische Macht durchgefochten. Entschieden ist dieser Kampf zunächst außer in Russland auch noch in Frankreich. Dort hat der Jude durch eine Anzahl von Umständen begünstigt, eine Interessengemeinschaft mit dem französischen nationalen Chauvinismus geschlossen. Jüdische Börse und französische Bajonette sind seitdem Verbündete. Unentschieden ist dieser Kampf in England. Der jüdischen Invasion tritt dort immer noch eine altbritische Tradition entgegen. Noch sind die Instinkte des Angelsachsentums so scharfe und lebendige, dass von einem vollständigen Sieg des Judentums nicht gesprochen werden kann, sondern dass dieses zum Teil noch gezwungen ist, seine eigenen Interessen den englischen anzupassen. Wird in England der Jude siegen, dann werden die englischen Interessen genauso in den Hintergrund treten, wie für Deutschland nicht mehr deutsche, sondern jüdische maßgebend sind. Siegt hingegen der Brite, kann eine Umstellung Englands Deutschlands gegenüber noch stattfinden. Entschieden ist der Kampf des Judentums um seine Vorherrschaft auch in Italien [...] Seit dem denkwürdigen Tag, da die faschistischen Legionen nach Rom zogen, ist für das Schicksal Italiens nur mehr sein eigenes nationales Interesse maßgebend und bestimmend.« In Deutschland – so Hitler weiter – spiele sich »das erbittertste Ringen um den Sieg des Judentums« ab. »Hier ist es die nationalsozialistische Bewegung, die als einzige Kraft den Kampf gegen dieses fluchwürdige Menschheitsverbrechen aufgenommen hat.«[17]

Wie sehr Hitler von seiner Ideologie durchdrungen war, zeigte sich, als im Frühjahr 1929 für kurze Zeit ein mögliches Asyl Trotzkis in Deutschland zur Debatte stand. Der sozialdemokratische Reichstagspräsident Paul Löbe hatte diese Möglichkeit vor dem Parlament angedeutet. Hitler, der sogleich ein Komplott von Sozialdemokratie, Kommunisten und Bolschewisten ausmachte, vermutete dahinter das Kalkül, den bolschewistischen Revolutionsführer angesichts der angeblich schwierigen Lage der KPD mit der Führung dieser »Stoßtruppe des Judentums« zu beauftragen.[18] Die Auffassung, es stecke tatsächlich ein Konflikt zwischen dem »jüdischen Massenschlächter Trotzki« und dem »scheinbar antisemitischen Herrn Stalin« dahinter, hielt Hitler für »geradezu lächerlich«. »Sein Handeln ist die Fortsetzung der restlosen Entwurzelung des russischen Volkes zu dessen vollkommener Unterwerfung unter die Judendiktatur.«[19]

Als angesichts der Weltwirtschaftskrise, die die Republik seit dem Ende der 20er-Jahre mit voller Wucht erfasste, auf Deutschlands Straßen die Gewalt erneut eskalierte, als das bolschewistische Schreckgespenst abermals am Horizont heraufzog, erreichte Hitlers antibolschewistische Rhetorik aufs Neue die manischen Züge der frühen Jahre. Unaufhörlich geißelte er in seinen öffentlichen Auftritten den Bolschewismus. Er meinte damit natürlich immer auch das Judentum. Und wenn er von Zweifeln befallen war, ob er und seine Partei dieser Bedrohung überhaupt noch etwas entgegensetzen könnten, dann strapazierte er – wie schon so oft in den Jahren vor 1924 – das apokalyptische Szenarium, dass sich auch in Deutschland Russlands Schicksal wiederholen

werde, nur unter »entsetzlich furchtbareren Erscheinungen [...]« Denn »ein Staat mit so ungeheuren Län-
dermassen kann von heute auf morgen nicht ganz zerstört werden. Aber selbst dort hat der Bolschewismus es
fertig gebracht, über dreißig Millionen Menschen durch
Hunger langsam zu töten.«[20]

Das kommunistische Bedrohungspotenzial, das bei
Weitem nicht die Dimension der Nachkriegszeit erreichte, wurde insbesondere von Hitler, aber auch von
vielen anderen Deutschen, drastisch überschätzt. Das
lag weniger daran, dass die KPD, die ihrem Selbstverständnis zufolge eine außerparlamentarisch-revolutio-
näre Kraft war, bei den drei Reichstagswahlen vor Hitlers Machtübernahme jeweils zulegte und im November
1932 auf 16,9 Prozent der Stimmen kam. Und es lag
auch nicht so sehr an der permanenten und effektiven
Propaganda von dem bevorstehenden weltrevolutionären Entscheidungskampf und den fortwährenden
Treuegelöbnissen der KPD-Funktionäre gegenüber der
Sowjetunion. Entscheidend für die Überschätzung der
bolschewistischen Gefahr war vielmehr die Erinnerung
an den November 1918 und an den sich anschließenden
Bürgerkrieg. Sie war ein Trauma – ein Trauma, das im
politischen Spektrum von den Konservativen bis zu den
Sozialdemokraten eine völlig einseitige Fixierung auf die
Bedrohung von links nach sich zog. Der sozialdemokratische Polizeipräsident von Berlin, Albert Grzesin-
ski, gab die Auffassung der Mehrheit seiner Genossen
wieder, wenn er auf einer Veranstaltung des »Reichs-
banners« im Herbst 1930 erklärte: »Ich sehe in den
Nationalsozialisten nicht die Gefahr, für die man sie
mancherorts hält; die größere Gefahr sind die Kommu-

nisten [...].«[21] Von solchen und ähnlichen gängigen Einschätzungen wollte später – nach der Katastrophe – freilich niemand mehr etwas wissen.

Hitler hatte es in seiner Propaganda geschickt verstanden, sich zum Schildknappen der bürgerlichen Welt zu machen, zu demjenigen, der das Land vor dem Bolschewismus bewahren würde. Er hatte sich aber auch zu einer sozialen Stimme gemacht, die die Ungerechtigkeiten der Zeit anprangerte. Und er hatte der Öffentlichkeit unaufhörlich vorgeführt, dass die Republik, deren politische Mitte von den erstarkten Rändern längst zerdrückt war und die seit Brünings Präsidialkanzlerschaft nur noch mit den Notverordnungen des Reichspräsidenten regiert wurde, die große Krise nicht mehr zu meistern imstande sei. Seine antisemitische Ideologie hatte er hingegen meist für sich behalten, denn er wusste allzu gut, dass die Masse derjenigen, die seit Ende der Zwanzigerjahre in seine Veranstaltungen drängten, der »Judenfrage« und dem Antisemitismus gleichgültig gegenüberstanden.

Hitlers Verbündete war die große Wirtschaftskrise. Mit ihr schien das Chaos der unmittelbaren Nachkriegszeit wiederzukehren. Hunger und Arbeitslosigkeit, die die Nation in eine lähmende Stagnation zurückwarfen, verliehen seinen alten Metaphern wieder propagandistische Kraft. Versailles stand für die Not, obwohl die wirtschaftliche Entwicklung längst nichts mehr in einem ursächlichen Zusammenhang mit dem Friedensvertrag stand. Doch den Erfolg, die Reparationsfrage mit dem Young-Plan endgültig gelöst zu haben, konnten die Reichsregierungen und die sie tragenden Parteien nicht für sich verbuchen. Die Republik wurde in Hitlers Agitation wieder zur Republik der »Novemberverbrecher«, die es – aus seiner Sicht – abermals zuließ, dass der Marxismus fröhlich Urständ feierte.

Hitler gelang es, weite Teile der deutschen Öffentlichkeit und auch der politischen Klasse über seine wahren politischen Vorstellungen zu täuschen. Letztere sah im Verschwinden des Antisemitismus aus seinen Reden einmal mehr den Beleg dafür, dass es sich bei Hitler um einen prinzipienlosen Populisten handele. Der Weimarer Liberale und spätere Bundespräsident Theodor Heuss meinte 1932: »Er [Hitler, R. G. R.] schimpft viel weniger. Er frühstückt gar keine Juden mehr.«[22] Es war dies die typische Sprache des Bürgertums, in der sich die katastrophale Unterschätzung von Hitlers kriminell-ideologischer Energie manifestierte. Auch die Konservativen, die Hitler im Januar 1933 die Macht in Deutschland übergaben, unterstützten den Propagandisten mit der ungewöhnlichen Rednergabe. Überheblich maßen sie den »böhmischen Gefreiten«, wie ihn Reichspräsident von Hindenburg schimpfte, an den für sie geltenden Kriterien. Sie glaubten, ihn mit Amt und Einfluss bändigen, politisch einrahmen und für ihre Zwecke instrumentalisieren zu können. Wenn sie ihn dann nicht mehr bräuchten, so meinten sie, ließe er sich schon wieder beiseiteschieben. Nur ganz wenige im bürgerlichen Lager schätzten Hitlers Kanzlerschaft realistisch ein. Zu ihnen gehörte der spätere Literaturnobelpreisträger Thomas Mann, der sich nach anfänglicher Ablehnung mit der Republik versöhnt hatte und zu einem ihrem streitbarsten Bürger geworden war. »Das Erwachen, das ihm [dem deutschen Volk, R. G. R.] bevorsteht, wird zehnmal furchtbarer sein, als das von 1918«, schrieb der

Schriftsteller, der nach der Machtübergabe an Hitler von einer Vortragsreise aus der Schweiz nicht mehr in seine deutsche Heimat zurückkehren sollte.[23]

Hitler, der bei den letzten (halb)freien Wahlen im März 1933 auf 47 Prozent der Stimmen kam, log weiter und verbarg seine eigentliche Überzeugung, nachdem er die Macht übernommen hatte. In seiner ersten großen, vom Reichsrundfunk übertragenen Rede als Reichskanzler erklärte er, für »das Christentum als Basis für die gesamte Moral« und für »die Erhaltung und Festigung des Friedens« eintreten zu wollen. Und er kündigte an, den Kommunismus in Deutschland ein für allemal ausschalten zu wollen.[24] Er wusste in diesem Punkt um die breite Unterstützung seiner konservativen Partner und eines beträchtlichen Teils der deutschen Bevölkerung. Dennoch zögerte er loszuschlagen, denn er brauchte eine Legitimation dazu. Hierbei hoffte er auf eine Reaktion der KPD und ihrer Moskauer Hinterleute auf seine Kanzlerschaft, wie sie immer wieder in der *Roten Fahne* angekündigt worden war. Ja, Hitler mit seiner weltverschwörerischen Sicht war sogar davon überzeugt, dass es zu einem Generalstreik und einem neuerlichen Bürgerkrieg kommen würde.

Doch die Revolution blieb aus, denn ein nationalsozialistisches Deutschland passte recht gut in Stalins außenpolitisches Kalkül. Hitler – so kalkulierte der Sowjetführer – würde mit Sicherheit einen aggressiven Kurs gegen Versailles einschlagen und mit dem Westen in Konflikt geraten, wodurch die in Moskau befürchtete Einkreisung der Sowjetunion durch die imperialistischen Staaten abgewendet wäre. Zudem – so Stalin in grober Fehleinschätzung des Hitler-Regimes – würde ein nationalsozialistisches Deutschland als »Speerspitze des Großkapitals« den Klassengegensatz verschärfen. Einerseits erhielte die Sowjetunion auf diese Weise Zeit, den »Aufbau des Sozialismus« im eigenen Land voranzutreiben, andererseits böten sich längerfristig neue Chancen, die Weltrevolution gen Westen zu tragen.

Als dann Ende Februar 1933 der Reichstag brannte, sah Hitler – und nicht nur er, sondern auch die Mehrheit der Deutschen – darin das Fanal für eine »blutige Revolution«, zumal der am Schauplatz des Geschehens als Tatverdächtiger verhaftete Marinus van der Lubbe aussagte, einer niederländischen Gruppierung anzugehören, die sich »Räte-Kommunisten« nannte.[25] Das Feuer lieferte Hitler den ersehnten Grund, gegen Kommunisten, Sozialdemokraten und andere loszuschlagen. Die vom Kabinett erlassene und vom Reichspräsidenten unterschriebene »Verordnung zum Schutz von Volk und Staat« und weitere juristische Schritte, mit denen verbriefte Grundrechte außer Kraft gesetzt wurden, erlaubten es ihm, »Tabula rasa« zu machen und Tausende seiner Feinde verhaften und in neu eingerichtete, sogenannte wilde Konzentrationslager verschleppen zu lassen.

Was aus Sicht der Bevölkerung die Zerschlagung der moskautreuen KPD war, war für Hitler die Ausschaltung der aggressivsten Handlanger des internationalen Judentums. Das zu eliminieren war die Grundbedingung für die Schaffung eines nationalsozialistischen Staates, wie er ihn im zweiten Band von *Mein Kampf* beschrieben hatte und dessen Verwirklichung er nun konsequent in Angriff nahm. Wie in *Mein Kampf* dargelegt, sollte ein »ideales Reich« geschaffen werden, ein Reich ohne Parteien, geführt von den oder dem Besten. In diesem, nach dem »Führerprinzip« organisierten völkischen Staat sollte es nach Hitlers Auffassung eine rigorose rassische Auslese, ja Zucht geben. Und auch »unwertes«, also krankes und schwaches Leben sollte dabei unter Vernachlässigung abendländisch-ethischer Vorstellungen eliminiert werden. Das hieß, dass neben der Eliminierung der Juden auch die später durchgeführten Euthanasie-Maßnahmen bereits Mitte der 20er-Jahre von Hitler ins Auge gefasst worden waren, wenn er in seinem Buch von der »unbarmherzigen Absonderung unheilbar Erkrankter« und von »barbarischen Maßnahmen« schrieb, die »ein Segen für die Mit- und Nachwelt« seien.[26] Alles diente dem einzigen Zweck, den »Volkskörpers« zu »stählen«. Folgerichtig war es für Hitler dabei auch, insbesondere die Jugend im Blick zu haben, war sie es doch, die einmal den Überlebenskampf des deutschen Volkes gegen das vermeintlich global operierende Judentum führen sollte.

Den direkten Schlag gegen die deutschen Juden unterließ Hitler vorerst noch. Erst nachdem er durch das »Gesetz zur Behebung der Not von Volk und Reich«, mit dem sich das Parlament selbst ausschaltete, ermächtigt wurde, für vier Jahre wie ein Diktator schalten und walten zu können, begann er allmählich, sein wahres Gesicht zu zeigen, das er zur Täuschung der Öffentlichkeit soeben noch hinter der konservativen Maskerade des »Tags von Potsdam« verborgen hatte, in dessen Verlauf er sich und den Nationalsozialismus in eine Kontinuität mit dem Kaiserreich gestellt hatte. Anfang April 1933 ließ er einen landesweiten Boykott jüdischer Geschäfte inszenieren. Begründet wurde der Schritt vor der

271

Öffentlichkeit und den konservativen Partnern mit der »jüdischen Boykotthetze«. Jüdische Organisationen im Ausland, allen voran der American Jewish Congress, hatten nämlich zum Boykott deutscher Exportgüter aufgerufen, was für die sich ohnehin nur mühsam erholende deutsche Wirtschaft empfindliche Einbußen bedeuten musste. Entsprechend aggressiv reagierte Hitler, dessen verschwörerische Weltsicht durch die Maßnahme der jüdischen Organisation einmal mehr bestätigt zu sein schien. In der Sprache der frühen Jahre hieß es dann in dem Aufruf zum Boykott der jüdischen Geschäfte am 1. April 1933, dass das »internationale Weltjudentum« wissen müsse: »Wir sind mit den marxistischen Hetzern in Deutschland fertig geworden, sie werden uns nicht in die Knie beugen, auch wenn sie nunmehr vom Ausland ihre volksverbrecherischen Verrätereien fortsetzen.«[27] Flankierend zum »Judenboykott« erklärte Hitler in einer über alle Reichssender übertragenen Rede, dass die »Sünden« der Juden nicht vergessen seien[28], und deutete damit weiteres drohendes Unheil für die jüdische Bevölkerung in Deutschland an.

Obwohl Hitler bewusst war, dass er den Deutschen nur ein gewisses Maß an Antisemitismus zumuten konnte – einen Aufruf zum Boykott jüdischer Geschäfte hatten sie zum Beispiel nicht befolgt[29] –, erließ bereits eine Woche nach dem Aufruf die inzwischen von den Nationalsozialisten ganz und gar dominierte Reichsregierung das »Gesetz zur Wiederherstellung des Berufsbeamtentums«. Mit dieser Maßnahme – sie erfolgte im Zuge der großen Gleichschaltung, im Rahmen derer KPD und SPD »zu staats- und volksfeindlichen Parteien« erklärt und verboten, die demokratischen Gewerkschaften

SA-Männer beim Boykott von Geschäften, die sich in jüdischem Besitz befinden, April 1933.

zerschlagen, die bürgerlichen Parteien aufgelöst und fast alle Lebensbereiche unter NSDAP-Führung gestellt wurden – wurden »Nicht-Arier« und sonstige »Undeutsche« als Beamte aus dem Staatsdienst ausgeschlossen. Auf diesen ersten Schritt, die Juden aus dem »Volkskörper« auszugliedern, folgten rasch weitere. So wurde der »Arierparagraph« auf andere Berufsgruppen übertragen und damit der »legale« Ausschluss von Juden aus dem öffentlichen Dienst, den freien Berufen sowie aus Universitäten und Schulen möglich gemacht. Später verhinderte das Gesetz zur Reichskulturkammer jede Betätigung von Juden an nichtjüdischen Kultureinrichtungen. Eine Abschwächung dieser Maßnahmen zur »rassischen Mobilisierung« der Deutschen für den Kampf gegen das »Weltjudentum«, war dadurch erreicht worden, dass Reichspräsident von Hindenburg einen Brief an Hitler schrieb, in dem er verlangte, jene Juden von den Bestimmungen auszunehmen, die im Ersten Weltkrieg entweder selbst an der Front gestanden oder Angehörige verloren hatten.

Vor allem der Autorität des Reichspräsidenten war es geschuldet, dass sich Hitler bei seinem »Kampf« gegen die Juden noch eine gewisse Zurückhaltung auferlegte. Das änderte sich 1934, als er im Zuge des »Röhm-Putsches« sowohl seine konservativen Partner als auch die SA-Führung ausschaltete. Durch die Enthauptung dieser mächtigen, Millionen von Mitgliedern zählenden Konkurrenzorganisation der Wehrmacht stand dem Schulterschluss Hitlers mit dem Militär nichts mehr im Wege – ein Schulterschluss, der nach dem Tod Hindenburgs durch den persönlichen Eid der deutschen Streitkräfte auf Hitler besiegelt wurde. Jetzt, im Besitz der totalen Macht, verfügte er über die Voraussetzung, um seinen Kampf gegen das »Weltjudentum« aufzunehmen.

Bei diesem Kampf ging es Hitler zunächst darum, die »innere Mobilmachung« Deutschlands voranzutreiben. Die beiden zentralen Felder für ihn waren die »Ausscheidung« der Juden aus dem »Volkskörper« sowie die schnelle Aufrüstung. Dabei empfand Hitler von Anfang an einen gewissen Zeitdruck. Das hatte damit zu tun, dass er glaubte, nicht alt zu werden. Überdies litt er unter der Phobie, ein Attentäter könne seine »welthistorische Mission«, für die ihn – davon war er inzwischen felsenfest überzeugt – die »Vorsehung« auserwählt hatte, innerhalb von Sekundenbruchteilen zunichte machen. Und Zeit hatte Hitler seiner Meinung auch deshalb nicht, weil sein »Feind« nicht tatenlos verharrte.

Im September 1934 betrat nämlich das bolschewistische Sowjetrussland, das seit der Abkühlung seiner Beziehungen zu Deutschland auf die Westmächte setzte, durch seine Aufnahme in den Völkerbund offiziell die politische Bühne. Anfang Mai 1935 unterzeichneten die Regierungen aus Moskau und Paris den sowjetisch-französischen Beistandsvertrag, von dem Stalin sich erhoffte, Unfrieden zwischen den während des Weltkriegs gegnerischen Ländern zu schüren und die Sowjetunion abzusichern. Dem gleichen Ziel diente aus Sicht des Kremls der zwei Wochen später abgeschlossene sowjetisch-tschechische Beistandspakt, war doch Prag wiederum mit Paris verbündet. Der von Einkreisungsängsten getriebene Hitler sah durch die Einbindung der Tschechoslowakei in die Feindkoalition eine »Lanzenspitze« in das Deutsche Reich hineinragen, wie er sich ausdrückte.

Umso besorgter blickte Hitler nach Moskau, wo die Komintern Ende Juli 1935 ihren VII. Weltkongress mit markigen Deklamationen über ihren weltrevolutionären Anspruch begann. Sehr genau registrierten er und seine Umgebung Äußerungen wie die des »kommunistischen Emigranten Pieck«, der am 28. Juli erklärte, dass der Sieg des Sozialismus in Sowjetrussland »die Unvermeidlichkeit des Sieges des Sozialismus in der ganzen Welt« zeige.[30] Man übersah auch nicht die flankierende Rhetorik der »jüdischen Bolschewisten« in Westeuropa, wie zum Beispiel die in der »Humanité«, dem Organ der französischen Kommunisten, in der die Komintern einmal mehr als »Generalstab der bevorstehenden Weltrevolution« gefeiert wurde.

Der VII. Weltkongress der Komintern lieferte die ideologische Grundlage der neuen Außenpolitik des Kremls

und artikulierte darüber hinaus den Anspruch der Sowjetunion auf ihre antifaschistische Führungsrolle. Der
Faschismus wurde nun als Staatsform definiert, in der
die bürgerliche Demokratie durch die »offene terroristische Diktatur« der Bourgeoisie abgelöst werde. Hiermit
würden die ideologischen Voraussetzungen geschaffen,
den Kampf Seite an Seite mit den bürgerlichen Demokratien gegen die faschistische Bedrohung zur Pflicht
eines jeden Kommunisten zu erklären. Das bedeutete
eine Abkehr von der bisherigen Komintern-Strategie.
Waren bislang bürgerliche Gesellschaft und Faschismus
gleichermaßen Feinde, so erklärten sich die Kommunisten jetzt zu Bündnispartner all derjenigen Kräfte, die
eine Politik der Konfrontation gegenüber dem internationalen Faschismus propagierten, allen voran gegen das
nationalsozialistische Deutschland. Dies eröffnete den
Kommunisten ein erweitertes Betätigungsfeld, das sich
vor allem auf das Gebiet der Kultur erstreckte, wo bald
ein ganz Europa überspannendes intellektuelles, antifaschistisches Netzwerk entstehen sollte.

In der »Proklamation des Führers« auf dem Nürnberger Reichsparteitag des Septembers 1935, der eine
»Antwort auf dem Komintern-Kongress« sein sollte,
hieß es dann auch: »Da der bolschewistische Jude in
Moskau in einer neuen Kampfansage an die Welt die
Zerstörung predigt, wollen wir Nationalsozialisten fester unser herrliches Banner fassen und es vor uns hertragen mit dem heiligen Entschluss, gegen den alten Feind
zu kämpfen […]«[31] Auch die von Hitler gebilligten
Reden der braunen Satrapen spiegelten nunmehr ganz
unverblümt seine rassenideologische Weltsicht wider.
Goebbels verkündete etwa: »Juden waren es, die den

Marxismus erfanden, Juden sind es, die mit ihm seit Jahrzehnten die Welt zu revolutionieren versuchen.« Außerdem sprach er von einer »deutschen Weltmission« und gab angesichts der bevorstehenden Aufgaben seinem Wunsch Ausdruck, dass »nicht nur die Nachwelt, sondern auch die Mitwelt die Größe dieser historischen Mission erkennen und getreu der Lehre, die in ihr enthalten ist, zu handeln sich entschließen«[32] möge. Alfred Rosenberg, der Chefideologe der NSDAP, ging dann in seinem Referat auf die Vorreiterrolle des nationalsozialistischen Deutschlands bei der finalen Auseinandersetzung mit dem »jüdischen Bolschewismus« ein. »Mit dem Sieg der nationalsozialistischen Bewegung hat das Judentum, nahe an der Weltherrschaft, seinen stärksten Gegenstoß erhalten«, führte er aus und warb um Solidarität bei den Europäern unter dem Motto: »Antibolschewisten aller Länder vereinigt Euch!«[33]

Für Hitler war es nur folgerichtig, wenn er angesichts der von ihm ausgemachten wachsenden Bedrohung durch den Bolschewismus von außen mit zunehmender Rigorosität gegen dessen vermeintliche Verbündete im Innern vorging. Dies tat er mit dem Mitte September 1935 erlassenen »Reichsbürgergesetz« und dem Gesetz zum »Schutze des deutschen Blutes und der deutschen Ehre«. In der Einleitung des letztgenannten Gesetzestextes hieß es, »dass die Reinheit des deutschen Blutes die Voraussetzung des Fortbestandes des deutschen Volkes ist«[34]. Denn nur – so hatte es Hitler bereits in *Mein Kampf* geschrieben – ein »rassereines« deutsches Volk, ein »germanischer Staat deutscher Nation« würde in der Lage sein, den unausweichlichen Entscheidungskampf gegen das »internationale Judentum« und dessen

277

gefährlichstes Instrument, den Bolschewismus, führen zu können.[35]

In seiner Ansprache vor den Reichstagsabgeordneten hob Hitler die Notwendigkeit der »Blutschutzgesetze« hervor und verwies auf die Kausalität zwischen außenpolitischer Entwicklung und vermeintlicher innenpolitischer Notwendigkeit. Er führte aus, dass die »internationale Unruhe der Welt […] leider auch im Judentum in Deutschland die Auffassung erweckt zu haben [scheine], dass nunmehr vielleicht die Zeit gekommen sei, den deutschen Nationalinteressen im Reiche die jüdischen bemerkbar entgegenzustellen«. Hitler, der die deutschen Juden selbstverständlich im Bunde mit der »internationalen jüdischen Weltverschwörung« sah, unterstellte ihnen planmäßige Handlungen und Demonstrationen gegen das Reich und leitete daraus vordergründig die Legitimation seines Handelns ab: Es bleibe nur »der Weg einer gesetzlichen Regelung des Problems übrig«, sagte er und heuchelte dabei, »ein erträgliches Verhältnis zum jüdischen Volk« anzustreben. Die Gesetze seien als »endgültige Regelung der Judenfrage« anzusehen, beschwichtigte er die Öffentlichkeit, drohte aber, falls diese »einmalige säkulare Lösung« scheitern sollte, das Problem aus der Zuständigkeit des Staates herauszunehmen und zur »definitiven Bewältigung« auf die nationalsozialistische Bewegung zu übertragen.[36]

Konkret beschlossen wurde mit den Nürnberger Gesetzen, dass Reichsbürger derjenige Staatsbürger »deutschen oder artverwandten Blutes« sei, der gewillt und geeignet sei, »in Treue dem deutschen Volk und Reich zu dienen«. Da dies den Juden grundsätzlich abgesprochen wurde, waren ihnen damit alle staatsbürgerlichen Rechte genommen. Weiter isoliert wurden sie, indem »Eheschließungen zwischen Juden und Staatsangehörigen deutschen oder artverwandten Blutes« ebenso verboten wurden wie der bloße Geschlechtsverkehr. Auch wenn versäumt wurde zu definieren, wer überhaupt Jude oder Mischling sei, so bedeuteten die Gesetze doch die Umsetzung der im ersten Parteiprogramm der NSDAP aus dem Jahr 1920 festgeschriebenen Judenpolitik. Doch nicht nur das: Die infolge der Rassegesetze erlassenen Verordnungen setzten nicht nur die von Hindenburg verfügten Sonderregelungen außer Kraft, sondern untersagten den etwa 750 000 deutschen Juden die Ausübung einer Reihe von Berufen. Streichers antisemitisches Hetzblatt *Der Stürmer* schrieb dann das, was Hitler der Öffentlichkeit verschwieg: »Nun ist es zu Ende mit der geheimen Wühlarbeit […] Zu Ende mit den teuflischen Plänen des Judentums! Das weiß der Jude! Er weiß aber noch mehr. Er weiß, dass die Rassegesetze Deutschlands nur der Anfang sind.«[37]

Bereits in dem auf die Isolierung und Entrechtung der deutschen Juden folgenden Sommer drängte Hitler, ihnen die wirtschaftliche Existenz zu nehmen – exakt so, wie er es bereits im nachräterepublikanischen München von der bayerischen Regierung im Falle der ortsansässigen Juden verlangt hatte. In seiner Denkschrift über die Aufgaben des »Vierjahresplans« vom August 1936[38] sprach er sich dafür aus, den Kampf gegen das »internationale Judentum« durch die Einziehung der jüdischen Vermögen im Reich zu finanzieren. Zwei Gesetze sollten das ermöglichen: zum einen ein Gesetz, »das das gesamte Judentum haftbar macht für alle Schäden, die durch einzelne Exemplare dieses Verbrechertums der deutschen Wirtschaft und dem deutschen Volke zugefügt werden«; zum anderen ein Gesetz, mit dem der jüdischen Kapitalflucht aus Deutschland entgegengetreten werden sollte, indem die Bildung von Devisenreserven im Ausland mit der Todesstrafe belegt wurde. Am Ende sollten die Juden aus der Wirtschaft verschwinden, ihre Vermögenswerte konfisziert und damit zusätzliche Finanzierungsmöglichkeiten für den »Vierjahresplan« und für die Kriegsrüstung freigesetzt werden. Doch selbst dem Wirtschaftlaien Hitler war klar, dass die Arisierung der jüdischen Vermögen vor allem der privaten Wirtschaft zugutekommen würde und weniger der Kriegsrüstung. Ihm ging es ohnehin vielmehr darum, die Juden außer Landes zu treiben, sah er doch zumindest in Friedenszeiten keine Möglichkeiten die »Judenfrage« einer grundlegenden Lösung zuzuführen.

Der Schlag gegen die deutschen Juden korrespondierte mit Hitlers wachsenden Ängsten vor einer Einkreisung des nationalsozialistischen Deutschlands durch den »jüdischen Bolschewismus«. Nachdem schon in Frankreich eine von dem jüdisch-stämmigen Politiker Léon Blum geführte Volksfrontregierung die Macht übernommen hatte, war in Spanien im Juli 1936 der Bürgerkrieg ausgebrochen. Das Land schien aus der Sicht Hitlers im »roten Chaos« zu versinken. Die Berichte der Madrider Botschaft riefen bei ihm und seinem Umfeld Erinnerungen an die Zeit der Bayerischen Räterepublik wach. Rudolf Hess, der Stellvertreter des »Führers«, meinte pathetisch: »Wir […], die wir eine Räteherrschaft in München sahen, die wir die Räteherrschaft in Ungarn nicht vergessen haben, die wir die Wahrheit

über Russland kennen, uns überrascht sein [des Bolschewismus, R.G.R.] Gesicht in Spanien nicht.« Und
folgerte daraus: »Der Schauplatz ändert den Ort, das
Wesen bleibt das gleiche.«³⁹ Hitler selbst, der eine deutsche Legion auf die iberische Halbinsel entsandte, meinte
gegenüber seinem Außenminister Joachim von Ribbentrop am 26. Juli 1936: »Gelingt es wirklich, ein kommu-
nistisches Spanien zu schaffen, so ist bei der derzeitigen
Lage in Frankreich die Bolschewisierung auch dieses
Landes nur eine Frage kurzer Zeit und dann kann
Deutschland ›einpacken‹. Eingekeilt zwischen dem gewaltigen Sowjetblock im Osten und einem starken kommunistisch französisch-spanischen Block im Westen
können wir kaum noch etwas ausrichten, falls es Moskau gefällt, gegen Deutschland vorzugehen.«⁴⁰

Unter dem verstärkten Eindruck, die Zeit arbeite gegen ihn und das nationalsozialistische Deutschland, forcierte Hitler nunmehr Entscheidungen, die die Kriegs-
bereitschaft schnellstmöglich gewährleisten sollten. So
ließ er die Dienstpflicht für alle drei Wehrmachtsteile
auf zwei Jahre erhöhen. In seiner Denkschrift über die
Aufgaben des »Vierjahresplans« vom August 1936 begründete er das damit, dass die Welt in immer schär-
ferem Tempo in eine neue Auseinandersetzung treibe,
deren extremste Lösung Bolschewismus heiße, deren
Inhalt und Ziel aber nur die Beseitigung und Erset-
zung der bislang führenden Gesellschaftsschichten der
Menschheit durch das international verbreitete Judentum seien. »Gegenüber der Notwendigkeit der Abwehr
dieser Gefahr« – so Hitler weiter – »haben alle anderen
Erwägungen als gänzlich belanglos in den Hintergrund
zu treten […] Die deutsche Armee muss in vier Jahren

kriegsfähig sein.«[41] Mehr Zeit glaubte Hitler unter dem Eindruck der Ereignisse in Spanien nicht mehr zu haben. Mitunter meinte er in seiner Wahnwelt sogar, dass es bereits zu spät sei, wenn er in einem Gespräch mit dem japanischen Botschafter Oshima Europa mit einem Gebirgstal verglich, über dessen Hängen ein riesiger Felsen drohe, »der jeden Augenblick sich losreißen, in die Tiefe stürzen und alles Leben unter sich begraben könne«[42].

Auch wenn Hitlers Wahnwelten, die als Propaganda kaum taugten, auf dem Nürnberger Reichsparteitag über Gebühr strapaziert wurden, so erschien seine Politik – oberflächlich betrachtet – als revisionistisch. Seine in ihrer wirklichen Dimension von den meisten Deutschen nicht einmal im Ansatz verstandene Judenpolitik wurde hingenommen, genauso wie die Verfolgung politisch Andersdenkender. Die spektakulären Erfolge seiner Politik ließen das Unschöne nichtig und klein erscheinen, befand sich doch die Nation im Taumel eines lange nicht mehr erlebten Glücksgefühls: Die Beseitigung der Arbeitslosigkeit, die Wiederaufrüstung, die Besetzung des Rheinlands, die »Heimkehr der Saar« und schließlich 1938 der Anschluss Österreichs gaben den Deutschen ihre verlorene Selbstachtung zurück. Entsprechend sah man in Hitler den ganz großen Deutschen, hatte er doch die Schmach von Versailles getilgt und den »Nationalstaat aller Deutschen« Wirklichkeit werden lassen.

Dass dies alles nur der Anfang seines globalen Kampfes gegen das »Weltjudentum« war, blieb den allermeisten verborgen. Nur in privaten Gesprächen äußerte sich Hitler über seine eigentliche Zielsetzung, über den noch

bevorstehenden Kampf gegen den »jüdischen Bolschewismus«. Gegenüber Wilhelm Dommes, einem Vertrauten des im niederländischen Exil lebenden Kaisers,
sagte er, er habe keinen persönlichen Ergeiz. Seine Aufgabe sei die »Rettung Deutschlands vom Bolschewismus und den Juden. Diese Aufgabe sei groß genug und
noch lange nicht gelöst. Gerade mit dem Bolschewismus
könne es noch zu schweren Kämpfen kommen […]« Bei
der »Judenfrage« – so Hitlers Gesprächspartner – sei
dieser »sehr leidenschaftlich geworden und hätte durch-
blicken lassen, dass S[eine] M[ajestät] die Juden zu sehr
protegiert habe […] Hitler habe ihm darauf die ganze
Schuld der Juden an der Revolution und dem Unglück
Deutschlands dargelegt.«[43]

Aber auch bei seinen Reden und zwar immer dann,
wenn er wieder eine Voraussetzung für die Inangriff-
nahme seines großen Zieles geschaffen hatte, deutete er
seine eigentlichen Absichten an. So zum Beispiel in seiner Heimatstadt Linz, wo ihm im Zuge des Anschlusses
Österreichs an das Deutsche Reich ein triumphaler Empfang bereitet wurde. Nachdem er seiner Genugtuung
darüber Ausdruck verliehen hatte, seine »teure Heimat«
dem Deutschen Reich »wiedergegeben« zu haben, erklärte er: »Ich weiß nicht, an welchem Tag ihr gerufen
werdet. Ich hoffe, es ist kein ferner. Dann habt ihr einzu-
stehen mit Eurem eigenen Bekenntnis und ich glaube,
dass ich vor dem ganzen deutschen Volk mit Stolz auf
meine Heimat werde hinweisen können.«[44]

Konkret bedeutete für Hitler der Kampf gegen den
»jüdischen Weltfeind« die Ausschaltung der Sowjetunion, deren militärisches Ausgreifen gen Westen nach
den gescheiterten Versuchen an der Bürgerkriegsfront in

Deutschland für ihn ohnehin nur eine Frage der Zeit war. Mit der Ausrottung des »jüdischen Bolschewismus« durch einem großen Feldzug glaubte er, auch das Lebensraum-, Versorgungs- und Rohstoffproblem Deutschlands ein für allemal lösen zu können. Wenngleich Hitler auch unter dem Einfluss des Geopolitikers Karl Haushofer stand – er hielt eine östlich-kontinentale Wirtschaftsexpansion Deutschlands für unabdingbar, ohne dass er freilich an einen Vernichtungskrieg dachte –, war der programmatische Kernpunkt der künftigen deutschen Außenpolitik zunächst einmal ideologisch motiviert. Anders ausgedrückt: Hitlers Rassenideologie barg das Urmotiv für die deutsche Ostexpansion; geopolitische Notwendigkeiten traten bald hinzu.

Wenn Hitler vom »Lebensraum im Osten« sprach, dem in seinem Denken zweifellos eine zentrale Bedeutung zukam, dann implizierte dies für ihn auch immer die Eliminierung der Juden. Davor, diesen Punkt gegenüber den Nicht-Ideologen offen zu thematisieren, scheute sich Hitler allerdings, sprach er ihnen doch ohnehin das Verständnis der »ganz großen Zusammenhänge« ab. Und so kam es, dass Hitlers eigentliche Motive oft weder in den traditionell orientierten Apparaten, deren er sich bedienen musste, noch in seinem unmittelbaren politischen und militärischen Umfeld verstanden wurden. Ein Grund dafür war die Tatsache, dass seine Außenpolitik, deren taktische Wendungen und auch unternommene Planungen durchaus Parallelen und Kontinuitäten zur traditionellen wilhelminischen Großmachtpolitik aufzuweisen schienen.

Wie sehr es sich bei Hitlers Außenpolitik, die die Historiker Andreas Hillgruber und Eberhard Jäckel tref-

fend als rassenideologisch motiviertes Programm deuten[45], um die Ableitung aus seiner frühen Wahnwelt
handelte, zeigt sich nicht zuletzt in der Wahl seiner
außenpolitischen Wunschpartner. Es waren diejenigen
Mächte, von denen er glaubte, dass er sie als Partner
bräuchte, um ein deutsches Ausgreifen nach Osten reali-
sierbar zu machen. Es waren aber auch diejenigen
Mächte, mit denen ihm eine generelle rassische Partner-
schaft möglich erschien oder mit denen ihn eine besondere Abwehrstellung gegenüber dem Bolschewismus
verband. In seinem unveröffentlichten »Zweiten Buch«
aus dem Jahr 1928 beschäftigte sich Hitler mit diesen
Mächten und erläuterte, weshalb sie seine Wunschpartner seien: Da war zunächst das faschistische Italien. Vor
allem der Sieg Mussolinis über den Bolschewismus emp-
fahl das Land. Wie sehr Hitler von seiner Ideologie beherrscht wurde, zeigte sich daran, dass er bei der angestrebten Bildung eines großdeutschen Nationalstaats
sogar auf das im Zuge des Versailler Vertrages Italien
zugeschlagene urdeutsche Südtirol verzichten wollte.
Italien – so prognostizierte Hitler – werde fernab von
deutschen Interessen auf den Spuren des alten Rom wan-
deln. Das natürliche Gebiet der italienischen Expansion
sei und bleibe nämlich »das Randbecken des mittellän-
dischen Meeres«[46].

Eine Interessenkollision mit Großbritannien, dessen
lebenswichtige Seewege zu den »Dominions« durch dasselbe Mittelmeer führten, schloss der ideologisch ver-
blendete Hitler in grober Verkennung der politischen
Wirklichkeit ebenfalls aus. Eben dieses Großbritannien
war Hitlers zweiter und wichtigster Wunschpartner. Ihn
brauchte er unbedingt, um für den rassenideologischen

Vernichtungskrieg gegen den Osten neben Frankreich nicht noch einen zweiten Gegner im Rücken zu haben. Sofern in Großbritannien die »bolschewistischen Zersetzungstendenzen« nicht die Oberhand gewönnen, stand für ihn einem Bündnis nichts im Wege. Denn die natürlichen Feinde Englands seien nicht Deutschland, sondern Frankreich und Russland – Frankreich seiner »weit ausgestreckten weltpolitischen Absichten« wegen. Überdies war Hitler der Überzeugung, dass Großbritanniens Interessen auch mit denen der Vereinigten Staaten kollidierten. »Wenn England seinen großen weltpolitischen Zielen treu bleibt«, so Hitler, »dann werden seine möglichen Widersacher […] in der übrigen Welt […] in Zukunft besonders die amerikanische Union sein«, äußerte der »Weltpolitiker«[47], der in einer verfehlten Flottenpolitik des kaiserlichen Deutschland die Ursache für den Kriegseintritt der Briten sah und dabei den traditionellen Blick Londons auf das kontinentaleuropäische Gleichgewicht ebenso außer acht ließ wie die traditionellen Bindungen der angelsächsischen Mächte untereinander.

Da die wirtschaftlichen Interessen Amerikas vor allem im pazifischen Raum lagen, mussten diese – so Hitler – mit denen Japans kollidieren. Da das »fleißige, soldatisch empfindende […] Volk der Japaner« ebenso wie das der Deutschen ohne Raum sei[48], glaubte Hitler, dass sich die japanischen Expansionspläne gen Westen richteten, also gegen China und Russland und nicht in südlicher Richtung gegen die britischen Interessenzonen mit ihren Schlüsselstellungen Hongkong und Singapur. In Japan sah Hitler einen künftigen potenziellen Verbündeten Deutschlands, auch wenn er »den Gelben«

zeitlebens nicht vertraute. Dieses Misstrauen gründete im Wesentlichen auf dem aus der Kaiserzeit stammenden und in Deutschland immer noch verbreiteten Klischee einer »gelben Gcfahr«. Wenn Hitler Japan dennoch als Bündnispartner sah, so entsprang auch dies zu einem Gutteil seiner antisemitischen Wahnwelt. Dem Juden fehlten »zum gelben Asiaten die Brücken«, sodass es ihm nicht gelungen sei, Japan zu zersetzen.[49]

Wie sehr Hitler von seinen ideologischen Prämissen gelenkt wurde, verdeutlicht einmal mehr die Tatsache, dass er auch dann noch an seinen programmatischen außenpolitischen Vorstellungen starr festhielt, nachdem – anders als im Falle Italiens und Japans, mit denen er sich arrangieren konnte – alle seine Versuche, mit der britischen Regierung zu einer Verständigung zu kommen, selbst nach weitreichenden Zugeständnissen in der Flottenpolitik gescheitert waren. Es gab für Hitler nur ein »mit England«, war er doch davon überzeugt, dass nur der Ausgleich mit den Briten es ihm ermöglichte, den bolschewistischen Koloss im Osten zu zerschlagen. Je länger die Verweigerungshaltung Englands aber andauerte, desto mehr befürchtete Hitler, die Zeit laufe ihm davon.

So erklärt sich auch sein halsbrecherisches Vabanquespiel, mit dem Deutschland durch das Münchner Abkommen die sudetendeutschen Gebiete zurückerhielt, die im Zuge des Versailler Vertrages an den neu gegründeten tschechoslowakischen Staat gegangen waren. Noch für denselben Herbst plante Hitler »die Erledigung der Resttschechei«. Der Winter und die Einwände der Militärs ließen ihn schließlich sein Vorhaben auf das darauf folgende Jahr verschieben.

Gleichsam als Kompensation forcierte Hitler nun seinen Kampf gegen die Juden in Deutschland. Dieser Kampf bestand zunächst darin, sie außer Landes zu schaffen. Nichts anderes hatte er in den Jahren vor dem Putsch immer wieder von der bayerischen Regierung gefordert. Die Juden zu eliminieren war für Hitler deswegen zwingend, weil sie aus seiner Sicht eine große Gefahr für die »rassische Reinheit« und damit für die »Widerstandskraft« des nationalsozialistischen Deutschland waren. Diese Austreibung musste schnell geschehen, möglichst noch vor dem großen Kampf gegen den »jüdischen Bolschewismus«, also vor dem deutschen Ausgreifen nach Osten, fürchtete Hitler doch, dass die Juden im Kriegsfalle die Heimatfront zu unterminieren suchten, so wie sie es seiner Meinung nach schon im Verlauf des Ersten Weltkrieges getan hatten.

Wenn Hitler die Juden aus Deutschland eliminieren wollte, dann hieß das keineswegs, dass er von seiner ideologischen Vorstellung abgerückt war, der »Weltenkampf« gegen das »internationale Judentum« ließe nur eine Lösung zu, nämlich die finale. Hitler war bewusst, dass diese in Friedenszeiten gegenüber der deutschen Bevölkerung nicht durchsetzbar sein würde. Und auch außenpolitisch hätte die finale Lösung der »Judenfrage« das Dritte Reich völlig isoliert und jegliche weiteren bündnispolitischen Ambitionen – zum Beispiel mit England – zunichte gemacht. Aus Hitlers Sicht war demnach alles, was bis zur »Endlösung«, also bis zur Vernichtung der europäischen Juden, geschah, zwangsläufig Improvisation.

Mit Blick auf sein großes Endziel, die Zerschlagung

der »jüdischen Weltverschwörung«, musste er sich also vorerst mit der Austreibung der Juden aus Deutschland begnügen. Anfang 1938 sprach er sich gegenüber Rosenberg dafür aus, diese »mit allen Mitteln zu fördern«, wobei der Strom der Auswanderung in erster Linie nach Palästina zu lenken sei. Der antisemitische Terror im Reich und vor allem auch in der hinzugekommenen Ostmark sollte die Neigung der Juden wachsen lassen, dem deutschen Machtbereich den Rücken zu kehren. Tatsächlich nahm die Emigration rasant zu, die von einem »Judenreferat« der SS organisiert wurde. Doch das Kalkül Hitlers sollte nicht aufgehen, denn die Zionisten stießen mit ihrer Ansiedlung der Juden in Palästina bald auf den Widerstand der Araber. Dies wiederum zog die Intervention der britischen Schutzmacht nach sich, die nun ihrerseits die jüdische Zuwanderung drosselte. Nach und nach schlossen zahlreiche Länder ihre Grenzen für die deutschen Juden oder reduzierten zumindest ihre Aufnahmekontingente.

Die von Washington in Juli 1938 nach Évian am Genfer See einberufene Flüchtlingskonferenz, zu der 32 Länder ihre Delegierten entsandt hatten, änderte daran nichts. Auch die Vereinigten Staaten, die nach Palästina die meisten jüdischen Flüchtlinge aufgenommen hatten, zeigten sich nicht bereit, ihre strengen Einwanderungsbestimmungen zu lockern, ahnte doch niemand der Konferenzteilnehmer, dass Hitler an eine Ausrottung der Juden dachte. Die Verweigerungshaltung der Konferenz wurde von den Juden und deren Organisationen mit einer »Mischung aus Kummer, Wut, Frustration und Grauen« aufgenommen[50], während Hitler auf dem Reichsparteitag des Jahres 1938 hämisch polterte: »Jetzt aber, da [...] die Nation nicht mehr gewillt ist, sich von diesen Parasiten aussaugen zu lassen, jammert man darüber. Aber nicht, um nun endlich in diesen demokratischen Ländern die heuchlerische Frage durch eine hilfreiche Tat zu ersetzen, sondern im Gegensatz, um eiskalt zu versichern, dass dort selbstverständlich kein Platz sei! Sie erwarten also, dass Deutschland mit 140 Menschen auf dem Quadratkilometer ohne weiteres das Judentum länger erhalten könnte, aber die demokratischen Weltreiche mit nur ein paar Menschen auf dem Quadratkilometer eine solche Belastung unter keinen Umständen auf sich nehmen könnten.«[51] Dass das Verhalten der Demokratien gegenüber den Juden ganz und gar nicht in Hitlers Wahnwelt von der »jüdischen Weltverschwörung« passte, kümmerte den Hasserfüllten nicht.

Da sich die Vertreibung der Juden aus Deutschland – bis zum Herbst 1938 hatten mehr als 200 000 der etwa 600 000 im Reich lebenden Juden ihre Heimat verlassen – aufgrund der schwindenden Aufnahmebereitschaft des Auslands immer schwieriger gestaltete, wurde Hitler ungeduldiger. »Die Juden müssen aus Deutschland, ja aus ganz Europa heraus. Das dauert noch eine Zeit, aber geschehen wird und muss das. Der Führer ist fest entschlossen dazu«, hatte Goebbels schon Monate vor Évian nach einem Treffen mit Hitler notiert.[52] Der griff bald zu noch brutaleren Mitteln. In einer Nacht- und Nebelaktion wurden Ende Oktober 1938 17 000 im Reich lebende polnische Juden im wahrsten Sinne des Wortes aus dem Land geworfen, als Warschau ihnen die Staatangehörigkeit abzuerkennen drohte. Unter diesen befanden sich die Eltern eines jungen Mannes namens Herszel Grynszpan, der kurz darauf den Mitarbeiter der deutschen Botschaft in Paris, Ernst vom Rath, erschoss. Für Hitler bot dieses Attentat die willkommene Gelegenheit, einen landesweiten Schlag gegen die deutschen Juden zu initiieren. Am 9. November 1938 brannten die Synagogen in Deutschland. Die »Reichskristallnacht«, die von Goebbels so inszeniert wurde, als handele es sich um spontane Aktionen einer aufgebrachten Bevölkerung, verstand Hitler, der in den Juden eine Art Geiseln sah, auch als eine erneute Drohung an das westliche Ausland. Reichsmarschall Göring berichtete, dass Hitler ihm am 9. November erläutert habe: Es ginge nicht mehr anders. Er wolle auch den anderen Staaten sagen: »Was redet ihr immer von den Juden? Nehmt sie!«[53]

In den darauf folgenden Wochen und Monaten verschärfte Hitler seine Judenpolitik immer mehr. So wurde die »Zwangsarisierung« der noch im jüdischen Besitz befindlichen Betriebe, Immobilien und Vermögen forciert und den Juden eine »Sühneleistung« für die Ermordung des Pariser Botschaftsmitarbeiters in Höhe von einer Milliarde Reichsmark auferlegt, eine Summe, die etwa einem Fünftel des jüdischen Vermögens in Deutschland entsprach. Hinzu kam eine Reihe von Maßnahmen – wie etwa der Ausschluss jüdischer Kinder vom Schulunterricht –, mit denen die Juden nunmehr vollends aus dem öffentlichen Leben verschwinden sollten. Gleichzeitig wurde der von Alfred Rosenberg initiierte Madagaskar-Plan, also die Abschiebung der Juden auf die Insel im Indischen Ozean, weiterverfolgt. Doch das Unternehmen wollte nicht so recht vorankommen.

Auch Hitlers außenpolitischen Erfolge des Jahres 1938 konnten nicht darüber hinwegtäuschen, dass der zentrale Baustein, sein Bündnis mit England, nicht zu-

Brennende Berliner Synagoge in der sogenannten Reichskristallnacht, 9. November 1938.

stande gekommen war. Würde er die Voraussetzung für den Krieg gegen die »jüdisch-bolschewistische« Sowjetunion schaffen, indem er die »Resttschechei« oder Polen zerschlagen würde, drohte ein neuerlicher Zwei-Fronten-Krieg. Abermals unter dem Eindruck, die Zeit laufe ihm davon, stand dann Hitlers hasserfüllte Prophezeiung vom 30. Januar 1939, nach der er die europäischen Juden vernichten wollte, wenn es zu einem neuen Weltkrieg käme. Nachdem er noch einmal hervorgehoben hatte, dass die Juden Deutschland, wo sie sich »eingenistet« hätten, verlassen müssten und dass sie nicht nur ein deutsches, sondern ein europäisches Problem darstellten, erklärte er: »Ich bin in meinem Leben sehr oft Prophet gewesen und wurde meistens ausgelacht. In der Zeit meines Kampfes um die Macht war es in erster Linie das jüdische Volk, das nur mit Gelächter meine Prophezeiungen hinnahm, ich würde einmal in Deutschland die Führung des Staates übernehmen [...] und dann unter vielen anderen auch das jüdische Problem zur Lösung bringen. Ich glaube, dass dieses schallende Gelächter dem Judentum in Deutschland unterdes wohl schon in der Kehle erstickt ist. Ich will heute wieder Prophet sein: Wenn es dem internationalen Finanzjudentum in und außerhalb Europas gelingen sollte, die Völker noch einmal in einen Weltkrieg zu stürzen, dann wird das Ergebnis nicht die Bolschewisierung der Erde und damit der Sieg des Judentums sein, sondern die Vernichtung der jüdischen Rasse in Europa.«[54] Schon eine gute Woche zuvor hatte er sich gegenüber dem tschechoslowakischen Außenminister Frantisek Chvalkovsky im gleichen Sinne geäußert.

Der deutsche Diktator trat auf der Stelle, was die Realisierung seiner »entscheidenden Mission« betraf, die er »auf dieser Erde zu erfüllen«[55] habe. Um den Eindruck zu vermeiden, seine Außenpolitik sei konzeptionslos, hatte er im Februar 1939 gegenüber Offizieren erklärt, »alle die einzelnen Entschlüsse, die nun seit dem Jahr 1933 verwirklicht worden sind, sind nicht das Ergebnis augenblicklicher Überlegungen, sondern sie sind die Durchführung eines Planes, nur vielleicht unter nicht genauer Einhaltung vorgesehener Termine [...]«[56] Hitler spielte hier einmal mehr Vabanque. Es ging für ihn noch einmal gut. London und Paris nahmen den Einmarsch in die »Resttschechei« hin. Doch nun stand unweigerlich fest, dass unter den gegebenen außenpolitischen Bedingungen ein deutscher Feldzug gegen Polen als Voraussetzung für den Krieg gegen die Sowjetunion in einen neuerlichen Zwei-Fronten-Krieg führen würde, den es aber, wie die Erfahrung der Jahre zwischen 1914 und 1918 lehrte, unter allen Umständen zu vermeiden galt. Hitler war also in eine Sackgasse geraten, aus der es zunächst keinen Ausweg zu geben schien.

Hitler fand ihn schließlich doch, indem er das tat, was er bereits im April 1920 angekündigt hatte, als er im Verlauf einer Rede kategorisch erklärte: »Um unser Ziel zu erreichen, muss uns jedes Mittel recht sein, selbst wenn wir uns mit dem Teufel verbinden müssten.«[57] Der »Teufel« war in diesem Fall die Sowjetunion, die Verbindung der Hitler-Stalin-Pakt, ein Pakt mit dem »jüdischen Bolschewismus« im August 1939. Dieser Pakt sollte nun also die Voraussetzung für die Ausrottung des »jüdischen Bolschewismus« schaffen. Gegenüber Carl Jacob Burckhardt, dem Hohen Kommissar des Völkerbunds in der »Freien Stadt Danzig«, erläuterte

Hitler sein Vorgehen: »Alles, was ich unternehme, ist gegen Russland gerichtet. Wenn der Westen zu dumm und zu blind ist, um dies zu begreifen, werde ich gezwungen sein, mich mit den Russen zu verständigen, den Westen zu schlagen, und dann nach seiner Niederlage mich mit meinen versammelten Kräften gegen die Sowjetunion zu wenden.«[58]

Bezeichnend für Hitlers Haltung war es, dass er nicht selbst nach Moskau reiste (so wie Stalin nicht nach Berlin kam), sondern den von seinen eigentlichen ideologischen Zielvorstellungen unbelasteten Außenminister Joachim von Ribbentrop in die wichtigste Bastion seines »jüdischen Weltfeindes« entsandte. Hitler fürchtete offenbar, dass ihm dort etwas zustoßen könnte, denn Russland und der Bolschewismus hatten für ihn etwas Angsteinflößendes. Gegenüber seiner Sekretärin räumte er einmal ein, dass Russland ihm »unheimlich« sei – so wie das Geisterschiff in Wagners *Fliegendem Holländer*.[59]

Der Hitler-Stalin-Pakt, mit dem beide Diktatoren im Bewusstsein eines ohnehin unausweichlichen Waffengangs letztendlich um einer Atempause willen ihre Interessensphären vorläufig absteckten, dient Bullock als Beleg für die prinzipienlose Machtpolitik Hitlers, zumal dieser in einem Brief an Mussolini im Vorfeld des Paktes geschrieben hatte: »Russland erlebt seit dem endgültigen Sieg Stalins ohne Zweifel eine Wandlung des bolschewistischen Prinzips in Richtung auf eine nationale russische Lebensform.«[60] Hinter Hitlers Worten verbarg sich aber nichts anderes als der Zwang, seine bizarr anmutende Kehrtwende gegenüber seinen Verbündeten irgendwie begründen zu müssen, wollte er doch den »Duce« nicht in seine eigentlichen Pläne einweihen.

Gleichwohl war Hitler zeitweise von Stalin irritiert, nicht nur weil dieser sich inzwischen »Führer« nennen ließ und fortwährend die Weltrevolution proklamierte. Stalin, von dem Hitler einmal sagte, dass dessen Mitarbeiter »zu neun Zehntel aus waschechten Hebräern«[61] bestünden, hatte zwischen 1936 und 1939 große »Säuberungen« durchführen lassen, bei denen Hunderttausende aus dem Staats- und Parteiapparat, aber auch aus dem Offizierskorps ermordet worden waren. Darunter befanden sich namhafte Bolschewiken jüdischer Herkunft wie Sinowjew, Radek und Pjatakow. Goebbels' Tagebucheinträge spiegeln Hitlers Irritation wider. So notiert er am 25. Januar 1937: »In Moskau wieder Schauprozess. Diesmal wieder ausschließlich gegen Juden. Radek etc. Führer noch im Zweifel, ob nicht doch mit versteckter antisemitischer Tendenz. Vielleicht will Stalin doch die Juden herausekeln.«[62] Hitler hatte es also für möglich gehalten, dass sich Russland vom »jüdischen Bolschewismus« reinigen und sich zu einem nationalen und dann erst wirklich sozialistischen Staat entwickeln könnte. Mit der Vorstellung, dass es ausgerechnet Stalin sein würde, der aus der Sowjetunion einen in gewisser Hinsicht national-sozialistischen Staat formen würde, konnte sich Hitlers dann doch nicht anfreunden. Gleichwohl war man zunächst ratlos. »Aus dem Moskauer Prozess wird niemand schlau«[63], schrieb Goebbels an anderer Stelle. Schließlich fand Hitler für sich eine Erklärung, indem er Stalin attestierte, dass er »krank« sei und ein »defektes Gehirn« haben müsse. Jenes Chaos, das Hitler jetzt in bolschewistischen Russland ausmachte, fügte sich dann noch am ehesten in sein Bild »vom Juden«, war dieser doch – nach seiner Sicht der

Dinge – »Ferment der Dekomposition«, der »Zersetzung«. Daraus leitete er schließlich die Richtigkeit seiner längst getroffenen Entscheidung ab, wenn er einmal mehr schlussfolgerte: »Muss ausgerottet werden.«[64]

Eben dieses Ziel verfolgte Hitler auch noch im Sommer 1939. Den Pakt mit dem »Todfeind«, der ihm ein »Bruch« mit seiner ganzen Herkunft und mit seinen »Ideen«, ja eine »Qual« gewesen sei[65], begriff er – wie erläutert – als einen rein taktischen Winkelzug, als eine Art Zwischenlösung, von der er sich unter anderem zumindest ein Stillhalten Londons bei einem deutschen Angriff auf Polen versprach. Doch Hitlers Hoffnungen erfüllten sich nicht. Als die deutschen Truppen am 1. September 1939 in Polen einmarschierten, erklärten Großbritannien und Frankreich dem Deutschen Reich den Krieg. Obwohl dies der erste schwere Rückschlag für Hitler war, der bei seinen Satrapen für einen Augenblick lang Zweifel an seiner »entscheidenden Mission« aufkommen ließ, hatten die Kriegserklärungen zunächst noch wenig konkrete Folgen für den Verlauf des Krieges selbst: Polen wurde innerhalb weniger Wochen von der deutschen Wehrmacht überrollt und sein Territorium nach dem Einmarsch der Roten Armee gemäß der im Hitler-Stalin-Pakt festgelegten Einflusszonen aufgeteilt. Im Schatten dieser Ereignisse begann nicht nur der Mordbrand an den Juden – etwa 5000 fielen diesem in Polen zum Opfer –, sondern auch der Massenmord an einer deutschen Bevölkerungsgruppe: die »Befreiung« des deutschen »Volkskörpers« von »unwertem Leben«, so wie Hitler sie in *Mein Kampf* bereits beschrieben hatte. Der Euthanasie, die der rassischen Aufrüstung des »deutschen Volkskörpers« für den Kampf gegen das

»Weltjudentum« dienen sollte, fielen etwa 70 000 Menschen zum Opfer.

Was die deutschen Juden betraf, verfolgte Hitler nach wie vor seinen Austreibungskurs. Zwischen 1933 und 1941 wurden 360 000 Juden aus Deutschland und weitere 177 000 aus Österreich und der »Tschechei« verjagt. Doch mit dem Einmarsch in Polen waren zu den im Reich lebenden Juden noch Millionen polnischer Juden hinzugekommen. Schon im Juni 1940 hatte der Chef der Sicherheitspolizei und des Sicherheitsdienstes Reinhard Heydrich darauf hingewiesen, dass das Gesamtproblem – es handele sich allein in den deutscher Hoheitsgewalt unterstehenden Gebieten um 3,25 Millionen Juden – durch Auswanderung nicht mehr gelöst werden könne. Eine »territoriale Endlösung« werde dadurch notwendig. In der Folgezeit wurde über ein großes »Judenreservat« im Distrikt Lublin in Ostpolen nachgedacht. Auch der Madagaskar-Plan wurde vorübergehend wiederbelebt, erhoffte man sich doch von einem erfolgreichen Westfeldzug eine neue Gesamtlage, die eine Auswanderung der Juden auf die Insel im Indischen Ozean möglich machte.

Als nach einem beispiellosen Siegeslauf der Wehrmacht der »Erbfeind« im Westen geschlagen war, als in demselben Eisenbahnwagen, in dem Matthias Erzberger 1918 im Wald von Compiègne den schmachvollen Waffenstillstand unterzeichnet hatte, im Juli 1940 Frankreich die Kapitulation unterschrieb, hatte Hitler den Zenit seiner Macht erreicht. Doch London verweigerte sich ihm nach wie vor. Und auch ein Bombardement änderte nichts an der Haltung der Briten Hitlers Bündnisbestrebungen gegenüber. Denn die Erlangung der deutschen Luftherrschaft über die Insel scheiterte ebenso wie Hitlers Versuch, einen »Kontinentalblock« aus Spanien, Italien und Vichy-Frankreich zu formieren, um auf diese Weise England »zur Vernunft« zu bringen. Besessen von der Vorstellung, dass die Zeit wiederum gegen ihn arbeite, entschloss sich Hitler nun dazu, Großbritannien den letzten »Festlandsdegen« – Russland – zu nehmen. Mit anderen Worten: das Kernstück seines Kriegsplans, die Niederwerfung der »jüdisch-bolschewistischen« Sowjetunion, wurde von Hitler nunmehr in Angriff genommen, um die Voraussetzungen für ein Einlenken Großbritanniens zu schaffen. Das klingt in der Rückschau absurd und erklärt sich nur mit der Zwangsvorstellung Hitlers, ihm bleibe nicht mehr die Zeit, um seine »entscheidende Mission« zu vollenden.

Wenn Hitler keine drei Wochen vor dem Russlandfeldzug gegenüber Mussolini erklärte, dass alle Juden Europa verlassen müssten und sie »vielleicht« in Madagaskar unterkommen könnten, so war dies freilich nur noch eine Ausflucht.[66] Denn mit dem Unternehmen »Barbarossa«, dem größten Feldzug der Weltgeschichte, begann am 22. Juni 1941 ohnehin sein eigentlicher Krieg gegen das »Weltjudentum«. Für ihn war dieser Krieg eine unabdingbare Konsequenz aus den Ereignissen der Jahre 1918/19, als die »jüdische Weltverschwörung« in Gestalt von Revolution und Versailles Deutschland niederwarf. Hitlers »Aufruf an die Soldaten der Ostfront« spiegelte dieses Denken wider, wenn er von einem »Anschlag« auf die europäische Kultur sprach. »Alleine seit über zwei Jahrzehnten hat die jüdisch-bolschewistische Machthaberschaft von Moskau aus versucht, nicht nur Deutschland, sondern ganz Europa in Brand zu stecken«[67], erklärte Hitler. Und in der von Goebbels verlesenen und über alle Reichssender ausgestrahlten »Proklamation des Führers«, hieß es, dass nunmehr die Stunde gekommen sei, »dem Komplott der jüdisch-angelsächsischen Kriegsanstifter und der ebenso jüdischen Machthaber der bolschewistischen Moskauer Zentrale entgegenzutreten«[68]. Es war die Stunde, der Hitler bereits als Propagandamann der Reichswehr im nachräterepublikanischen München entgegengefiebert hatte.

Hitlers Krieg gegen die Sowjetunion war von vornherein als Vernichtungskrieg angelegt. Es ging ihm dabei, wie Andreas Hillgruber zu Recht konstatiert, neben der Schaffung eines deutschen Ostimperiums um die »Ausrottung der ›jüdisch-bolschewistischen Führungsschicht‹« einschließlich ihrer angeblichen biologischen Wurzeln, der Millionen Juden in Ostmitteleuropa.[69] Schon im Vorfeld hatte Hitler die Wehrmacht auf diese neue Form des Krieges eingeschworen. Ende Mai erging ein Erlass Hitlers, »die militärische Gerichtsbarkeit im Kriege betreffend«[70]. Nach diesem sollten Wehrmachtsangehörige nicht belangt werden, wenn sie gegen Zivilpersonen vorgingen. Begründet wurde das damit, dass der Zusammenbruch des Jahres 1918, die spätere Leidenszeit des deutschen Volkes und der Kampf gegen den Nationalsozialismus mit den zahllosen »Blutopfern« der Bewegung entscheidend auf bolschewistischen Einfluss zurückzuführen gewesen seien und kein Deutscher dies vergessen habe.[71] Anfang Juni war der sogenannte Kommissar-Befehl vorgelegt worden. Darin hieß es: »Im Kampf gegen den Bolschewismus ist mit dem Verhalten des Feindes nach den Grundsätzen der Menschlichkeit und des Völkerrechts nicht zu rechnen. Insbesondere ist von den politischen Kommissaren aller Art als den eigentlichen Trägern des Widerstandes eine hasserfüllte, grausame und unmenschliche Behandlung unserer Kriegsgefangenen zu erwarten.« Deshalb müssten die Sowjetkommissare als die »Urheber barbarisch-asiatischer Kampfmethoden« »abgesondert« und »erledigt« werden.[72]

Ein Befehl des dem Nationalsozialismus nahestehenden Generalfeldmarschalls Walter von Reichenau an die Truppe spiegelt den Charakter des Russland-Feldzuges wider, wonach der Soldat nicht nur ein Kämpfer nach den Regeln der Kriegskunst sei, »sondern auch Träger einer unerbittlichen völkischen Idee [...] Deshalb muss der Soldat für die Notwendigkeit der harten, aber gerechten Sühne am jüdischen Untermenschentum volles Verständnis haben [...] Fern von allen politischen Erwägungen für die Zukunft, hat der Soldat zweierlei zu erfüllen: 1. die völlige Vernichtung der bolschewistischen Irrlehre, des Sowjetstaates und seiner Wehrmacht, 2. die erbarmungslose Ausrottung artfremder Heimtücke und Grausamkeit und damit die Sicherung des Lebens der deutschen Wehrmacht in Russland. Nur so werden wir unserer geschichtlichen Aufgabe gerecht, dass deutsche Volk von der asiatisch-jüdischen Gefahr ein für allemal zu befreien.«[73]

Die Vernichtung der »jüdisch-bolschewistischen Führungsschicht« wurde dem Reichsführer-SS, Heinrich Himmler, übertragen. Um die »Sonderaufgaben im Auftrage des Führers« realisieren zu können, waren vier Einsatzgruppen gebildet worden, die im rückwärtigen Raum, also hinter den Fronten, zunächst nur Männer liquidierten, seit August 1941 dann auch Frauen, Kinder und Greise. Wurden die Opfer anfangs noch in Gruben erschossen, kamen später auch mobile Gaswagen zum Einsatz, die ursprünglich für die Euthanasie-Aktion genutzt worden waren. Die Zahl der Ermordeten stieg im Verlauf des Russland-Feldzugs rasant an. Waren es im Juli 1941 noch unter 5000, so stieg ihre Zahl im August auf mehr als 37 000 Personen, von denen die meisten (32 000) in der zweiten Hälfte des Monats getötet wurden. Im September erreichten die Zahlen einen neuen, grauenhaften Spitzenwert: mehr als 56 000 ermordete Juden, davon zwei Drittel Frauen und Kinder. Bis zum Jahresende sollte in dieser ersten Phase des Völkermords eine halbe Million Menschen von Himmlers Häschern getötet werden.

Die Eskalation des Mordens stand in einem unübersehbaren Zusammenhang mit dem Verlauf des Krieges. Nachdem die gewaltigen Siege der Wehrmacht und die ungeheuren Verluste der Roten Armee zunächst auf einen neuerlichen Blitzkrieg und -sieg zu deuten schienen, zeigte sich bereits Ende Juli 1941, dass man die Widerstandskraft der Sowjetunion katastrophal unterschätzt hatte. Dies musste umso folgenschwerer sein, da die Interventionsarmeen nicht für einen längeren Ostkrieg, der in den Winter hineinreichte, vorbereitet waren. Wilhelm Keitel, der Chef des Oberkommandos der Wehrmacht, berichtete am 25. Juli, dass der »Führer« sich besorgt frage: »Wie viel Zeit habe ich noch, um mit Russland fertig zu werden, und wie viel Zeit brauche ich noch?«[74] Am Tag darauf gab Goebbels nach Rücksprache mit »seinem Führer« seiner Propagandaabteilung die Weisung: »Das Volk muss wissen, dass Deutschland jetzt um seine nackte Existenz kämpft und dass wir nur zu wählen haben zwischen einer absoluten Liquidierung der deutschen Nation und der Weltherrschaft.«[75]

Hitler war sich gewiss, dass der Kriegseintritt der Vereinigten Staaten und damit der Zwei-Fronten-Krieg nur noch eine Frage der Zeit war. Am 14. August 1941 nämlich hatten Churchill und Roosevelt die Atlantikcharta verkündet und damit ihre Ziele in Europa umrissen, einem Europa, in dem es ein nationalsozialistisches Deutschland nicht mehr geben würde. Aus Hitlers rassenideologischer Weltsicht hatten sich nunmehr die angelsächsischen Mächte, in denen sich der jüdische Einfluss durchgesetzt zu haben schien, mit dem bolschewistischen Russland zusammengefunden, um Deutschland zu vernichten. Schon am 24. Juli hatte Goebbels nach einem Besuch bei Hitler in seinem Tagebuch festgehalten: »Im Übrigen ist das Zusammengehen zwischen Bolschewismus und Plutokratie jetzt ein ganz offenes und selbst von Moskau nicht mehr bestrittenes Geheimnis. Stalin [...], Churchill und Roosevelt sind augenblicklich die drei großen [...] Gegner der nationalsozialistischen Revolution [...] Roosevelt ist dabei der Zynischste« unter den »Häupter[n] der großen Weltverschwörung gegen Deutschland«[76].

Ein neuerlicher Weltkrieg war aus Hitlers Sicht spätestens nach der Atlantikcharta unabwendbar geworden. Entsprechend stellte er seinen Kampf fortan unter die Parole eines »Krieges gegen die Juden«[77]. Und dieser beinhaltete die physische Vernichtung der europäischen Juden. So war es denn auch kein Zufall, dass Hitler unmittelbar nach der Unterzeichnung der Atlantikcharta seiner Überzeugung Ausdruck verlieh, dass sich seine

303

Vernichtungsprophezeiung vom Januar 1939 bestätigen werde, wenn es dem Judentum noch einmal gelänge, einen Weltkrieg »zu provozieren«[78].

Schon Ende Juli 1941 hatte Hitler angesichts der Sorge um die Ostfront den Kampf gegen die vermeintlichen Träger dieses »bolschewistischen Irrsinns« weiter forciert. So ließ er die Deportationen der Juden nicht mehr nur aus dem Reich, sondern aus dem gesamten deutschen Machtbereich in Europa vorbereiten. Als Ergänzung zur Vollmacht, die Hermann Göring in seiner Eigenschaft als Bevollmächtigter des »Vierjahresplans« Heydrich im Januar 1939 erteilt hatte, wurden die Befugnisse des Chefs des Reichssicherheitshauptamtes erweitert, und zwar am 31. Juli 1941, einen Tag, nachdem Hitler der Heeresgruppe Mitte den Übergang zur Verteidigung hatte befehlen müssen. Heydrich wurde nun beauftragt, »alle erforderlichen Vorbereitungen in organisatorischer, sachlicher und materieller Hinsicht zu treffen für eine Gesamtlösung der Judenfrage im deutschen Einflussgebiet in Europa«. Darüber hinaus wurde Heydrich angewiesen, »in Bälde einen Gesamtentwurf […] zur Durchführung der angestrebten Endlösung […] vorzulegen«[79].

Im August wurde dann von Hitler die öffentliche Brandmarkung der deutschen Juden durch einen gelben Stern genehmigt. Die Maßnahme stand ebenfalls in Zusammenhang mit dem Kriegsverlauf. Es gelte die Juden durch eine Kennzeichnung davon abzuhalten, die Stimmung zu verderben, meinte Goebbels in seiner Eigenschaft als Berliner Gauleiter.[80] Mitte/Ende September rückte Hitler von seiner ursprünglichen Absicht ab, die Juden im »Altreich« und im Protektorat Böhmen und

Mähren erst nach Ende des Krieges zu deportieren. Hitlers ausdrücklicher Wunsch war es nun, »dass möglichst bald das Altreich und das Protektorat von Westen nach Osten von Juden geleert und befreit werde[n]«[81]. Nachdem schon Hunderttausende Juden und Polen aus den annektierten Ostgebieten ins Generalgouvernement, wie das restpolnische Gebiet jetzt hieß, deportiert worden waren, sollten bis Ende 1941 etwa 60 000 deutsche Juden in das Wartheland, genauer gesagt ins Lodzer Großghetto, verschoben werden, um von dort bald weiter nach Osten gebracht zu werden.

Eine Rolle für die Deportationsentscheidung Hitlers dürfte der inzwischen erfolgte verdeckte Kriegseintritts der Vereinigten Staaten gespielt haben. Am 11. September 1941 hatte Roosevelt einen »Schießbefehl« gegen die Schiffe der »Achsenmächte« im Bereich der nordatlantischen Geleitzugrouten erlassen, den der Präsident mit dem irrtümlich erfolgten Angriff eines deutschen U-Boots auf einen amerikanischen Zerstörer begründete. Und sein neuer Verbündeter Stalin hatte soeben die Deportation der Wolgadeutschen nach Sibirien angeordnet, Tausende von ihnen wurden liquidiert. Der Verbindungsmann des Ostministers, Werner Koeppen, hielt nach einem Besuch bei Hitler am 21. September 1941 fest, Hitler erwäge, sich »für einen eventuellen Eintritt Amerikas in den Krieg […] Pressalien gegen die deutschen Juden wegen der Behandlung der Wolgadeutschen«[82] vorzubehalten.

Der Kriegsverlauf und die Forcierung seiner Maßnahmen gegen die Juden bedingten also einander, denn für Hitler war jeder einzelne Jude im Reich ebenso Feind wie jeder einzelne Rotarmist an der Ostfront. Je erfolgreicher die militärischen Operationen der Wehrmacht dort waren, desto weniger dringlich mussten Hitler die Maßnahmen gegen die Juden erscheinen. Und umgekehrt: Je erfolgloser sein Krieg wurde, desto wichtiger und drängender musste die physische Vernichtung der Juden sein. Dass sie grundsätzlich unumgänglich war, stand für Hitler – seiner rassenideologischen Weltsicht zufolge – außer Frage. Denn wenn das Judentum für ihn das »zersetzende Element des Weltenlaufes« war, wenn es sich für ihn gegen Deutschland verschworen hatte, dann wäre die Gefahr erst dann gebannt, wenn die »biologische Substanz« des Judentums nicht mehr existierte.

Wie sehr Hitler nach wie vor seiner verschwörerischen Weltsicht anhing, verdeutlichen auch einige unbeachtete Passagen seiner Tischgespräche im »Führerhauptquartier« aus jenen Herbsttagen des Jahres 1941. Es war ein Zeitpunkt, an dem er unter dem Eindruck des deutschen Sieges in der Doppelschlacht von Wjasma und Brjansk und der ungeheuerlichen Verluste der Roten Armee glaubte, den Russland-Feldzug doch noch für sich entschieden zu haben. Gegenüber dem Leiter der Parteikanzlei der NSDAP, Martin Bormann, meinte er am 21. Oktober, das vermeintlich zersetzende Wesen des Judentums im Weltenlauf erklärend, der Jude Saulus sei es gewesen, der als Paulus die ursprünglich antijüdische Lehre Jesu »für seine Zwecke umgefälscht« habe. »Mit seinen Christentum stellte Paulus der römischen Staatsidee die Idee eines überstaatlichen Reiches gegenüber […] Während nun alle anständigen Elemente in Rom sich der neuen Lehre verschlossen, brachte das Urchristentum die revolutionäre Aufwiegelung des Mobs der

Millionenstadt; Rom wurde bolschewisiert, und dieser Bolschewismus wirkte sich in Rom genauso aus, wie wir es später in Russland erlebten. Erst unter den Einwirkungen des germanischen Geistes hat nach und nach das Urchristentum seinen offenen bolschewistischen Charakter verloren; es ist einigermaßen tragbar geworden. Während es abstirbt, will der Jude nun wieder mit dem Urchristentum, mit dem Bolschewismus beginnen.« Damals wie heute erlebe man das Gleiche, ein ganz niedriges, allen gemeines Niveau. »Aus Saulus wurde ein Paulus und aus dem Mardochai ein Karl Marx.«[83] Was Hitler hier – und an mehreren anderen Tagen – vortrug, waren exakt die Anschauungen, die sein Mentor Dietrich Eckart in seinem Hetzblatt *Auf gut deutsch* in den Jahren 1919 und 1920 zu Papier gebracht und Hitler damals vermittelt hatte. Eckarts Anschauungen hatten für den »Führer« über die Jahre hinweg ihre Gültigkeiten behalten und gehörten zum ideologischen Unterbau seiner Weltmission.[84] Und so meinte er bei einem seiner Monologe abschließend zu Bormann: »Wenn wir diese Pest ausrotten, so vollbringen wir eine Tat für die Menschheit, von deren Bedeutung sich unsere Männer draußen noch gar keine Vorstellung machen können.«[85]

Fast zur gleichen Zeit – inzwischen war die Deportation der deutschen Juden nach Lodz angelaufen – hatte Heydrich ein Verbot der Emigration der Juden angeordnet. Man wollte ihrer habhaft werden, um sie der »Endlösung« zuzuführen. Das bedeutete, dass der Befehl für die zweite, also für die mittel- und westeuropäische Phase der »Endlösung«, in deren Verlauf Europa von West nach Ost systematisch von Juden »gesäubert« werden sollte, zu diesem Zeitpunkt bereits ergangen sein musste. Dem entspricht auch die Aussage des Leiters des »Judenreferats« im SD-Hauptamt, Adolf Eichmann, während seines Jerusalemer Prozesses. Er berichtet, dass er »zwei oder drei Monate« nach Beginn des Krieges gegen die Sowjetunion informiert worden sei. Heydrich habe ihn zu sich befohlen und gesagt: »›Der Führer hat die physische Vernichtung der Juden befohlen.‹ Diesen Satz sagte er mir. Und als er jetzt die Wirkung seiner Worte prüfen wollte, machte er, ganz gegen seine Gewohnheit, eine lange Pause. Ich weiß es heute noch [...]«[86]

Die Entscheidung für die Vollendung des mit dem Russland-Feldzug angelaufenen Völkermords an den europäischen Juden ist also irgendwann im späten August oder September des Jahres 1941 gefallen, als Hitler annahm, dass sein Gesamtkriegsplan gescheitert war, der auf einem schnellen Sieg über die Sowjetunion basierte. Er – von unendlichem Hass auf das Judentum erfüllt – meinte nun auf niemanden und auf nichts mehr Rücksicht nehmen zu müssen, denn die Frontstellungen des »Weltenkampfes« waren eingenommen. Es waren die alten Frontstellungen, denen er sich bereits als Propagandamann der Reichswehr gegenübersah: Deutschland auf der einen Seite und »der jüdische Bolschewismus« sowie der »jüdisch-angloamerikanische Kapitalismus« auf der anderen Seite.

Hitler hatte nun seine letzten Hemmungen, die auch er aller ideologischen Festlegung zum Trotz gehabt hatte, abgelegt. So erinnerte er am 25. Oktober 1941 bei Tisch an seine Prophezeiung und meinte: »Diese Verbrecherrasse hat die zwei Millionen Toten des Weltkrieges auf dem Gewissen, jetzt wieder Hunderttausende. Sage mir keiner: Wir können sie doch nicht in den Morast schicken! Wer kümmert sich denn um unsere Menschen? Es ist gut, wenn uns der Schrecken vorangeht, dass wir das Judentum ausrotten.«[87] An dieser Haltung Hitlers hatte sich auch nichts mehr geändert, als er im Oktober vorübergehend glaubte, die so oft von ihm beschworene »Vorsehung« beschere ihm doch noch den Sieg über Stalins gigantische Militärmacht – eine Hoffnung, die ohnehin bald im Schlamm des russischen Novembers und dann im Schnee des russischen Dezembers zerstob, als frische sibirische Divisionen zur großen Gegenoffensive vor Moskau antraten. Umso nachdrücklicher ließ Hitler nun von seinen willfährigen Helfern das Menschheitsverbrechen in die Tat umsetzen. Entsprechend offen gingen diese fortan damit um. So sprach Alfred Rosenberg, der pathologische Judenhasser der frühen Revolutionszeit, am 18. November 1941 vor ausgewählten Vertretern des Propagandaapparates davon, die besetzten sowjetischen Gebiete seien »berufen die Frage zu lösen, die den Völkern Europas gestellt ist: das ist die Judenfrage«. Sie könne »nur gelöst werden in einer biologischen Ausmerzung des gesamten Judentums in Europa«[88]. Nahezu gleichzeitig veröffentlichte Goebbels in der Zeitschrift *Das Reich* einen Beitrag, in dem es hieß, dass sich am Judentum das Schicksal erfülle, »das zwar hart aber mehr als verdient ist«[89]. Zu diesem Zeitpunkt war die Vorbereitung für die zweite Phase des Völkermords bereits in vollem Gange. Eine abschließende, für Mitte Dezember anberaumte Konferenz in einer Villa am Großen Wannsee in Berlin, bei der die Spitzen der Reichsbehörden die getroffenen Entscheidungen mitgeteilt bekommen sollten, wurde angesichts dramatischer Ereignisse auf den 20. Januar 1942 verschoben.

Denn am 12. Dezember 1941 erklärte Hitler infolge des japanischen Überfalls auf Pearl Harbor den Vereinigten Staaten den Krieg. Aus dem europäischen Krieg war nun auch formal ein Zweiter Weltkrieg geworden. In einer Art Rechenschaftsbericht begründete Hitler dem deutschen Volk seinen Schritt, indem er den Ostfeldzug in eine zweitausendjährige Kontinuität der Selbstbehauptung Europa gegen die »kulturlosen Horden des Ostens« stellte. Auch kam er auf Roosevelt zu sprechen, den er als Kriegstreiber im Dienste der »habsüchtigen Juden« bezeichnete, »die ich aufgrund des Schicksal meines Volkes und meiner heiligsten inneren Überzeugung« von Anfang an bekämpfte. Zu den Wurzeln seiner hasserfüllten Wahnwelt zurückkehrend, fuhr er fort, dass schon hinter dem amerikanischen Präsidenten Wilson »eine Gesellschaft interessierter Finanziers« gestanden habe, die sich dieses »paralytischen Professors« bediente, um Amerika in den Krieg zu führen, von dem sie sich »erhöhte Geschäfte erhofften«. Wilsons Name sei verbunden mit einem der »gemeinsten Wortbrüche aller Zeiten«. Das dadurch »allein ermöglichte Diktat von Versailles« habe »Staaten zerrissen, Kulturen zerstört und die Wirtschaft aller ruiniert«[90].

Für Hitler war die Ausweitung des europäischen Krieges zum Zweiten Weltkrieg durch die Kriegserklärung an die Vereinigten Staaten eine weitere Flucht nach vorn. Mit dem Beginn des Pazifischen Krieges erhoffte er sich einen Zeitgewinn, um in einem zweiten Anlauf den »jüdisch-bolschewistischen Koloss« doch noch niederwerfen zu können. Letztendlich versprach er sich, mit den Ressourcen des Ostens den »Weltenkampf« gegen den »jüdischen Kapitalismus« des Westens bestehen zu können, wobei er die Hoffnung auf eine Verständigung mit England nie ganz aufgeben sollte. Sein weiterer »Weltenkampf« vollzog sich in dem Bewusstsein, nichts mehr zu verlieren zu haben.

Aus seiner Sicht musste Hitler daher das ganz große Vabanquespiel wagen. Seiner rassenideologischen, weltverschwörerischen Sicht zufolge war sein Weg ohnehin von Anfang an von der Gefahr des Scheiterns begleitet. Schon in seinem »Zweiten Buch« hatte er geschrieben, das deutsche Volk sei »von einer Meute beutegieriger Feinde innen und außen überfallen«. Jede Möglichkeit, diesen Zustand zu brechen, müsse ergriffen werden, denn: »Wenn ein Mensch dem Krebs verfallen erscheint und unbedingt sterben muss, dann wäre es unsinnig, eine Operation abzulehnen, weil sie […] nur mit wenig Prozent Sicherheit gelinge.«[91] Schon damals war er also davon überzeugt, alles auf eine Karte setzen zu müssen – koste es, was es wolle. Auf seine konkrete Situation seit August 1941 übertragen bedeutete dies die konsequente Umsetzung aller, aber auch wirklich aller vorgesehenen Möglichkeiten, die »jüdische Weltverschwörung« zu brechen.

Dazu gehörte auch sein Entschluss, sämtliche im deutschen Machtbereich lebenden Juden zu töten. Doch für die Überwindung der allerletzten Skrupel, die Vernichtungsaktion für die mittel- und westeuropäischen Juden nunmehr fabrikmäßig in die Tat umzusetzen, bedurfte es erst der Zuspitzung des Kriegs. Der definitive Beschluss für die zweite Phase der »Endlösung« ist daher eben nicht, wie Fest meint, ganz von der »verschärften

Kriegslage« zu entkoppeln. Der definitive Beschluss fiel auch nicht aus der Hochstimmung der Anfangserfolge im Russland-Feldzug heraus, in der – so Bullock – Hitler »sich einreden mochte, jetzt sei alles möglich«[92]. Die »Endlösung« war aber auch nicht, wie Kershaw seiner funktionalistischen Sichtweise zufolge glaubt, Ergebnis eines sich (an Hitler vorbei) verselbstständigenden Prozesses, Ergebnis der Dynamik eines Systems, das unfähig war, etwas anderes zu tun, als sich zu radikalisieren. Für den definitiven Entschluss zur »Endlösung«, den nur Hitler treffen konnte, bedurfte es erst des Bewusstseins, nichts mehr zu verlieren zu haben. Denn nach der Ausweitung des europäischen Kriegs zum Zweiten Weltkrieg gab es endgültig nur noch die beiden Möglichkeiten, auf die Hitlers Weltverschwörungsideologie von vornherein hinauslaufen musste und die er bereits in *Mein Kampf* formuliert hatte: »Deutschland wird entweder Weltmacht oder gar nicht sein.«[93]

Zwei Jahre nach Hitlers ungeschriebenem Befehl zum Völkermord waren Millionen europäischer Juden in den Vernichtungslagern getötet worden. In der Wahnwelt Hitlers war der Rassenmord zur Pflicht geworden, so wie es der Klassenmord für die Bolschewiki geworden war, weil – aus seiner Sicht – das große Komplott des »internationalen Judentums« gegen Deutschland keine andere Möglichkeit zuließ. Kein Dokument spiegelt die perverse Konsequenz aus dem Weltverschwörungswahn eindringlicher wider als die Rede, die Heinrich Himmler, der Vollstrecker des Völkermords, am 4. Oktober 1943 bei der SS-Gruppenführer-Tagung in Posen hielt. Hitlers früher Weggefährte, durchdrungen von der rassenideologischen Wahnwelt »seines Führers« und damit

Berge von Schuhen ermordeter Häftlinge in einer Lagerhalle nach der Befreiung des Vernichtungslagers Auschwitz, 26. Januar 1945.

auch dessen Sprachrohr, wollte im Verlauf seiner Ausführungen »auch ein ganz schweres Kapitel erwähnen. [...] Ich meine jetzt die Judenevakuierung, die Ausrottung des jüdischen Volkes. Es gehört zu den Dingen, die man leicht ausspricht [...] Von Euch werden die meisten wissen, was es heißt, wenn 100 Leichen beisammen liegen, wenn 500 daliegen oder wenn 1000 daliegen. Dies durchgehalten zu haben, und dabei – abgesehen von Ausnahmen menschlicher Schwächen – anständig geblieben zu sein, das hat uns hart gemacht. Dies ist ein niemals geschriebenes und niemals zu schreibendes Ruhmesblatt unserer Geschichte, denn wir wissen, wie schwer wir uns täten, wenn wir heute noch in jeder Stadt – bei den Bombenangriffen, bei den Lasten und bei den Entbehrungen des Krieges – noch die Juden als Geheimsaboteure, Agitatoren und Hetzer hätten. Wir würden wahrscheinlich jetzt in das Stadium des Jahres 1916/17 gekommen sein, wenn die Juden noch im deutschen Volkskörper säßen [...] Insgesamt aber können wir sagen, dass wir diese schwerste Aufgabe in Liebe zu unserem Volk erfüllt haben.«[94]

Dreieinhalb Jahre nach dem ungeschriebenen Befehl zum Völkermord existierten das nationalsozialistische Deutschland und dessen »Führer« nicht mehr. Kurz vor seinem Freitod im Bunker unter der Berliner Reichskanzlei hatte Hitler sein Testament verfasst. Darin brüstete er sich ob seiner Tat, indem er ausdrücklich hervorhob, keinen Zweifel daran gelassen zu haben, »dass, wenn die Völker Europas wieder nur als Aktienpakete dieser internationalen Geld- und Finanzverschwörer angesehen werden, dann auch jenes Volk mit zur Verantwortung gezogen werden wird, das der eigentlich schuldige an diesem mörderischen Ringen ist: Das Judentum!« Einem Vermächtnis gleich, verpflichtete Hitler schließlich »die Führung der Nation und die Gefolgschaft zur peinlichen Einhaltung der Rassegesetze und zum unbarmherzigen Widerstand gegen die Weltvergifter aller Völker, das internationale Judentum.« Dieses »Vermächtnis« ist der letzte Ausdruck seines großen Wahns, dessen Anfänge in der von Revolution und Versailler Friedensbedingungen mental verwüsteten Gesellschaft des nachräterepublikanischen München liegen, eines Wahns, der in einer atemberaubenden Geradlinigkeit[95] in einen Zweiten Weltkrieg und in den Völkermord an den europäischen Juden führte, für den Auschwitz zum Symbol geworden ist.

314

Anhang

Anmerkungen

Einleitung:
Historisierung statt Ideologisierung

1 Zit. nach: Furet, François/Nolte, Ernst: *Feindliche Nähe. Kommunismus und Faschismus im 20. Jahrhundert. Ein Briefwechsel,* München 1998 (weiterhin zit. als: Furet/Nolte, *Briefwechsel*), S. 114.

2 Sloterdijk, Peter: *Zorn und Zeit. Politisch-psychologischer Versuch,* Frankfurt am Main 2006, S. 72.

3 Fest, Joachim C.: *Hitler. Eine Biographie*, Berlin/München 2002 (weiterhin zit. als: Fest, *Hitler*), Neuausgabe, S. VIII.

4 Jesse, Eckhard/Backes, Uwe/Zitelmann, Rainer (Hrsg.): *Die Schatten der Vergangenheit: Impulse zur Historisierung des Nationalsozialismus,* Frankfurt am Main/Berlin 1992 (weiterhin zit. als: Jesse/Backes/Zitelmann, *Schatten*), S. 22.

5 Broszat, Martin: »Plädoyer für eine Historisierung des Nationalsozialismus«, in: *Merkur* 39 (1985), S. 373 ff.

6 Ders.: »Eine Insel in der Geschichte? Der Historiker in der Spannung zwischen Verstehen und Bewerten der Hitler-Zeit«, in: Ders.: *Nach Hitler. Der schwierige Umgang mit unserer Geschichte,* München 1986, S. 114 ff.

7 Goldhagen, Daniel Jonah: *Hitlers willige Vollstrecker. Ganz gewöhnliche Deutsche und der Holocaust,* Berlin 1996.

8 Rosenbaum, Ron: *Die Hitler-Debatte,* München 1999, S. 535.

9 Zuletzt: Wehler, Hans-Ulrich: *Deutsche Gesellschaftsge-schichte*, Bd. 4: *Vom Beginn des Ersten Weltkrieges bis zur Gründung der beiden deutschen Staaten 1914–1949*, Mün-chen 2003. Der Freiburger Historiker Ulrich Herbert schrieb dazu in der *Frankfurter Allgemeinen Zeitung* vom 25. August 2008, dass Wehler das Besondere an der deut-schen Entwicklung darin sehe, dass 1871 mit dem Bismarck-Reich ein Staat auf charismatischer Grundlage geschaffen worden sei, »dessen asymmetrische Struktur ein sich mo-dernisierendes Land in das Korsett einer überholten poli-tischen Verfassung gezwängt habe […] In Band 4 wird diese Argumentation dann auf die Spitze getrieben, wenn der Au-tor die Analyse der NS-Gesellschaft ganz und gar auf Hitler abstellt […] Die außerordentlich vielfältige Entwicklung in Deutschland wird hier über einen Leisten – die Verehrung eines charismatischen Führers – geschlagen und dadurch verengt: Der Schwachpunkt in einer ausdrücklich als Ge-sellschaftsgeschichte apostrophierten Untersuchung.«

10 Arendt, Hannah: *Elemente und Ursprünge totaler Herr-schaft: Antisemitismus. Imperialismus. Totale Herrschaft*, München 2003.

11 Der »Historikerstreit« begann mit einem Beitrag Ernst Noltes in der *Frankfurter Allgemeinen Zeitung* vom 6. Juni 1986, der heftige Reaktionen nach sich zog. Der Philosoph Jürgen Habermas nutzte die Gelegenheit für eine heftige At-tacke gegen eine Reihe von bürgerlichen Historikern, die seiner Auffassung zufolge den Holocaust historisch einord-nen und dadurch verharmlosen wollten, um der Bundesre-publik eine rechtskonservative Identität zu geben. Gemeint waren neben Nolte Andreas Hillgruber, Klaus Hildebrandt und vor allem Michael Stürmer, der ehemalige Berater von Bundeskanzler Kohl. Stürmer – so der vom *Spiegel*-Heraus-geber Augstein unterstützte Habermas – favorisiere eine »deutsch-national eingefärbte Natophilosophie«. Zu den vielen, die im »Historikerstreit« Partei ergriffen, gehörte auch Joachim C. Fest, der in der *Frankfurter Allgemeinen Zeitung* vom 6. September 1986 schrieb: Seit Ende der 60er-

Jahre sei es üblich, abweichende historische Wahrnehmungen der Komplizenschaft mit dem Faschismus zu zeihen. Diese elende Praxis führe Habermas fort, der einige renommierte Historiker unter Nato-Verdacht stelle. Fest verteidigte Nolte, der die Singularität der NS-Vernichtungsaktionen zwar nicht leugne, aber in einen kausalen Zusammenhang mit dem Bolschewismus stelle. Zum »Historikerstreit« siehe: Augstein Rudolf u. a. (Hrsg.): *Historikerstreit. Die Dokumentation der historischen Kontroverse um die Einzigartigkeit der nationalsozialistischen Judenvernichtung,* München/Zürich 1987. Außerdem: Jesse/Backes/Zitelmann, *Schatten.* Rückblickend auch: Kellerhoff, Sven Felix: »Eine Art Schadensentwicklung. 20 Jahre Historikerstreit: Wie der Sozialphilosoph Jürgen Habermas eine Verschwörung von ›Regierungshistorikern‹ erfand und damit durchkam«, in: *Die Welt* v. 11. 7. 2006. Zu Noltes Thesen siehe vor allem: Ders.: *Der europäische Bürgerkrieg 1917–1945,* München 1987.

12 Siehe dazu: *Der Spiegel* v. 4. 12. 2000.

13 Furet, François: *Das Ende der Illusion. Kommunismus im 20. Jahrhundert,* München 1996.

14 Gemeint sind u. a. Noltes Bücher: Der *Faschismus in seiner Epoche,* München 1963 (weiterhin zit. als: Nolte, *Faschismus*) sowie: Ders.: *Der Europäische Bürgerkrieg 1917–1945.* Siehe oben Anm. 11.

15 Furet/Nolte, *Briefwechsel,* S. 50f.

16 Pipes, Richard: »Jews and the Russian Revolution« (weiterhin zit. als Pipes, »Jews«), in: *Polin,* Vol. 9 (1999), p. 55.

17 Feingold, Henry L.: *A Time for Searching. Entering the Mainstream 1920–1945,* Baltimore 1992, p. 7.

18 Courtois, Stéphane u. a.: *Das Schwarzbuch des Kommunismus. Unterdrückung, Verbrechen und Terror,* München 2004.

19 Jakowlew, Alexander N.: *Ein Jahrhundert der Gewalt in Sowjetrussland,* Berlin 2002, S. 57.

20 Gemeint sind hier die linksorthodoxen Historiker um Wolfgang Wippermann. In dem von ihm zusammen mit Jens Mecklenburg herausgegebenen Buch *»Roter Holocaust«?*

Kritik des Schwarzbuchs des Kommunismus (Hamburg 1998) attackieren diese die französischen *Schwarzbuch*-Autoren in beleidigender Manier und rücken sie in die Nähe der Auschwitz-Leugner. Im *Schwarzbuch* und seinen Verteidigern sehen sie eine Geschichtspolitik am Werke, die die »Delegitimierung der Linken und die Relativierung des Holocaust« zum Zwecke habe. Wippermann und Mecklenburg resümieren, Nolte triumphiere, weil er den »›Historikerstreit‹ nun doch zu gewinnen scheint«.

21 Furet/Nolte, *Briefwechsel*, S. 91.
22 Kershaw, Ian: *Hitler*, Bd. I, *1889–1936*, Bd. II, *1936–1945*, Stuttgart 1998/2000 (weiterhin zit. als: Kershaw, *Hitler*, Bd. I/II).
23 *Frankfurter Allgemeine Zeitung* v. 6. 10. 1989.
24 Fest, *Hitler*, Vorwort zur Neuausgabe, S. X.
25 Fest, *Hitler*, S. 1041.
26 Bullock, Allan: *Hitler und Stalin. Parallele Leben*, Berlin 1991 (weiterhin zit. als: Bullock, *Hitler/Stalin*). Der Teil über den deutschen Diktator entspricht – abgesehen von einigen Aktualisierungen – seiner Hitler-Biografie (Ders.: *Hitler. Eine Studie über Tyrannei*, Düsseldorf 1953).
27 Fest, *Hitler*, S. 29.

1. Das Unerhörte:
Der frühe Judenfreund

1 Hitler, Adolf: *Mein Kampf. Eine Abrechnung*, München 1925. Die Zitate dieses Buches stammen – sofern sie nicht anders ausgewiesen sind – aus der Ausgabe des Jahres 1939 (weiterhin zit. als: *Mein Kampf*).
2 *Mein Kampf*, S. 13.
3 Ebd., S. 73.
4 Ebd., S. 66 f.
5 Ebd., S. 70.
6 Ebd., S. 60.
7 Ebd., S. 73.

8 Fest, *Hitler,* S. 64.

9 Ebd., S. 70. Einen Antisemitenbund gab es vor 1918 in Österreich-Ungarn nicht. Siehe dazu: Hamann, Brigitte, *Hitlers
Wien. Lehrjahre eines Diktators,* München 1996 (weiterhin
zit. als: Hamann, *Wien*), S. 83.

10 Chamberlain, Houston Stewart: *Die Grundlagen des neunzehnten Jahrhunderts,* München 1899 (weiterhin zit. als:
Chamberlain, *Grundlagen*). Siehe unten Kap. 5, S. 199 ff.

11 Hamann, *Wien.*

12 Toland, John: *Adolf Hitler,* Bergisch-Gladbach 1977 (weiterhin zit. als: Toland, *Hitler*).

13 Hamann, *Wien,* S. 498 ff.

14 Ebd., S. 82 f.

15 Ebd., S. 498 f.

16 Ebd.

17 Ebd., S. 499.

18 Ebd., S. 498.

19 Ebd., S. 575.

20 Kershaw, *Hitler,* Bd. I, S. 104 f.

21 Blochs Tochter Trude Kern berichtete darüber: »Er [Hitler]
erließ ein Dekret, wonach Dr. Bloch und seine Familie unter den Schutz der Gestapo gestellt wurden. Es wurde
meinem Vater und meiner Mutter erlaubt, lebenslänglich in
Linz in ihrer schönen Wohnung in der Stadtmitte zu verbleiben […] mein Mann, meine Kinder und ich bekamen die
Erlaubnis, in Linz solange zu verbleiben, bis eine Auswanderung möglich wurde. Es wurde verordnet, dass meinem
Vater alle zulässigen Erleichterungen auch in devisenrecht-
licher Beziehung zu gewähren seien, sollte er es vorziehen
auszuwandern […]« Vgl. den Leserbrief von Trude Kern an
den *Spiegel* in der Ausgabe vom 13. Februar 1978. Siehe
dazu: Hamann, Brigitte: *Hitlers Edeljude. Das Leben des
Armenarztes Eduard Bloch,* München, 2008.

22 »Dr. Eduard Bloch as told to J. D. Ratcliff: My Patient,
Hitler«, *Collier's,* 22. 3. 1941, p. 69.

23 Kershaw, *Hitler,* Bd. I, S. 103.

24 Claß, Heinrich (erschienen unter dem Pseudonym Daniel

Frymann) (Hrsg.): *Wenn ich Kaiser wär... Politische Wahrheiten und Notwendigkeiten,* Leipzig 1912.

25 Fest, *Hitler,* S. 96.

26 *Mein Kampf,* S. 132.

27 Ebd., S. 159 f.

28 Gidal, Nachum Tim: *Die Juden in Deutschland von der Römerzeit bis zur Weimarer Republik,* Gütersloh 1988, S. 312 ff.

29 Anordnung des Kriegsministers von Stein, 20. 1. 1917, zit. nach: Messerschmidt, Manfred: »Juden im preußisch-deutschen Heer«, in: *Deutsche Jüdische Soldaten 1914–1945.* Hrsg. vom Militärgeschichtlichen Forschungsamt, Bonn 1982, S. 111 f.

30 *Mein Kampf,* S. 195.

31 Fest, *Hitler,* S. 107.

32 Hitler an Anna Popp, 20. 10. 1914, zit. nach: Maser, Werner: *Hitlers Briefe und Notizen. Sein Weltbild in handschriftlichen Dokumenten,* Graz/Stuttgart 2002 (weiterhin zit. als: Maser, *Dokumente*), S. 53 ff., hier S. 57.

33 Hitler an Ernst Hepp, 5.2.1915, zit. nach: ebd., S. 78 ff., hier S. 100.

34 *Mein Kampf,* S. 191.

35 Einvernahme von Max Amann in Nürnberg am 5. 11. 1947, Spruchkammerakt Max Amann, Sonderregistratur S, München.

36 Kershaw, *Hitler,* Bd. I, S. 134.

37 Toland, *Hitler,* S. 96.

38 Wiedemann, Friedrich: *Der Mann, der Feldherr werden wollte. Erlebnisse und Erfahrungen des Vorgesetzten Hitlers im I. Weltkrieg und seines späteren persönlichen Adjutanten,* Velbert und Kettwig 1964 (weiterhin zit. als: Wiedemann, *Feldherr*), S. 33.

39 Ebd., S. 33 f.

40 Joachimsthaler, Anton: *Hitlers Weg begann in München 1913–1923,* München 2000 (weiterhin zit. als: Joachimsthaler, *München*), S. 172.

41 Kershaw, *Hitler,* Bd. I, S. 135.

42 Ebd.

43 Kershaw führt zwei Belege an, muss aber im Falle Westenkirchners einräumen, dass dieser seine im Dritten Reich gemachte Äußerung nach dem Krieg zurückgenommen habe (Kershaw, *Hitler,* Bd. I, S. 795, Anm. 133). So bleibt nur: Brandmayer, Balthasar: *Zwei Meldegänger. Mitgeteilt von Heinz Bayer,* Bruckmühl 1932 (weiterhin zit. als: Brandmayer, *Meldegänger*), S. 115.

44 Aussage von Eugen Tannhäuser, 4.8.1961, IfZ ZS-1751. Auch Wiedemann, *Feldherr,* S. 26, berichtet: »Dass der Vorschlag zur Auszeichnung von ihm [Gutmann, der Verf.] ausging, ist sicher.«

45 Siehe dazu: Fein, Egon: *Hitlers Weg nach Nürnberg. Verführer. Täuscher. Massenmörder,* Nürnberg 2004, S. 47 ff.

46 Hitler, Adolf: *Monologe im Führerhauptquartier 1941– 1944. Die Aufzeichnungen Heinrich Heims.* Hrsg. v. Werner Jochmann, Hamburg 1980 (weiterhin zit. als: Hitler, *Monologe*), 10./11.11.1941, S. 132. Zu seinem Heeresadjutanten Gerhard Engel sagte Hitler im August 1938: »[…] es hat im Weltkrieg auch tapfere jüdische Soldaten, sogar Offiziere gegeben.« Siehe dazu: Gerhard Engel, *Heeresadjutant bei Hitler 1938–1943. Aufzeichnungen des Majors Engel.* Hrsg. und kommentiert von Hildegard von Kotze, Stuttgart 1974, S. 31 f.

47 Brandmayer, *Meldegänger,* S. 49.

48 Kershaw, *Hitler,* Bd. I, S. 143.

49 *Mein Kampf,* S. 206.

50 Ebd., S. 204.

51 Ferguson, Niall: *Der falsche Krieg: Der Erste Weltkrieg und das 20. Jahrhundert,* Stuttgart 1998.

52 Die Ergebnisse der Offiziersbefragung vom 9. November 1918 finden sich in: Groener, Wilhelm: *Lebenserinnerungen. Jugend. Generalstab. Weltkrieg* (Deutsche Geschichtsquellen des 19. und 20. Jahrhunderts, Bd. 41). Hrsg. von Friedrich Freiherr Hiller von Gaertringen, Göttingen 1957, S. 462.

53 *Mein Kampf,* S. 205.

2. Die heruntergespielte Tatsache:
Der Soldatenrat der »jüdischen Räterepublik«

1 *Mein Kampf,* S. 207.

2 Bernstein, Eduard: *»Ich bin der Letzte, der dazu schweigt«.*
   Texte in jüdischen Angelegenheiten. Hrsg. und eingeleitet
   von Ludger Held, Potsdam 2004 (weiterhin zit. als: Bernstein, *Der Letzte*), S. 166 f.

3 Goslar, Hans: *Jüdische Weltherrschaft. Phantasiegebilde*
   oder Wirklichkeit?, Berlin 1919 (weiterhin zit. als: Goslar,
   Weltherrschaft), S. 22.

4 Wiener, Alfred: *Vor Pogromen? Tatsachen für Nachdenk-*
   liche, Berlin 1919 (weiterhin zit. als: Wiener, *Pogrome*), S. 3.

5 Ebd., S. 8.

6 Zit. nach: Rogalla von Bieberstein, Johannes: *»Jüdischer*
   Bolschewismus«. Mythos und Realität, Dresden 2002 (weiterhin zit. als: Rogalla, *Mythos*), S. 12.

7 Lazitch, Branko: *Lenin and the Comintern,* Vol. I, Stanford
   1973, p. 39 ff.

8 Zit. nach: Heresch, Elisabeth: *Geheimakte Parvus. Die ge-*
   kaufte Revolution, München 2000, S. 362.

9 *Germania* v. 17.11.1918.

10 Zit. nach: Merz, Kai-Uwe: *Das Schreckbild. Deutschland*
   und der Bolschewismus 1917–1921 (weiterhin zit. als: Merz,
   Schreckbild), S. 402.

11 Stefan Meining: »Wege an die Isar«, in: Bokovoy, Douglas/
   Meining, Stefan (Hrsg.): *Versagte Heimat. Jüdisches Leben*
   in Münchens Isarvorstadt 1914–1945, München 1994 (weiterhin zit. als: Bokovoy/Meining, *Jüdisches Leben*), S. 27 ff.,
   hier S. 34.

12 Sammons, Jeffrey L.: *Die Protokolle der Weisen von Zion.*
   Die Grundlage des modernen Antisemitismus – eine Fäl-
   schung. Text und Kommentar, Göttingen 1998 (weiterhin
   zit. als: Sammons, *Protokolle*).

13 Solschenizyn, Alexander: *Zweihundert Jahre zusammen.*
   Die Juden in der Sowjetunion, München 2003 (weiterhin zit.
   als: Solschenizyn, *Juden*), S. 83 f.

14 Ebd.

15 Zit. nach: Solschenizyn, *Juden*, S. 136f.

16 *The Jewish Chronicle* v. 4. 4. 1919.

17 Ebd. v. 6. 7. 1919.

18 Zit. nach: Rogalla, *Mythos*, S. 49.

19 Zit. nach: Victor, Walter: *Marx und Heine*, Berlin 1970, S. 86.

20 Zit. nach: Solschenizyn, *Juden*, S. 111.

21 Vgl.: www.humanitas-international.org/showcase/chronography/timebase/1919tbse.htm.

22 Abgedruckt in: *Kreuzzeitung* v. 12. 2. 1920.

23 Zit. nach der deutschen Übersetzung: Ford, Henry: *Der internationale Jude*, Leipzig 1921 (weiterhin zit. als: Ford, *Jude*), S. 185.

24 Bulaschow, Dimitri: *Bolschewismus und Judentum. Dritte, gänzlich überarbeitete Fassung der Schrift »Die Nutznießer des Bolschewismus«*, Berlin 1923, S. 16.

25 Röhl, John C. G.: *Wilhelm II. Der Weg in den Abgrund, 1900–1941*, München 2008, S. 1232.

26 Zit. nach Szajkowski, Zosa: *Jews, Wars and Communism.* Vol. II, New York 1974, p. 153.

27 *Illustrated Sunday Herald* v. 8. 2. 1920.

28 Koenen, Gerd: »Überprüfungen an einem ›Nexus‹. Der Bolschewismus und die deutschen Intellektuellen nach Revolution und Weltkrieg 1917–1924«, in: *Tel Aviver Jahrbuch für deutsche Geschichte*, Tel Aviv 1995, S. 359ff.

29 Pipes, »Jews«. In: *Polin*, p. 55.

30 *Protokoll des Gründungsparteitages der Kommunistischen Partei Deutschlands (30. Dezember 1918–1. Januar 1919).* Hrsg. vom Institut für Marxismus-Leninismus beim ZK der SED, Berlin 1972 (weiterhin zit. als: *Protokoll des Gründungsparteitages*), S. 113.

31 *Vorwärts* v. 12. 1. 1919.

32 Noske, Gustav: *Erlebtes aus Aufstieg und Niedergang einer Demokratie*, Offenbach 1947, S. 27

33 Zit. nach: Rogalla, *Mythos*, S. 12.

34 Haffner, Sebastian: *Anmerkungen zu Hitler,* (weiterhin zit. als Haffner, *Anmerkungen*), München 1978, S. 69 f.

35 Ders.: *1918/19. Eine deutsche Revolution,* Hamburg 1981 (weiterhin zit. als: Haffner, *Revolution*), S. 208. Haffners Buch war erstmals unter dem Titel *Die verratene Revolution 1918/19* (Bern 1969) erschienen. Siehe dazu: Rosenberg, Arthur: *Entstehung und Geschichte der Weimarer Republik.* Hrsg. und eingeleitet von Kurt Kersten, Frankfurt am Main 1983 (weiterhin zit. als: Rosenberg, *Weimar*).

36 *Germania* v. 13. 11. 1919.

37 Nimtz, Walter: *Die Novemberrevolution 1918 in Deutschland,* Berlin 1965, S. 122.

38 Haffner, *Revolution,* S. 161.

39 Schulze, Hagen: *Weimar. Deutschland 1917–1933, Die Deutschen und ihre Nation,* o. O. 1982 (weiterhin zit. als: Schulze, *Weimar*), S. 186.

40 Rosenberg, *Weimar,* S. 51.

41 Ebd., S. 50.

42 Noske, Gustav: *Von Kiel bis Kapp. Zur Geschichte der deutschen Revolution,* Berlin 1920, S. 68.

43 *Vorwärts* v. 17. 1. 1919.

44 Zit. nach: Merz, *Schreckbild,* S. 180.

45 Noske, Gustav: »Die Abwehr des Bolschewismus 1918/19«, in: *Zehn Jahre deutsche Geschichte,* Berlin 1928, S. 35.

46 Kessler, Harry Graf: *Tagebücher 1918–1937,* Frankfurt am Main 1961, 20. 1. 1919, S. 109.

47 Hurwicz, E.: »Die Weltexpansion des Bolschewismus. Versuch einer Prognose« (weiterhin zit. als: Hurwicz, »Weltexpansion«), in: »Die Ausbreitung des Bolschewismus«, *Süddeutsche Monatshefte,* Leipzig/München April 1919, S. 9 ff., hier S. 9 u. 11.

48 Siehe dazu: Grau, Bernhard: *Kurt Eisner. 1867–1919. Eine Biographie,* München 2001.

49 Rosenberg, *Weimar,* S. 22.

50 Hitler, Adolf: Reden. *Schriften. Anordnungen. Februar 1925 bis Januar 1933,* 5 Bde. (13 Teilbände), hrsg. vom Institut für Zeitgeschichte, München/New Providence/Lon-

don/Paris, 1992–1996 (weiterhin zit. als: Hitler, *Reden 1925–1933*), Bd. II, 2, Dok. 168, 21.8.1927, S. 495.

51 Spengler, Oswald: *Preußentum und Sozialismus,* München 1919, S. 9.

52 Zit. nach: Joachimsthaler, *München,* S. 237 ff., hier S. 238.

53 Weber, Hans: *Das Gefangenenlager Traunstein 1914–1918,* Traunstein 1924, S. 65.

54 Herz, Rudolf/Dirk Halfbrodt: *Revolution und Fotografie. München 1918/19,* Berlin 1988 (weiterhin zit. als: Herz/Halfbrodt, *Revolution*), S. 111. Siehe dazu: Schade, Franz: *Kurt Eisner,* Hannover 1961, S. 86.

55 Siehe dazu: Hillmayr, Heinrich: *Roter und Weißer Terror in Bayern nach 1918. Ursachen, Erscheinungsformen und Folgen der Gewalttätigkeiten im Verlauf der revolutionären Ereignisse nach dem Ende des Ersten Weltkrieges,* München 1974 (weiterhin zit. als Hillmayr, *Terror*).

56 Jung, Walter: »Gründung und Bedeutung des Deutschvölkischen Schutz- und Trutzbundes (DVSTB)«, Historisches Lexikon Bayern, in: www.historisches-lexikon-bayerns.de. Nach dieser Quelle hatte die Organisation bis Sommer 1922 etwa 150 000 bis 180 000 Mitglieder.

57 *Auf gut deutsch* v. 21.2.1919.

58 Zu Dietrich Eckarts Periodikum siehe: Merz, *Schreckbild,* S. 432 ff.

59 Siehe dazu: Plewnia, Margarethe: *Auf dem Weg zu Hitler. Der »völkische« Publizist Dietrich Eckart,* Bremen 1970.

60 Hitler, *Reden 1925–1933,* Bd. III, 2, Dok. 62, 3.8.1929, S. 341.

61 Ein schreibmaschinenschriftliches Inhaltsverzeichnis sämtlicher Hefte (7.12.1918–17.4.1921) befindet sich im Washingtoner Nationalarchiv (NA), T 582, Reel 54.

62 *Auf gut deutsch* v. 14.2.1919.

63 *Das Jüdische Echo* v. 13.12.1918.

64 Goslar, *Weltherrschaft,* S. 20 f.

65 *Kreuzzeitung* v. 12.2.1919.

66 Pranckh, Hans von (Hrsg.): *Der Prozeß gegen den Grafen Anton Arco-Valley, der den bayerischen Ministerpräsidenten Kurt Eisner erschossen hat,* München 1929, S. 13.

67 Herz/Halfbrodt, *Revolution,* S. 117 f.

68 Joachimsthaler, *München,* S. 198 f.

69 Ebd., S. 202.

70 *Münchner Post* v. 24./25. 3. 1923.

71 Jäckel, Eberhard/Kuhn, Axel (Hrsg.): *Hitler. Sämtliche Aufzeichnungen 1905 – 1925,* Stuttgart 1980 (weiterhin zit. als: Jäckel/Kuhn, *Aufzeichnungen*), Dok. 500, 27. 3. 1923, S. 852 f.

72 Toller, Ernst: *Eine Jugend in Deutschland,* in: *Gesammelte Werke,* Bd. IV, hrsg. von John M. Spalek und Wolfgang Frühwald, München 1978, S. 208.

73 Heiden, Konrad: *Adolf Hitler. Eine Biographie,* 2 Bde., Zürich 1936 (weiterhin zitiert als: Heiden, *Hitler*), hier Bd. 1, S. 83.

74 Zit. nach: Nolte, Ernst: *Die Weimarer Republik. Demokratie zwischen Lenin und Hitler,* München 2006 (weiterhin zit. als: Nolte, *Weimar*), S. 58.

75 Joachimsthaler, *München,* S. 187 f.

76 Kershaw, *Hitler,* Bd. I, S. 162.

77 Wagener, Otto: *Hitler aus nächster Nähe. Aufzeichnungen eines Vertrauten 1929 – 1932,* hrsg. v. Henry Ashby Turner. Frankfurt am Main/Berlin/Wien 1978 (weiterhin zit. als: Wagener, *Hitler*), S. 346.

78 Aufzeichnungen des persönlichen Referenten Rosenbergs, Dr. W. Koeppen, über Hitlers Tischgespräche, Bericht Nr. 32, 18. 9. 1941, R 6/34a.

79 Hitler, *Monologe,* 28./29. 12. 1941, S. 161.

80 Ebd., 1. 2. 1942, S. 248.

81 Kershaw, *Hitler,* Bd. I, S. 163.

82 Jäckel/Kuhn, *Aufzeichnungen,* N 13, 17. 1. 1919, S. 1260.

83 Mühsam, Erich: *Alarm. Manifeste aus zwanzig Jahren. Manifeste und Gedichte aus der Reihe Dichter und Rebellen,* Bd. 1, Berlin 1925, S. 73.

84 Zit. nach: Reuth, Ralf Georg: *Hitler. Eine politische Biographie,* München/Zürich 2003 (weiterhin zit. als: Reuth, *Hitler*), S. 80.

85 Rindl, Peter: *Der internationale Kommunismus,* München 1961, S. 19.

86 Zit. nach: Nolte, *Weimar,* S. 57.

87 Zit. nach: Joachimsthaler, *München,* S. 209.

88 Gruko 4, Nr. 478, Bund 67, Akt 4, BayHStA, Abt. IV.

89 Large, David Clay: *Hitlers München. Aufstieg und Fall der Hauptstadt der Bewegung,* München 1998 (weiterhin zit. als: Large, *München*), S. 155.

90 Hillmayr schreibt dazu völlig zu Recht: »In der Gesamtheit der in den einzelnen Organen tätigen Mitglieder der Räteregierung sind die Juden keineswegs ein dominierendes Element.« Siehe dazu: Hillmayr, *Terror,* S. 49 f.

91 Zit. nach: Rogalla, *Mythos,* S. 235.

92 Eliasberg, David: »Russischer und Münchner Bolschewismus«, in: »Die Ausbreitung des Bolschewismus«. *Süddeutsche Monatshefte,* April 1919 (weiterhin zit. als: Eliasberg, »Bolschewismus«), S. 72.

93 *Illustrated Sunday Herald* v. 8. 2. 1920.

94 Kühlwein, Klaus: *Warum der Papst schwieg. Pius XII. und der Holocaust,* Düsseldorf 2008, S. 77. Kühlwein weist nach, dass John Cornwell (*Der Papst, der geschwiegen hat,* München 1999) den von Monsignore Schioppa verfassten und von Pacelli unterschriebenen Bericht bewusst zugespitzt hat. Die von Cornwell besorgte Übersetzung aus dem Lateinischen, die auf S. 101 seines Buches in Teilen wiedergegeben wird, war bislang Grundlage für den Diskurs über den frühen Pacelli und dessen Haltung gegenüber dem Judentum.

95 Siehe vorangegangene Anmerkung.

96 Das Flugblatt mit dem Titel »Soldaten! Kameraden! Fort mit der Judenherrschaft!« ist überliefert in: BayHStA, Flugblattsammlung, Nr. 58.

97 Hitler, *Reden 1925–1933,* Bd. II, 2, Dok. 237, 29. 2. 1928, S. 237 ff.

98 Hofmiller, Josef: *Revolutionstagebuch 1918/19,* Leipzig 1938, S. 91.

99 *Mein Kampf,* S. 207.

100 Ebd.

101 Large, *München,* S. 155.

102 Heiden, *Hitler,* Bd. 1, S. 83.
103 Fest, *Hitler,* S. 123.
104 Bullock, *Hitler/Stalin,* S. 103.
105 Kershaw, *Hitler,* Bd. I, S. 164.
106 Ebd., S. 117.

3. Das Tabu:
Radikal-Antisemitismus als Reflex
auf den »jüdischen Bolschewismus«

1 Troeltsch, Ernst: *Die Fehlgeburt einer Republik. Spektator in Berlin 1918 bis 1922.* Zusammengestellt und mit einem Nachwort versehen von J. H. Claussen, Frankfurt am Main 1924, S. 61 f.
2 Regt. Anordnung, 2. Inf. Regt., 9.5.1919, 2. Inf. Regt., Bund 19, BayHStA, Abt. IV.
3 Batl. Anordnung, Demob. Batl., 10.5.1919, 2. Inf. Regt., Bund 19, BayHStA, Abt. IV.
4 *Berliner Tagblatt* v. 29.10.1930.
5 Joachimsthaler, *München,* S. 219
6 Der Wortlaut des Versailler Friedensvertrags ist abgedruckt in: *Versailles 1919. Aus der Sicht von Zeitzeugen.* Mit Beiträgen von Sebastian Haffner, Lloyd George, Ernst Jünger u. a., München 2002, (weiterhin zit. als: *Versailles, Zeitzeugen*), S. 112 ff.
7 Keynes, John Maynard: *Die wirtschaftlichen Folgen des Friedensvertrages,* München/Leipzig 1920, S. 42 u. 184 f.
8 Gellinek, Christian: *Philipp Scheidemann. Eine biographische Skizze* (weiterhin zit. als Gellinek, *Scheidemann*), Köln 1994, S. 60.
9 *Versailles, Zeitzeugen,* S. 222.
10 Karnebeck, Hermann A. van: »Die niederländische Regierung zum Auslieferungsersuchen vom 21. Januar 1920«, in: *Versailles, Zeitzeugen,* S. 367 f.
11 Jäckel/Kuhn, *Aufzeichnungen,* Dok. 69, 10.12.1919, S. 97.
12 Handschriftliche Postkarte von Rudolf Hess an Klara und

Fritz Hess, 25.6.1919, in: *Rudolf Hess. Briefe 1908–1933,* hrsg. v. Wolf Rüdiger Hess, München/Wien 1987 (weiterhin zit. als: *Hess, Briefe*), S. 243.

13 Zit. nach: Reuth, Ralf Georg: *Goebbels. Eine Biographie,* München/Zürich 1990 (weiterhin zit. als: Reuth, *Goebbels*), S. 48.

14 Smuts, Jan. C.: »Brief an Wilson vom 30. Mai 1919«, in: *Versailles, Zeitzeugen,* S. 100ff., hier S. 102.

15 Schwilk, Heimo: *Ernst Jünger. Ein Jahrhundertleben. Die Biographie,* München/Zürich 2007, S. 208.

16 Hoegner, Wilhelm: »Gewalt an Stelle des Rechts«, in: *Versailles, Zeitzeugen,* S. 397f., hier S. 397.

17 Fest, *Hitler,* S. 121.

18 Haffner: *Anmerkungen,* S. 80ff.

19 Kershaw, *Hitler,* Bd. I, S. 180f.

20 Ebd., S. 117.

21 Ebd., S. 180.

22 Zit. nach: Large, *München,* S. 118.

23 Hurwicz, *Weltexpansion,* S. 9 u. 11.

24 Spengler, Oswald: *Der Untergang des Abendlandes. Umrisse einer Morphologie der Weltgeschichte,* München 1920.

25 Zit. nach: Solschenizyn, *Juden,* S. 135.

26 Georg Lukács ging 1920 so weit, die neuen Regeln des Mordens für das Gute unter dem Titel einer »Zweiten Ethik« zu durchdenken. Siehe dazu: Sloterdijk, Peter: *Zorn und Zeit. Politisch-psychologischer Versuch,* Frankfurt am Main 2006, S. 228.

27 So zum Beispiel die Titelseite vom *Welt-Echo* am 7. März 1919.

28 Zit. nach: Merz, *Schreckbild,* S. 182f.

29 Hillgruber, Andreas: »Rietzlers Theorie eines kalkulierten Risikos und Bethmann-Hollwegs politische Konzeption in der Juli-Krise von 1914«, in: Ders.: *Deutsche Großmacht und Weltpolitik im 19. und 20. Jahrhundert,* Düsseldorf 1977, S. 91ff., hier S. 104.

30 Lenin, Wladimir Iljitsch: *Ausgewählte Werke,* Bd. I, Ost-Berlin 1961, S. 713.

31 Ders.: »Entlarvt ist der Friede von Versailles«, in: *Versailles, Zeitzeugen,* S. 373 ff., hier S. 380.

32 Zit. nach: Peter, Matthias: *John Maynard Keynes und die britische Deutschlandpolitik. Machtanspruch und ökonomische Realität im Zeitalter der Weltkriege 1919–1946.* Studien zur Zeitgeschichte, Diessen 1997, S. 31.

33 Mann, Thomas: *Briefe, Bd. I: 1989–1936,* von Thomas Mann und Erika Mann, Frankfurt am Main 1995, Brief v. 12. 5. 1919, S. 162. Am 21. 5. 1919, nach dem Ultimatum der Entente, sprach Thomas Mann vom »Todesstoß« für die »verdiente Kulturnation von 70 Millionen Menschen« und stellte fest: »Hier scheint ein Instinkt am Werke, der nur noch eines will: das Ende.« Zit. nach Niedhart, Gottfried: *Deutsche Geschichte 1918–1933. Politik in der Weimarer Republik und der Sieg der Rechten,* Stuttgart 1996, S. 53.

34 Heydecker, Joe J.: *Der große Krieg 1914–1918,* Frankfurt am Main/Berlin 1988, S. 615.

35 Lloyd George, David: »Aus dem Memorandum für die Friedenkonferenz vom 25. März 1919«, in: *Versailles, Zeitzeugen,* S. 42 ff., hier S. 45.

36 Zit. nach: Joachimsthaler, *München,* S. 222 f.

37 Zit. nach: *Revolution und Räterepublik in München 1918/19 in Augenzeugenberichten,* hrsg. v. Gerhard Schmolze, München 1978, S. 389.

38 *Der Geiselmord in München. Ausführliche Darstellung der Schreckenstage im Luitpold-Gymnasium nach amtlichen Quellen,* München 1919.

39 Siehe dazu die »Beiträge zur Geschichte der Thulegesellschaft« (maschinenschriftliches Manuskript des stellvertretenden Vorsitzenden, Namen unleserlich), NA, T 581, Reel 42.

40 Abschrift des Briefes v. 15. 9. 1934 v. Otto Raffler, Sch. Offiziant am Hum. Gym. Erlangen […] Betrifft: Befreiung v. München, BA, NS 26/2152. Siehe dazu auch die Fotografien der schrecklich zugerichteten Leichen in: Herz/Halfbrodt, *Revolution,* S. 186 f.

41 Reuth, *Hitler,* S. 87.

42 *Bayerischer Kurier* v. 3./4. 4. 1919.

43 *Frankfurter Zeitung* v. 5. 5. 1919.

44 Zit. nach: Maser, Werner: *Der Sturm auf die Republik,* Stuttgart 1973, S. 35.

45 Zit. nach: Mallmann, Klaus-Michael: *Kommunisten in der Weimarer Republik,* Darmstadt 1996, S. 69.

46 Eliasberg, »Bolschewismus«, S. 69.

47 *Der Arbeiter*, Ende Juni 1919. Zit. nach: Goslar, *Weltherrschaft,* S. 5.

48 *Vorwärts* v. 24. 12. 1918.

49 Akt Georg Dufter, BayHStA, StAnw Nr. 1979.

50 Abschrift. Meine Erlebnisse in der Residenz während der Revolution und Räteregierung 1918–19 und auch später noch, geschildert von Jakob Wimmer, Schlossverwalter a. D., BA, NS 026/1933, fol. 1, S. 29 und 31.

51 Reuth, *Hitler,* S. 50.

52 Mühsam, Erich: *Tagebücher 1910–1924,* hrsg. v. Chris Hirte, München 1995, S. 190.

53 Mann, Thomas: *Tagebücher,* hrsg. v. Peter de Mendelsohn, Frankfurt am Main 1979, 1. 5. 1919, S. 218 f.

54 Ebd.

55 Goslar, *Weltherrschaft,* S. 22.

56 Meining, Stefan: »Ein erster Ansturm der Antisemiten: 1919–1923«, in: Bokovoy/Meining, *Jüdisches Leben,* S. 53 ff., hier S. 62.

57 Zit. nach: Karl, Josef: *Die Schreckensherrschaft in München und Spartakus im bayerischen Oberland,* München 1919, S. 77–96.

58 Wiener, *Pogrome,* S. 6.

59 Anschlag »An die Bauern«, ohne Datum, BayHStA, Abt. II, MInn, Bd. 54010.

60 Auerbach, Hellmuth: »Hitlers politische Lehrjahre und die Münchener Gesellschaft 1919–1923«, in: *Vierteljahrshefte für Zeitgeschichte,* 1/1977, S. 18.

61 Ebd., S. 17 ff.

62 Zit. nach: Joachimsthaler, *München,* S. 237.

63 Jäckel/Kuhn, *Aufzeichnungen,* Dok. 325, 29. 11. 1921, S. 526.

64 Zit. nach: Joachimsthaler, *München,* S. 244.

65 Maser, *Dokumente,* S. 223 ff.

66 Kershaw, *Hitler,* Bd. I, S. 199.

67 *Münchner Zeitung* v. 4. 9. 1919.

68 Jäckel/Kuhn, *Aufzeichnungen,* Dok. 80, 9. 2. 1920, S. 109.

69 Ebd., Dok. 90, 29. 3. 1920, S. 117.

70 Einvernahme von Max Amann in Nürnberg, 6. 12. 1947, Spruchkammerakt Max Amann, Sonderregistratur S München.

71 Jäckel/Kuhn, *Aufzeichnungen,* Dok. 121, 21. 7. 1920, S. 163.

72 Schüddekopf, Otto-Ernst: *Nationalbolschewismus in Deutschland 1918–1933,* Frankfurt am Main/Berlin/Wien 1973, S. 110.

73 Jäckel/Kuhn, *Aufzeichnungen,* Dok. 91, 6. 4. 1920, S. 119.

74 Joachimsthaler, *München,* S. 243.

75 Bieberstein, *Mythos,* S. 273.

76 Siehe oben Kapitel 2, Anm. 6.

77 Aus Ernst Noltes Vorwort zu Rogalla, *Mythos,* S. 3 ff., hier S. 10.

78 Kershaw, *Hitler,* Bd. I, S. 199.

79 *Die Welt* v. 10. 9. 2004.

80 Offener Brief Sigmund Fraenkels an die Herren Erich Mühsam, Dr. Wadler, Dr. Otto Neurath, Ernst Toller und Gustav Landauer, abgedruckt in: Lamm, Hans (Hrsg.): *Vergangene Tage. Jüdische Kultur in München,* München/Wien 1982, S. 373 ff.

81 Goslar, *Weltherrschaft,* S. 21.

82 Jacob, Benno: *Krieg, Revolution und Judentum,* Berlin 1919. S. 17.

83 Nevins, Michael: »Bloody Bacchanalia. The Pogroms of Proskurov and Felshtin«, S. 1–6, hier S. 5, in: http://www. felshtin.org/resources/bloodybachanalia.pdf.

84 Ebd.

85 Zit. nach: Solschenizyn, *Juden,* S. 153.

86 *The Jewish Chronicle* v. 30. 5. 1919.

87 Heifetz, Elias: *The Slaughter of the Jews in the Ukraine in 1919,* New York 1921.

88 Goslar, *Weltherrschaft*, S. 21.

89 Kautsky, Karl: *Die Internationale und Sowjetrussland*, Berlin 1925, S. 50 ff.

90 Fernschreiben Heydrichs an die Einsatzgruppenchefs: »Selbstreinigungsaktion in der Sowjetunion, 29. 6. 1941«, in: Longerich, Peter (Hrsg.): *Die Ermordung der europäischen Juden. Eine umfassende Dokumentation des Holocaust*, München 1989 (weiterhin zit. als: Longerich, *Ermordung*), S. 118 f.

91 Meining, Stefan: »Ein erster Ansturm der Antisemiten: 1919–1923«, in: Bokovoy/Meining, *Jüdisches Leben*, S. 53 ff., hier S. 61.

92 *Frankfurter Allgemeine Zeitung* v. 6. 6. 1986. In seiner hier abgedruckten, ungehaltenen Rede, mit der der »Historikerstreit« seinen Ausgang nahm, erinnert Nolte an Max Erwin von Scheubner-Richter, einen der engsten unter den frühen Mitarbeiter Hitlers, der bei dessen Novemberputsch im Jahr 1923 vor der Münchner Feldherrnhalle ums Leben kam. Scheubner-Richter sei als deutscher Konsul im osmanischen Erzerum tätig gewesen. Dort sei er zum Augenzeugen jener Deportationen geworden, die im Völkermord an der armenischen Bevölkerung gipfelten. Scheubner-Richter habe keine Mühe gescheut, den türkischen Behörden entgegenzutreten, und seinem Biografen die Schilderung dieser Vorgänge mit folgenden Sätzen beschlossen: »Aber was waren diese wenigen Menschen gegen den Vernichtungswillen der türkischen Pforte […] gegen die mit ungeheurer Schnelligkcit sich vollziehende Katastrophe, in der ein Volk Asiens mit dem anderen nach asiatischer Art, fern der europäischen Zivilisation sich auseinandersetzte.« Nolte fährt dann fort: »Niemand weiß, was Scheubner-Richter getan oder unterlassen haben würde, wenn er anstelle von Alfred Rosenberg zum Minister für die besetzten Ostgebiete gemacht worden wäre. Aber es spricht sehr wenig dafür, dass zwischen ihm und Hitler selbst ein grundlegender Unterschied bestand. Dann aber muss man fragen: Was konnte Männer, die einen Völkermord, mit dem sie in nahe Berührung kamen,

als ›asiatisch‹ empfanden, dazu veranlassen, selbst einen Völkermord von noch grauenvollerer Natur zu initiieren? Es gibt erhellende Schlüsselworte. Eines davon ist das folgende: Als Hitler am 1. Februar 1943 die Nachricht von der Kapitulation der 6. Armee in Stalingrad erhielt, sagte er in der Lagebesprechung gleich voraus: ›Sie müssen sich vorstellen, er [ein solcher Offizier] kommt nach Moskau hinein, und stellen Sie sich den ›Rattenkäfig‹ vor. Da unterschreibt er alles. Er wird Geständnisse machen, Aufrufe machen [...]‹ Die Kommentatoren geben die Erläuterung, mit ›Rattenkäfig‹ sei die Lubjanka gemeint. Ich halte das für falsch. In George Orwells ›1984‹ wird beschrieben, wie der Held Winston Smith durch die Geheimpolizei des ›großen Bruders‹ nach langen Folterungen endlich gezwungen wird, seine Verlobte zu verleugnen und damit auf seine Menschenwürde Verzicht zu tun. Man bringt einen Käfig vor seinen Kopf, in dem eine vor Hunger halb irrsinnig gewordene Ratte sitzt. Der Vernehmungsbeamte droht, den Verschluss zu öffnen, und da bricht Winston Smith zusammen. Diese Geschichte hat Orwell nicht erdichtet, sie findet sich an zahlreichen Stellen der antibolschewistischen Literatur über den russischen Bürgerkrieg, unter anderem bei dem als zuverlässig geltenden Sozialisten Melgunow. Sie wird der ›chinesischen‹ Tscheka zugeschrieben.«

4. Die unbequeme Kausalität: Radikal-Antisemitismus als Reflex auf den »jüdischen Kapitalismus«

1   Zit. nach: Lehmann, Dirk: »Die Erfindung des ›Kapitalismus‹. Hundert Jahre deutscher Antikapitalismus« (weiterhin zit. als: Lehmann, »Kapitalismus«), in: *Prodomo,* Nr. 2, Februar 2006.
2   Ebd.
3   Zit. nach: Reuth, *Goebbels,* S. 48.
4   *Vorwärts* v. 15.8.1919.

5 Siehe oben Anm. 1.

6 Sombart, Werner: *Die Juden und das Wirtschaftsleben,* Leipzig 1911. Siehe dazu: Schmoll, Friedemann: »Die Verteidigung organischer Ordnungen: Naturschutz und Antisemitismus zwischen Kaiserreich und Nationalsozialismus«, in: Radkau, Joachim/Uekötter, Frank (Hrsg.): *Naturschutz und Nationalsozialismus,* Frankfurt am Main 2003, S. 176.

7 Zit. nach: Goslar, *Weltherrschaft,* S. 9 f.

8 »A. F. White über Emile J. Dillon«, in: *Political Science Quarterly* (published by the Academy of Political Science), Vol. 35, No. 3, September 1920, p. 473.

9 Dillon, Emile J.: *The Inside Story of the Peace Conference,* New York/London 1920.

10 Tyrell, Albrecht: *Vom »Trommler« zum »Führer«. Der Wandel von Hitlers Selbstverständnis zwischen 1919 und 1924 und die Entwicklung der NSDAP,* München 1975, S. 23.

11 Feder, Gottfried: *Das Manifest zur Brechung der Zinsknechtschaft des Geldes. Mit Erläuterungen versehen von Dipl.-Ing. Gottfried Feder,* Diessen vor München 1919 (weiterhin zit. als: Feder, *Manifest*), S. 5.

12 Karl Mayr an Adolf Gemlich, 17. 9. 1919, zit. nach: Joachimsthaler, *München,* S. 234.

13 Feder, *Manifest,* S. 36.

14 Ebd., S. 23.

15 *Auf gut deutsch* v. 17. 5. 1919.

16 Ebd. v. 16. 8. 1919.

17 Zit. nach Merz, *Schreckgespenst,* S. 402.

18 *Auf gut deutsch* v. 24. 1. 1919.

19 *Mein Kampf,* S. 212.

20 Zit. nach: Huhn, Willy: *Der Etatismus der Sozialdemokratie. Zur Vorgeschichte des Nazifaschismus,* Nachdruck, Freiburg 2003. Der Essay des ehemaligen Rätekommunisten gehört zu den Klassikern einer kommunistischen Geschichtsbetrachtung, nach der die Sozialdemokratie als prinzipiell obrigkeitshörige und staatssozialistische Partei und damit als Vorläuferin der Nationalsozialisten begriffen wird. So unsinnig die These auch sein mag, so verdeutlicht sie

doch die Spannweite dessen, was in die sozialdemokratische Partei hineininterpretiert wurde.

21 Philipp Scheidemann zum Versailler Vertrag, vollständiger Wortlaut der Rede vor der Nationalversammlung (1919) unter www.deutschlanddokumente.de.

22 Ebd.

23 Der Bericht ist bei Joachimsthaler, *München,* S. 237 ff., abgedruckt.

24 Bei Joachimsthaler, *München,* S. 230, findet sich das faksimilierte Original des Unterrichtsplans.

25 Rekonstruiert aus Bothmers Aufsatz »Sinn und Widersinn des Sozialismus«, der am 24. Januar 1919 in *Auf gut deutsch* erschien.

26 Nicolson, Harold: »Im Spiegelsaal«, in: *Versailles, Zeitzeugen,* S. 107 ff., hier S. 109.

27 Köhler, Henning: *Novemberrevolution und Frankreich. Die Französische Deutschland-Politik 1918–1919,* Düsseldorf 1980, S. 310.

28 Ebd., S. 310 ff., insbesondere S. 323.

29 *Protokoll des Gründungsparteitages,* S. 111 f.

30 Anschlag: »Pariser Drohungen bei Ablehnung des Friedens«. Faksimile in: *Versailles, Zeitzeugen,* S. 92.

31 Zit. nach: Schulze, *Weimar,* S. 201.

32 Ebd., S. 400.

33 Zit. nach: Zitelmann, Rainer: *Hitler. Selbstverständnis eines Revolutionärs,* Stuttgart 1980, S. 60.

34 Hitler, *Monologe,* 24. 8. 1942, S. 363. Hitler hatte mit seiner Äußerung recht. Was er allerdings nicht erwähnte, war die Tatsache, dass die Reichswehrführung um Groener den Ausschlag für die Zustimmung zum Diktat gab. Groener sagte: »Nur wenn wir das Reich leidlich intakt erhalten, ist eine Wiedergeburt Deutschlands möglich.« Zit. nach: Schulze, *Weimar,* S. 200.

35 Maser, *Dokumente,* S. 223 ff.

36 Feder, *Manifest,* S. 20.

37 Zit. nach: Keil, Lars-Broder/Kellerhoff, Sven Felix: *Deutsche Legenden. Vom »Dolchstoß« und anderen Mythen der*

Geschichte, Berlin 2002 (weiterhin zit. als: Keil/Kellerhoff, *Legenden*), S. 33. Siehe auch: Sammet, Rainer: *»Dolchstoß«. Deutschland und die Auseinandersetzung mit der Niederlage im Ersten Weltkrieg (1918–1933),* Berlin 2003.

38 Keil/Kellerhoff, *Legenden,* S. 33.

39 Jäckel/Kuhn, *Aufzeichnungen,* Dok. 93, 17.4.1920, S. 124.

40 Ebd., Dok. 223, 21.4.1921, S. 366.

41 Die maschinenschriftliche Einladung zu der DAP-Veranstaltung vom 3. September 1919 als Versammlung im Nebenzimmer des »Sterneckerbräu« ist bei Joachimsthaler, *München,* S. 253, als Faksimile abgedruckt.

42 Ebd., S. 254.

43 Maser, *Dokumente,* S. 223 ff. Die Veranstaltung mit Feder im »Sterneckerbräu« fand am 12. September 1919 statt. Die Ausarbeitung »Regierungssozialdemokratie und Judentum« trägt das Datum 16. September 1919.

44 *Mein Kampf,* S. 209 f.

45 Feder, *Manifest,* S. 14 u. 37.

46 Ebd., S. 35.

47 Ebd., S. 209.

48 Siehe dazu und für die weiteren Zitate aus dem 25-Punkte-Programm der NSDAP: www.documentarchiv.de/wr/1920/nsdap-programm.html.

49 Jäckel/Kuhn, *Aufzeichnungen,* Dok. 66, 13.11.1919, S. 94.

50 Kershaw, *Hitler,* Bd. I, S. 189 f.

51 *Der Prozess gegen die Hauptkriegsverbrecher vor dem Internationalen Militärgerichtshof. Nürnberg 14. November 1945–1. Oktober 1946,* Nürnberg 1948. Verhandlungsniederschriften (weiterhin zit. als: *IMT*), Bd. IX, S. 309.

52 Auszug aus dem T.-Bericht vom 29.10.1919, Nachrichtenabteilung der Polizei München, Staatsarchiv München, Pol. Dir. 6697.

53 Kershaw, *Hitler,* Bd. I, S. 190.

54 *Mein Kampf,* S. 452.

55 Siehe oben Anm. 33.

56 Ebd.

57 Jäckel/Kuhn, *Aufzeichnungen,* Dok. 137, 13.8.1920. S. 194.

5. Das Unfassliche:
Der Weltverschwörungstheoretiker

1 Longerich, Peter: *Heinrich Himmler. Biographie,* München 2008 (weiterhin zit. als: Longerich, *Himmler*).

2 Schivelbusch, Wolfgang: *Die Kultur der Niederlage. Der amerikanische Süden 1865, Frankreich 1871, Deutschland 1918,* Berlin 2001. Siehe dazu auch: Furet/Nolte, *Briefwechsel,* S. 38.

3 Goslar, *Weltherrschaft,* S. 4.

4 Fritsch, Theodor (Hrsg.): *Antisemiten-Katechismus. Handbuch der Judenfrage,* Leipzig 1907.

5 Langemann, Ludwig: *Der deutsche Zusammenbruch und das Judentum,* München 1919.

6 Liek, Walter: *Der Anteil des Judentums am Zusammenbruche Deutschlands,* München 1919.

7 Fritsch, Theodor (erschienen unter dem Pseudonym Ferdinand Roderich-Stoltheim): *Anti-Rathenau,* Leipzig 1919.

8 Kühn, Erich: *Die Gefahr des Bolschewismus,* München 1920.

9 Wilke, Johann Hermann: *Die Weltrevolution – Deutschlands Erhebung. Die Weissagungen von Lehnin bis Lenin im Lichte ihrer Erfüllung,* Werder an der Havel 1920.

10 Toussenel, Alphonse: *Les Juifs, rois de l'époque. Histoire de la féodalité financière,* Paris 1847.

11 Drumont, Édouard: *La France Juive,* Paris 1886.

12 Hundt-Radowsky, Hartwig von: *Ueber die große preußische Verschwörung,* Germanien 1819.

13 Rühs, Friedrich: *Über die Ansprüche der Juden auf das deutsche Bürgerrecht,* Berlin 1815.

14 Marr, Wilhelm: *Der Sieg des Judenthums über das Germanthum – Vom nicht confessionellen Standpunkt aus betrachtet,* Berlin 1879.

15 Hartmann, Eduard von: *Das Judentum in Gegenwart und Zukunft,* Leipzig 1885.

16 Zit. nach: Goslar, *Weltherrschaft,* S. 7 f.

17 Jäckel/Kuhn, *Aufzeichnungen,* Dok. 103, 31. 5. 1920, S. 137 ff.

18 Ebd., Dok 169, 24. 11. 1920, S. 169 ff.

19 Heiden, *Hitler,* Bd. 1, S. 77 und 104.

20 Hitler, *Monologe,* 16./17. 1. 1942, S. 208.

21 Hitler, *Reden 1925 – 1933,* Dok. 62, 3. 8. 1929, S. 336 ff., hier S. 341.

22 Siehe dazu: Goodrick-Clarke, Nicholas: *Die okkulten Wurzeln des Nationalsozialismus,* Graz/Stuttgart 1997.

23 Siehe dazu: Paape, Walther: *Drum haben wir ein Tempelhaus gegründet. Der Neutemplerorden (Ordo Novi Templi, ONT) des Lanz von Liebenfels und sein Erzpriorat Staufen in Dietfurt bei Sigmaringen,* Meßkirch 2007.

24 Chamberlain, *Grundlagen.* Siehe dazu: Large, David Clay: »Ein Spiegelbild des Meisters? Die Rassenlehre von Houston Stewart Chamberlain«, in: Dieter Borchmeyer (Hrsg.): *Richard Wagner und die Juden,* Stuttgart u. a. 2000, S. 144 – 159.

25 Gobineau, Arthur de: *Essai sur l'inégalité des races humaines,* Paris 1853 – 1855.

26 Kampmann, Wanda: *Deutsche und Juden. Studien zur Geschichte des deutschen Judentums,* Heidelberg 1963, S. 317 f.

27 Pretzsch, Paul (Hrsg.): *Houston Stewart Chamberlain. Briefe 1882 – 1924 und Briefwechsel mit Kaiser Wilhelm II.,* München 1928, Bd. 2, S. 129 ff.

28 Siehe oben Anm. 20.

29 *Auf gut deutsch* v. 10. 1. 1919.

30 Ebd. v. 16. 8. 1919.

31 Zit. nach: Nolte, *Faschismus,* S. 403.

32 *Auf gut deutsch* v. 10. 1. 1919.

33 Jäckel/Kuhn, *Aufzeichnungen,* Dok. 136, 13. 8. 1920, S. 184 ff.

34 Hitler, *Monologe,* 21. 10. 1941, S. 98 f.

35 Jäckel/Kuhn, *Aufzeichnungen,* Dok. 199, 20. 2. 1921, S. 322 f.

36 Hitler, *Reden 1925 – 1933,* Bd. I, Dok. 76, 22. 10. 1925, S. 179 ff., hier S. 181.

37 Über den ersten seiner vielen Besuche bei Eckart erinnerte sich Hitler: »Nun hatte ich erst Gelegenheit, den wundervollen Schädel dieses besten Deutschen genau beobachten

zu können. Eine mächtige Stirn, blaue Augen, das ganze Haupt wie der Kopf eines Bullen. Und dazu eine Stimme von wunderbar biederem Klang.« Hitler, *Reden 1925 – 1933,* Bd. III, 2, Dok. 62, 3. 8. 1929, S. 342.

38 Pauwels, Louis/Bergier, Jacques: *Aufbruch ins dritte Jahrtausend. Von der Zukunft der phantastischen Vernunft,* Bern/München 1962, S. 368.

39 Wagener, *Hitler,* S. 149.

40 Schacht, Hjalmar: *Abrechnung mit Hitler,* Hamburg/Stuttgart 1948, S. 31.

41 Siehe zur Verbreitung der »Protokolle«: Sammons, *Protokolle,* S. 18 ff. Ferner: Benz, Wolfgang: »Diffamierung aus dem Dunkel. Die Legende von der Verschwörung des Judentums in den Protokollen der Weisen von Zion«, in: Uwe Schultz (Hrsg.): *Große Verschwörungen. Staatsstreich und Tyrannensturz von der Antike bis zur Gegenwart,* München 1998.

42 Dieses und alle weiteren Zitate aus den »Protokollen« stammen aus: Sammons, *Protokolle,* S. 29 ff.

43 Herzl, Theodor: *Der Judenstaat. Versuch einer modernen Lösung der Judenfrage,* Zürich 1988 (Erstausgabe 1896), S. 18.

44 Ebd., S. 33.

45 Sammons, *Protokolle,* S. 18.

46 Baldwin, Neil: *Henry Ford and the Jews. The Mass Production of Hate,* New York 2001 (weiterhin zit. als: Baldwin, *Ford*), p. 101.

47 Ebd., S. 84.

48 *The New York Times* v. 30. 11. 1918.

49 Baldwin, *Ford,* S. 85.

50 Bernstein, *Der Letzte,* S. 167 f.

51 Rosenberg, Alfred: *Die Protokolle der Weisen von Zion und die jüdische Weltpolitik,* München 1924.

52 Jäckel/Kuhn, *Aufzeichnungen,* Dok. 136, 13. 8. 1920, S. 198.

53 *Rote Fahne* v. 19. 10. 1920.

54 Ebd. v. 18. 3. 1921.

55 Jäckel/Kuhn, *Aufzeichnungen,* Dok. 227, 3. 5. 1921, S. 374.

56 Ebd., Dok. 231, 6.5.1921, S. 378.

57 Ebd., Dok. 223, 21.4.1921, S. 366f.

58 *Berliner Tageblatt* v. 21. Juni 1921.

59 Zit. nach: Walter, Dirk: *Antisemitische Kriminalität und Gewalt. Judenfeindschaft in der Weimarer Republik,* Bonn 1999, S. 113 f.

60 Hess, *Briefe, September 1921,* S. 279 f.

61 Mein Kampf, Plakatanhang, Plakat für die Kundgebung am 21.4.1921 im Münchner Hofbräuhausfestsaal, ohne Datum.

62 Die ursprüngliche amerikanische Ausgabe erschien im November 1920 unter dem Titel *The International Jew. The World's Foremost Problem*. Vom ersten Band der deutschen Ausgabe, die im Juni 1921 beim Leipziger Hammer-Verlag erschien, wurden in gut einem Jahr 19 Auflagen verkauft. Der zweite Band, der sich vornehmlich mit den inneramerikanischen Verhältnissen auseinandersetzt, erschien Ende 1921 und erreichte bis Juli 1922 drei Auflagen. Siehe zu Henry Fords Antisemitismus: Baldwin, *Ford.* Ferner: Lee, Albert: *Henry Ford and the Jews,* New York 1980 (weiterhin zit. als: Lee, *Ford*), p. 13 ff.

63 Ford, *Jude,* S. 24.

64 Baldwin, *Ford,* S. 67 ff.

65 Ford, *Jude,* S. 31.

66 Ebd., S. 123.

67 Ebd., S. 21 f.

68 Ebd., S. 146.

69 Ebd., S. 151.

70 Ebd., S. 199.

71 *IMT*, Bd. XIV, S. 406 ff.

72 Ford, *Jude,* S. 2 f.

73 Lee, *Ford,* S. 50 f.

74 Ebd., S. 46.

75 Ebd., S. 60. *Mein Kampf,* S. 95 und S. 373.

76 Lee, *Ford,* S. 60. *Mein Kampf,* S. 304.

77 Lee, *Ford,* S. 61. *Mein Kampf,* S. 297.

78 Lee, *Ford,* S. 61. *Mein Kampf,* S. 302.

79 Ford, *Jude,* S. 86.

80 Ebd., S. 84.

81 *Mein Kampf,* S. 302.

82 Baldwin, *Ford,* S. 188.

83 Ford, *Jude,* S. 50.

84 Hoegner, Wilhelm (erschienen unter dem Pseudonym Karl-Ulrich Gelberg): *Hitler und Kahr. Die bayrischen Napoleonsgrößen von 1923. Ein im Unterschuchungsausschuß des Bayerischen Landtages aufgedeckter Justizskandal,* II. Teil, hrsg. vom Landeshauptausschuss der SPD in Bayern, München 1928 (weiterhin zit. als: Hoegner, *Hitler/Kahr*), S. 102.

85 Lee, *Ford,* S. 45 f.

86 Hitler, *Mein Kampf,* München 1927, S. 317. In den späteren Ausgaben von *Mein Kampf* (ab 1933) las sich die Passage so: »Juden sind die Regenten der Börsenkräfte der amerikanischen Union. Jedes Jahr lässt sie mehr zu Kontrollherrn der Arbeitskraft eines Einhundertzwanzig-Millionen-Volkes aufsteigen; nur ganz wenige stehen auch heute noch, zu ihrem Zorne, ganz unabhängig da« (*Mein Kampf,* S. 634). In der amerikanischen Übersetzung blieb Ford durchgängig namentlich erwähnt. Siehe dazu: Hitler, *Mein Kampf,* Boston (Houghton Mifflin and Company) 1943, S. 639.

87 Hitler, *Reden 1925–1933,* 2.2.1929, Bd. III, 1, S. 414.

88 *The Speeches of Adolf Hitler, April 1922–August 1939,* hrsg. von: Baynes, Norman H., London/New York/Toronto 1942, Vol. I, p. 867. Dem Interview zufolge, das Hitler mit Anna O'Hare McCormick von der *New York Times* (10.7. 1933) führte, erklärte dieser: »The reason I admire Ford is not because he pioneered in standardizing production, but because he produces for the masses. That little car of his has done more than anything else to destroy class differences.«

89 Zur Finanzierung Hitlers siehe: Pool, James: *Who Financed Hitler: The Secret Funding of Hitler´s Rise to Power, 1919–1933,* New York 1997.

90 *The New York Times* v. 10.12.1922; Lee, *Ford*, S. 52; Heiden, *Hitler*, Bd. 1, S. 263. Dort heißt es: »Dass Ford, der berühmte Automobilfabrikant, direkt oder indirekt Geld an die Nationalsozialisten gegeben hat, ist nie bestritten worden.«

91 *The New York Times* v. 20.12.1922.

92 Das Gesprächsprotokoll ist in Auszügen abgedruckt in: Jäckel/Kuhn, *Aufzeichnungen,* Dok. 497, 17.3.1923, S. 845 f. Siehe auch den Bericht der US-Botschaft in Berlin für das U.S. State Department: Money sources of Hitler, National Archives, Document 862.00S/6, M 336, Roll 80.

93 Bauer, Reinhard/Piper, Ernst: *München. Die Geschichte einer Stadt,* München 1993, S. 270.

94 Jäckel/Kuhn, *Aufzeichnungen,* Dok. 592, 30.10.1923, S. 1047.

95 Ebd., Dok. 583, 14.10.1923, S. 1032.

96 Meining, Stefan: »Ein erster Ansturm der Antisemiten: 1919–1923«, in: Bokovoy/Meining, *Jüdisches Leben,* S. 53 ff., hier S. 68.

97 *Vorwärts* v. 22.8.1923.

98 Wenzel, Otto: *1923. Die gescheiterte deutsche Oktoberrevolution. Diktatur und Widerstand,* hrsg. von Manfred Wilke, Bd. 7, Münster 2003 (weiterhin zit. als: Wenzel, *1923*), S. 193.

99 Ebd.

100 Bieberstein, *Mythos,* S. 163.

101 Wenzel, *1923,* S. 179.

102 Besymenski, Lew: *Stalin und Hitler. Pokerspiel der Diktatoren,* Berlin 2002, S. 35.

103 Wenzel, *1923,* S. 150.

104 Bieberstein, *Mythos,* S. 162.

105 Birkelund, John P.: *Gustav Stresemann. Patriot und Staatsmann,* Hamburg/Wien 2002, S. 325.

106 Pommerin, Reiner: »Die Ausweisung von ›Ostjuden‹ aus Bayern 1923«, in: Bokavoy/Meining, *Jüdisches Leben,* S. 75 ff. (weiterhin zit. als Pommerin, »Ausweisung«), hier S. 92.

107 Ebd., S. 79.

108 Ebd.

109 Der Brief von Faulhabers ist abgedruckt in: *Gustav Strese-manns Vermächtnis. Der Nachlass in drei Bänden.* Hrsg. von Henry Bernhard unter Mitarbeit von Wolfgang Goetz und Paul Wiegler, Bd. I, Berlin 1932, S. 129f.

110 Jäckel/Kuhn, *Aufzeichnungen,* Dok. 592, 30.10.1923, S. 1050.

111 Pommerin, »Ausweisung«, S. 92f.

112 Bieberstein, *Mythos,* S. 162.

113 Jäckel/Kuhn, *Aufzeichnungen,* Dok. 566, 5.9.1923, S. 1000.

114 Ebd., Dok. 578, Oktober 1923, S. 1024.

115 Aufzeichnung einer Besprechung Adolf Hitlers mit zwei Geldgebern seiner Partei, Fürst Wrede und Generalkonsul Eduard August Scharrer, am 21. Dezember 1922 im Hotel »Reginapalast«, München, Transkription aus dem Gabels-berger Stenogramm, dessen Original sich im Hamburger Archiv von Gerd Heidemann befindet.

116 Jäckel/Kuhn, *Aufzeichnungen,* Dok. 566, 5.9.1923, S. 1004.

117 Über die Gründe des Scheiterns des »Deutschen Oktober« schrieb Ossip K. Flechtheim: »Von Anbeginn an hatten die Russen sich die Arbeiterbewegung und die Revolution in allen Ländern außerhalb Russlands so vorgestellt, wie sie sich in Russland gestaltet hatte. So sahen sie in der Weima-rer Republik ein Kerenski-Regime, so erschien ihnen die deutsche Bourgeoisie ebenso kläglich und schwach wie die russische, so hielten sie die Sozialdemokratie und die Ge-werkschaften wie die russischen Menschewiki à la Martow und Dan, so glaubten sie mit den Faschisten ebenso fertig werden zu können, wie mit den ›Schwarzen Hundert‹. Was wunder, dass sie sich die deutsche Revolution nicht anders vorstellen konnten als nach dem Muster ihres Staats-streiches vom Oktober 1917, wo sie gesiegt hatten, unter anderem auch, weil sie legale Stützpunkte im Staatsapparat (Sowjets, Armee usw.) besessen hatten. Sie vergaßen dabei nur, dass die Oktoberrevolution nur eine Episode im Pro-zess des Untergangs des Zarismus dargestellt hatte und der

Staatsstreich im Oktober erfolgreich gewesen war als unmittelbare Fortsetzung der Volksrevolution des Februar 1917. 1923 konzentrierten die Russen ihre Aufmerksamkeit also auf den militärischen Aufstand und nicht auf die Führung der Massen.« Zit. nach der Einleitung von Manfred Wilke zu Wenzel, *1923,* S. 3 f.

118 Kershaw, *Hitler,* Bd. I, S. 255.

119 Sigmund, Anna Marie: *Des Führers bester Freund. Adolf Hitler, seine Nichte Geli Raubal und der »Ehrenarier« Emil Maurice – eine Dreiecksbeziehung,* München 2003, S. 19.

120 Siehe zur Geschichte der »Notverfassung«: Meinl, Susanne: »›Das gesamte bewegliche und unbewegliche Vermögen der in Deutschland aufhältlichen Angehörigen des jüdischen Volksstammes ist beschlagnahmt‹. Antisemitische Wirtschaftspropaganda und völkische Diktaturpläne in den ersten Jahren der Weimarer Republik«, in: *»Arisierung« im Nationalsozialismus. Volksgemeinschaft, Raub und Gedächtnis. Jahrbuch 2000 zur Geschichte und Wirkung des Holocaust,* hrsg. vom Fritz Bauer Institut, Stuttgart, S. 31–58. Der Wortlaut der »Notverfassung« ist abgedruckt in: Hoegner, *Hitler/Kahr,* S. 122 ff.

121 *Volksfreund* v. 17. 12. 1927.

122 Reuth, *Hitler,* S. 157.

123 Ebd., S. 162.

124 *Mein Kampf,* S. 64.

125 Ebd., S. 66.

126 Siehe oben Anm. 111.

127 *Mein Kampf,* S. 279.

128 Ebd.

129 Ebd., S. 281 ff.

130 Ebd., S. 313.

131 Ebd. S. 313 f.

132 Ebd., S. 320.

133 Ebd., S. 73.

134 Jäckel/Kuhn, *Aufzeichnungen,* Dok. 91, 6. 4. 1920, S. 119 f.

135 Ebd., Dok. 129, 7. 8. 1920, S. 176 f.

136 *Der Hitler-Prozess 1924, Wortlaut der Hauptversammlung*

vor dem Volksgericht München I, hrsg. und kommentiert von Lothar Gruchmann und Reinhard Weber unter Mitarbeit von Otto Gritschneder, 4 Bde., München 1996–1999, 24. Verhandlungstag, S. 1584.

137 Nolte, *Faschismus,* S. 407. Siehe auch Reuth, *Hitler,* S. 176.

138 Hitlers »Zweites Buch (Außenpolitische Standortbestimmung nach der Reichstagswahl Juni–Juli 1928)« (weiterhin zit. als: »Zweites Buch«), in Hitler, *Reden 1925–1933,* Bd. II A, S. 186.

6. Die bestrittene Konsequenz: Programmatiker bis zur Weltzerstörung

1 *Die Welt* v. 10. 9. 2004.

2 Bullock, *Hitler/Stalin,* S. 794.

3 *Mein Kampf,* S. 617.

4 Siehe dazu vor allem: Mayer, Michael: »NSDAP und Antisemitismus 1919–1933« (weiterhin zit. als: Mayer, »Antisemitismus«), in: *Münchner Wirtschaftswissenschaftliche Beiträge,* Heft Juli 2002. Siehe dazu auch: Winkler, Heinrich August: »Die deutsche Gesellschaft der Weimarer Republik und der Antisemitismus – Juden als ›Blitzableiter‹« (weiterhin zit. als Winkler, »Blitzableiter«), in: Benz, Wolfgang und Bergmann, Werner (Hrsg.): *Vorurteil und Völkermord,* Freiburg i. Br. 1997, S. 341 ff.

5 Zit. nach: Kershaw, *Hitler,* Bd. I, S. 450.

6 Wulle, Reinhold: *Das Schuldbuch der Republik,* Rostock 1932, S. 226.

7 Streicher, Julius: *Mein Bekenntnis. Mondorf in Luxemburg, Sommer 1945,* zit. nach: Baird, Jay W.: »Das politische Testament Julius Streichers«, in: *Vierteljahreshefte für Zeitgeschichte* 26 (1978) S. 660 ff., hier S. 667.

8 Heilbronner, Oded: »The Role of Nazi Antisemitism in the Nazi Party's Activity and Propaganda. A Regional Historiographical Study«, in: *Jahrbuch Leo Baeck Institut* 35 (1990), S. 397 ff.

9 Mayer, »Antisemitismus«, S. 15.

10 Buchheim, Hans: »Befehl und Gehorsam«, in: *Anatomie des SS-Staates,* Bd. I, München 1994, S. 338f.

11 Hitler, *Reden 1925–1933,* Bd. III,2, Dok. 106, S. 487.

12 Ebd., Bd. III,2, Dok. 106, S. 485 und S. 487.

13 Ebd., Bd. III,3, Dok. 20, S. 106.

14 Ebd.

15 Ebd., Dok. 77, S. 289.

16 Ebd., Bd. III,1, Dok. 82, S. 391.

17 »Zweites Buch«, S. 186.

18 Hitler, *Reden 1925–1933,* Bd. III,2, Dok, 16, S. 125.

19 Ebd., Bd. III,3, Dok. 3, S. 14f.

20 Ebd., Dok. 20, S. 101.

21 Zit. nach: Striefler, Christian: *Kampf um die Macht,* Berlin 1993, S. 216.

22 Heuss, Theodor: *Hitlers Weg. Eine Schrift aus dem Jahre 1932,* hrsg. von Eberhard Jäckel, Stuttgart 1968, S. 148f.

23 *Versailles, Zeitzeugen,* S. 387.

24 Domarus, Max (Hrsg.): *Hitler. Reden und Proklamationen 1932–1945,* Zwei Halbbände, Wiesbaden 1973 (weiterhin zit. als: Domarus, *Hitler*), Bd. I/1, 1.2.1933, S. 192f.

25 Reuth, *Hitler,* S. 314.

26 *Mein Kampf,* S. 253.

27 Domarus, *Hitler,* Bd. I,1, 28.3.1933, S. 251.

28 Reuth, *Hitler,* S. 323f.

29 Winkler, »Blitzableiter«, S. 359.

30 *Völkischer Beobachter* v. 14.9.1935.

31 Ebd. v. 11.9.1935.

32 Ebd. v. 14.9.1935.

33 Reuth, *Hitler,* S. 363f.

34 Hofer, Walter (Hrsg.): *Der Nationalsozialismus. Dokumente 1933–1945,* Frankfurt am Main 1957, Dok. 160, S. 285.

35 Siehe dazu das 11. Kapitel von *Mein Kampf,* »Volk und Rasse«, S. 280ff.

36 *Völkischer Beobachter* v. 16.9.1935.

37 *Der Stürmer*, Oktober 1935.

38 Treue, Wilhelm: »Hitlers Denkschrift zum Vierjahresplan

1936«, in: *Vierteljahrshefte für Zeitgeschichte* 3 (1955) (weiterhin zit. als: Treue, »Denkschrift«), S. 184 ff.

39 *Völkischer Beobachter* v. 10.9.1936.

40 Ribbentrop, Joachim von: *Zwischen London und Moskau,* Leoni am Starnberger See 1961, S. 88 f.

41 Treue, »Denkschrift«, S. 184 ff.

42 Sommer, Theo: »Deutschland und Japan zwischen den Mächten 1935–1940«, in: *Tübinger Studien zur Geschichte und Politik,* Nr. 15, hrsg. v. Hans Rothfels u. a., Tübingen 1962, S. 34.

43 Ilsemann, Sigurd von: *Der Kaiser in Holland. Aufzeichnungen des letzten Flügeladjutanten Kaiser Wilhelms II.,* hrsg. von Harald von Koenigswald, München 1968, S. 236.

44 *Völkischer Beobachter* v. 13.3.1938.

45 Siehe dazu: Hillgruber, Andreas: »Die ›Endlösung‹ und das deutsche Ostimperium als Kernstück des rassenideologischen Programms des Nationalsozialismus«, in: Ders.: *Deutsche Großmacht und Weltpolitik im 19. und 20. Jahrhundert,* Düsseldorf 1977 (weiterhin zit. als: Hillgruber, »Endlösung«), S. 252 ff.; Jäckel, Eberhard: *Hitlers Weltanschauung. Entwurf einer Herrschaft,* Tübingen 1969.

46 »Zweites Buch«, S. 138.

47 Ebd, S. 133.

48 Hanfstaengl, Ernst: *15 Jahre mit Hitler. Zwischen Weißem und Braunem Haus,* München/Zürich 1980. S. 168.

49 *Mein Kampf,* S. 635.

50 Wörner, Hansjörg: »Rassenwahn – Entrechtung – Mord«, in: *Zeitgeschehen. Erlebte Geschichte – Lebendige Politik,* hrsg. v. Elmar Krautkrämer und Paul-Ludwig Weinacht, Freiburg i. Br. 1981, S. 29.

51 *Völkischer Beobachter* v. 13.9.1938.

52 Goebbels, Joseph: *Tagebücher 1924–1945,* Bd. 1–5, hrsg. v. Ralf Georg Reuth, München/Zürich 2008 (weiterhin zit. als: Reuth, *TB-Goebbels*), hier Bd. 3, 30.11.1937, S. 1161.

53 *IMT*, Bd. XXVIII, 1816-PS, S. 539.

54 Domarus, *Hitler,* Bd. II,1, 30.1.1939, S. 1058.

55 Zit. nach: Reuth, *Hitler,* S. 437.

56 Zit. nach: Reuth, *Hitler,* S. 429.

57 Jäckel/Kuhn, *Aufzeichnungen,* Dok. 91, 6. 4. 1920, S. 119 f.

58 Burckhardt, Carl Jacob: *Meine Danziger Mission 1937–1939,* München 1960, S. 348.

59 Irving, David: *Hitlers Krieg. Die Siege 1939–1942,* München/Berlin 1983, S. 323.

60 Hillgruber, Andreas (Hrsg.): *Staatsmänner und Diplomaten bei Hitler,* Bd. II, Frankfurt am Main 1970 (weiterhin zit. als: Hillgruber, *Staatsmänner*), S. 78, Anm. 3.

61 Hitler, *Reden 1925–1933,* Bd. III,3, Dok. 3, S. 14. Im Jahr 1929 waren etwa 4,8 Prozent der Kommunistischen Allunionspartei jüdischer Herkunft. Siehe dazu: Nove, Alec/Newth, J. A.: »The Jewish Population. Demographic Trends and Occupational Patterns«, in: *The Jews in Soviet Russia since 1917,* hrsg. v. Lionell Kochan, Oxford 1978.

62 Zit. nach: Reuth, *Hitler,* S. 445. Eine solche Entwicklung hatte Hitler bereits in den 20er-Jahren für nicht ganz ausgeschlossen gehalten, als er in seinem »Zweiten Buch« (S. 113) geschrieben hatte, dass in Russland ein innerer Wandel insofern eintreten könnte, »als das jüdische Element vielleicht durch ein mehr oder minder russisches, nationales verdrängt werden könnte«. Diese Vorstellung wurde von Hitler jedoch wieder verworfen, denn es findet sich ein solcher Gedanke erst im Januar 1937 wieder.

63 Reuth, *TB-Goebbels,* Bd. 3, 26. 1. 1937, S. 1034.

64 Ebd., 28. 12. 1937, S. 1175.

65 Dies schrieb Hitler in seinen Brief an Mussolini, in dem er diesem den bereits begonnenen Angriff auf die Sowjetunion erläuterte. Zit. nach: Epstein, Fritz Theodor/Carroll, Eber Malcolm (Hrsg.): *Das nationalsozialistische Deutschland und die Sowjetunion 1939–41. Akten aus dem Archiv des Auswärtigen Amtes,* Washington 1948, S. 392 f.

66 Hillgruber, *Staatsmänner,* Bd. 1, Dok. 79, 2. 6. 1941, S. 573 f.

67 Zit. nach: Ueberschär, Gerd R./Wette, Wolfram (Hrsg.): *Der deutsche Überfall auf die Sowjetunion,* Frankfurt a. M. 1991, Dokumentenanhang (weiterhin zit. als: Ueberschär/Wette, *Überfall*), S. 265 ff.

68 Domarus, *Hitler,* Bd. II/2, 22.6.1941, S. 1731.

69 Hillgruber, »Endlösung«, S. 260. Zum Holocaust im Allgemeinen siehe: Hilberg, Raul: *Die Vernichtung der europäischen Juden,* 3 Bde., Frankfurt a.M. 1990. Jäckel/Eberhard u.a. (Hrsg.): *Enzyklopädie des Holocaust. Die Verfolgung und Ermordung der europäischen Juden,* München 1998. Longerich, Peter: *Politik der Vernichtung. Eine Gesamtdarstellung der nationalsozialistischen Judenvernichtung,* München 1998. Mallmann, Klaus-Michael (Hrsg.): *Deutsche, Juden, Völkermord. Der Holocaust in Geschichte und Gegenwart,* Darmstadt 2006. Pohl, Dieter: *Verfolgung und Massenmord in der NS-Zeit 1933 – 1945,* Darmstadt 2003.

70 Ueberschär/Wette, *Überfall,* S. 252.

71 Ebd., S. 260.

72 Zit. nach Hillgruber, »Endlösung«, S. 266.

73 Ebd., S. 267.

74 Reinhardt, Klaus: *Die Wende vor Moskau. Das Scheitern der Strategie Hitlers im Winter 1941/42,* Stuttgart 1972, S. 36.

75 Zit. nach: Burrin, Philippe: *Hitler und die Juden. Die Entscheidung für den Völkermord,* Frankfurt am Main 1993 (weithin zit. als: Burrin, *Juden*), S. 160.

76 Reuth, *TB-Goebbels,* Bd. 4, 24.7.1941, S. 1640.

77 Longerich, *Himmler,* S. 561.

78 Reuth, *TB-Goebbels,* Bd. 4, 19.8.1941, S. 1658f.

79 Zit. nach: Hillgruber, »Endlösung«, S. 263.

80 Reuth, *TB-Goebbels,* Bd. 4, 20.8.1941, S. 1660f. Siehe dazu auch: Reuth, *Goebbels,* S. 489ff.

81 Burrin, *Juden,* S. 142.

82 Zit. nach: Longerich, *Himmler,* S. 561

83 Hitler, *Monologe, 21.10.1941,* S. 98f.

84 Am 13. Mai 1943 hielt Goebbels in seinem Tagebuch fest: »Der Führer findet Worte höchsten Ruhmes für Dietrich Eckart als Vorkämpfer eines klaren und geistig überlegenen Antisemitismus.« *Die Tagebücher des Joseph Goebbels.* Im Auftrag des Instituts für Zeitgeschichte und mit Unterstützung des staatlichen Archivdienstes Rußlands hrsg. v. Elke

Fröhlich, München u. a. 1987–2001, 26 Bde. (weiterhin zit. als IfZ, *TB-Goebbels*), Teil II, Bd. 8, S. 283–293.

85 Hitler, *Monologe, 21. 10. 1941*, S. 99.

86 Longerich, *Ermordung*, S. 81.

87 Hitler, *Monologe, 25. 10. 1941*, S. 106. Auf seine Prophezeiung bezog sich Hitler immer wieder. Siehe dazu auch die Eintragung von Goebbels in sein Tagebuch vom 13. Dezember 1941 (IfZ, *TB-Goebbels,* Teil II, Bd. 2, S. 498 f.). Dort heißt es: »Bezüglich der Judenfrage ist der Führer entschlossen, reinen Tisch zu machen. Er hat den Juden prophezeit, dass, wenn sie noch einmal einen Weltkrieg herbeiführen würden, sie dabei ihre Vernichtung erleben würden. Das ist keine Phrase gewesen. Der Weltkrieg ist da, die Vernichtung des Judentums muss die notwendige Folge sein.«

88 Zit. nach: Burrin, *Juden*, S. 152.

89 *Das Reich* v. 16. 11. 1941.

90 Domarus, *Hitler*, Bd. II/2, 11. 12. 1941, S. 1794 ff.

91 »Zweites Buch«, S. 32.

92 Bullock, *Hitler/Stalin*, S. 987.

93 *Mein Kampf*, S. 650.

94 Heinrich Himmler: »Posener Rede vom 4. 10. 1943«, www. nationalsozialismus.de/dokumente.

95 Gerhard Weinberg weist im Vorwort von Hitlers »Zweitem Buch« (S. IX) darauf hin, mit welcher »Geradlinigkeit die Gedankenwelt Hitlers in die große Katastrophe hineingeführt hat«.

Quellen- und Literaturverzeichnis

Arendt, Hannah, *Elemente und Ursprünge totaler Herrschaft: Antisemitismus. Imperialismus. Totale Herrschaft*, München 2003

Auerbach, Hellmuth, »Hitlers politische Lehrjahre und die Münchner Gesellschaft 1919–1923«, in: *Vierteljahreshefte für Zeitgeschichte* 25 (1977)

Augstein Rudolf u. a. (Hrsg.), *Historikerstreit. Die Dokumentation der historischen Kontroverse um die Einzigartigkeit der nationalsozialistischen Judenvernichtung*, München/Zürich 1987

Baldwin, Neil, *Henry Ford and the Jews. The Mass Production of Hate*, New York 2001

Bauer, Reinhard/Piper, Ernst, *München. Die Geschichte einer Stadt*, München 1993

Benz, Wolfgang, *Der Holocaust*, München 1995 (2008)

Benz, Wolfgang, *Die Protokolle der Weisen von Zion. Die Legende von der jüdischen Weltverschwörung*, München 2007

Benz, Wolfgang, »Diffamierung aus dem Dunkel. Die Legende von der Verschwörung des Judentums in den Protokollen der Weisen von Zion«, in: Uwe Schultz (Hrsg.), *Große Verschwörungen. Staatsstreich und Tyrannensturz von der Antike bis zur Gegenwart*, München 1998

Bernhard, Henry (Hrsg.), *Gustav Stresemanns Vermächtnis. Der Nachlaß in drei Bänden,* Bd. I, Berlin 1932

Bernstein, Eduard, *»Ich bin der Letzte, der dazu schweigt.« Texte in jüdischen Angelegenheiten,* hrsg. und eingeleitet von Ludger Held, Potsdam 2004

Besymenski, Lew, *Stalin und Hitler. Pokerspiel der Diktatoren,* Berlin 2002

Beyer, Hans, *Die Revolution in Bayern 1918–19,* Berlin 1982

Beyer, Hans, *München 1919. Der Kampf der Roten Armee in Bayern 1919,* Berlin 1956

Birkelund, John P., *Gustav Stresemann. Patriot und Staatsmann,* Hamburg/Wien 2002

Bokovoy, Douglas/Meining, Stefan (Hrsg.), *Versagte Heimat. Jüdisches Leben in Münchens Isarvorstadt 1914–1945,* München 1994

Borchmeyer, Dieter (Hrsg.), *Richard Wagner und die Juden,* Stuttgart u. a. 2000

Bothmer, Karl Graf von, *Bayern den Bayern,* Diessen 1920

Brandmayer, Balthasar, *Zwei Meldegänger. Mitgeteilt von Heinz Bayer,* Bruckmühl 1932

Broszat, Martin, »Eine Insel in der Geschichte? Der Historiker in der Spannung zwischen Verstehen und Bewerten der Hitler-Zeit«, in: ders., *Nach Hitler. Der schwierige Umgang mit unserer Geschichte,* München 1986, S. 114 ff.

Broszat, Martin, »Plädoyer für eine Historisierung des Nationalsozialismus«, in: *Merkur* 39 (1985), S. 373 ff.

Broszat, Martin/Fröhlich, Elke/Wiesemann, Falk (Hrsg.), *Bayern in der NS-Zeit,* 6 Bde., München 1977–1983

Buchheim, Hans (Hrsg.), »Die SS – das Herrschaftsinstrument. Befehl und Gehorsam«, in: *Anatomie des SS-Staates,* Bd. I, München 1994 (Neuauflage)

Bulaschow, Dimitri, *Bolschewismus und Judentum. Dritte, gänzlich überarbeitete Fassung der Schrift »Die Nutznießer des Bolschewismus«,* Berlin 1923

Bullock, Allan, *Hitler und Stalin. Parallele Leben,* Berlin 1991

Bullock, Allan, *Hitler. Eine Studie über Tyrannei,* Düsseldorf 1953

Burckhardt, Carl Jacob, *Meine Danziger Mission 1937–1939,* München 1960

Burrin, Philippe, *Hitler und die Juden. Die Entscheidung für den Völkermord,* Frankfurt a. M. 1993

Chamberlain, Houston Stewart, *Die Grundlagen des neunzehnten Jahrhunderts,* München 1899

Claß, Heinrich (erschienen unter dem Pseudonym Daniel Frymann) (Hrsg.), *Wenn ich Kaiser wär … Politische Wahrheiten und Notwendigkeiten,* Leipzig 1912

Cornwell, John, *Der Papst, der geschwiegen hat,* München 1999

Courtois, Stéphane u. a., *Das Schwarzbuch des Kommunismus. Unterdrückung, Verbrechen und Terror,* München 2004

Der Geiselmord in München. Ausführliche Darstellung der Schreckenstage im Luitpold-Gymnasium nach amtlichen Quellen, München 1919

Der Prozess gegen die Hauptkriegsverbrecher vor dem Internationalen Militärgerichtshof. Nürnberg 14. November 1945 – 1. Oktober 1946, Nürnberg 1948

Dillon, Emile J., *The Inside Story of the Peace Conference,* New York/London 1920

Drexler, Anton, *Mein politisches Erwachen. Aus dem Tagebuch eines deutschen sozialistischen Arbeiters,* München 1920

Drumont, Édouard, *La France Juive,* Paris 1886

Eliasberg, David, »Russischer und Münchner Bolschewismus«, in: »Die Ausbreitung des Bolschewismus«, *Süddeutsche Monatshefte,* April 1919

Engel, Gerhard, *Heeresadjutant bei Hitler 1938–1943. Aufzeichnungen des Majors Engel,* hrsg. und kommentiert von Hildegard von Kotze, Stuttgart 1974

Epstein, Fritz Theodor/Carroll, Eber Malcolm (Hrsg.), *Das nationalsozialistische Deutschland und die Sowjetunion 1939–41. Akten aus dem Archiv des Auswärtigen Amtes,* Washington 1948

Fechenbach, Felix, *Der Revolutionär Kurt Eisner*, Berlin 1929

Feder, Gottfried, *Das Manifest zur Brechung der Zinsknecht-schaft des Geldes. Mit Erläuterungen versehen von Dipl.-Ing. Gottfried Feder*, Diessen vor München 1919

Feder, Gottfried, *Der Staatbankrott, die Rettung*, München 1919

Fein, Egon, *Hitlers Weg nach Nürnberg. Verführer. Täuscher. Massenmörder*, Nürnberg 2004

Feingold, Henry L., *A Time for Searching. Entering the Main-stream 1920–1945*, Baltimore 1992

Ferguson, Niall, *Der falsche Krieg: Der Erste Weltkrieg und das 20. Jahrhundert*, Stuttgart 1998

Fest, Joachim, *Hitler. Eine Biographie*, Berlin/München 2002

Ford, Henry, *Der internationale Jude*, Leipzig 1921

Fritsch, Theodor (erschienen unter dem Pseudonym Ferdinand Roderich-Stoltheim), *Anti-Rathenau*, Leipzig 1919

Fritsch, Theodor (Hrsg.), *Antisemiten-Katechismus. Handbuch der Judenfrage*, Leipzig 1907

Furet, François/Nolte, Ernst, *Feindliche Nähe. Kommunismus und Faschismus im 20. Jahrhundert. Ein Briefwechsel*, München 1998

Furet, François, *Das Ende der Illusion. Kommunismus im 20. Jahrhundert*, München 1996

Gellinek, Christian, *Phillipp Scheidemann: Eine biographische Skizze*, Köln 1994

Gerstl, Max, *Die Münchner Räterepublik*, München 1919

Gidal, Nachum Tim, *Die Juden in Deutschland von der Römer-zeit bis zur Weimarer Republik*, Gütersloh 1988

Gobineau, Arthur de, *Essai sur l'inégalité des races humaines*, Paris 1853–1855

Goebbels, Joseph, *Die Tagebücher des Joseph Goebbels. Im Auftrag des Instituts für Zeitgeschichte und mit Unterstüt-zung des staatlichen Archivdienstes Rußlands hrsg. v. Elke Fröhlich*, 26 Bde., München u. a. 1987–2001

Goebbels, Joseph, *Tagebücher 1924–1945*, Bd. 1–5, hrsg. v. Ralf Georg Reuth, München/Zürich 1992

Goldhagen, Daniel Jonah, *Hitlers willige Vollstrecker. Ganz gewöhnliche Deutsche und der Holocaust*, Berlin 1996

Goodrick-Clarke, Nicholas, *Die okkulten Wurzeln des Nationalsozialismus*, Graz/Stuttgart 1997

Goslar, Hans, *Jüdische Weltherrschaft. Phantasiegebilde oder Wirklichkeit?*, Berlin 1919

Gottwald, Alfred/Schulle, Diana, *Die »Judendeportationen« aus dem Deutschen Reich 1941 – 1945. Eine kommentierte Chronologie*, Wiesbaden 2005

Grau, Bernhard, *Kurt Eisner 1867 – 1919. Eine Biographie*, München 2001

Groener, Wilhelm, *Lebenserinnerungen. Jugend. Generalstab. Weltkrieg* (Deutsche Geschichtsquellen des 19. und 20. Jahrhunderts, Bd. 41). Hrsg. von Friedrich Freiherr Hiller von Gaertringen, Göttingen 1957

Haffner, Sebastian/Bateson, Gregory, *Der Vertrag von Versailles*, Berlin 1988

Haffner, Sebastian, *1918/19. Eine deutsche Revolution*, Hamburg 1981

Haffner, Sebastian, *Anmerkungen zu Hitler*, München 1978

Haffner, Sebastian, *Die verratene Revolution 1918/19*, Bern 1969

Hamann, Brigitte, *Hitlers Wien. Lehrjahre eines Diktators*, München 1996

Hamann, Brigitte, *Hitlers Edeljude. Das Leben des Armenarztes Eduard Bloch*, München 2008

Hanfstaengl, Ernst, *15 Jahre mit Hitler. Zwischen Weißem und Braunem Haus*, München/Zürich 1980

Hartmann, Eduard von, *Das Judentum in Gegenwart und Zukunft*, Leipzig 1885

Heidegger, Hermann, *Die deutsche Sozialdemokratie und der nationale Staat 1870 – 1920*, Göttingen 1956

Heiden, Konrad, *Adolf Hitler. Eine Biographie*, 2 Bde., Zürich 1936

Heifetz, Elias, *The Slaughter of the Jews in the Ukraine in 1919*, New York 1921

Heilbronner, Oded »The Role of Nazi Antisemitism in the Nazi Party's Activity and Propaganda. A Regional Historiographical Study«, in: *Jahrbuch Leo Baeck Institut* 35 (1990)

Heresch, Elisabeth, *Geheimakte Parvus. Die gekaufte Revolution*, München 2000

Herz, Rudolf/Halfbrodt, Dirk, *Revolution und Fotografie. München 1918/19*, Berlin 1988

Herzl, Theodor, *Der Judenstaat. Versuch einer modernen Lösung der Judenfrage*, Zürich 1988 (Erstausgabe 1896)

Hess, Wolf Rüdiger (Hrsg.), *Rudolf Hess. Briefe 1908–1933*, München/Wien 1987

Heuss, Theodor, *Hitlers Weg. Eine Schrift aus dem Jahre 1932*, hrsg. von Eberhard Jäckel, Stuttgart 1968

Heydecker, Joe J., *Der große Krieg 1914–1918*, Frankfurt a. M./Berlin 1988

Hilberg, Raul, *Die Vernichtung der europäischen Juden*, 3 Bde., Frankfurt a. M. 1990

Hildebrand, Klaus, *Deutsche Außenpolitik 1933–1945. Kalkül oder Dogma?*, Stuttgart u. a. 1980

Hillgruber, Andreas (Hrsg.), *Staatsmänner und Diplomaten bei Hitler*, Bd. II, Frankfurt a. M. 1970

Hillgruber, Andreas, »Die ›Endlösung‹ und das deutsche Ostimperium als Kernstück des rassenideologischen Programms des Nationalsozialismus«, in: ders., *Deutsche Großmacht und Weltpolitik im 19. und 20. Jahrhundert*, Düsseldorf 1977, S. 252 ff.

Hillgruber, Andreas, »Rietzlers Theorie eines kalkulierten Risikos und Bethmann-Hollwegs politische Konzeption in der Juli-Krise von 1914«, in: ders., *Deutsche Großmacht und Weltpolitik im 19. und 20 Jahrhundert*, Düsseldorf 1977, S. 91 ff.

Hillmayr, Heinrich, *Roter und Weißer Terror in Bayern nach 1918. Ursachen, Erscheinungsformen und Folgen der Gewalttätigkeiten im Verlauf der revolutionären Ereignisse nach dem Ende des Ersten Weltkrieges*, München 1974

Hitler, Adolf, *Der Hitler-Prozess 1924, Wortlaut der Hauptverhandlung vor dem Volksgericht München I*, hrsg. und kommentiert von Lothar Gruchmann und Reinhard Weber unter Mitarbeit von Otto Gritschneder, 4 Bde. München 1996–1999

Hitler, Adolf, *Mein Kampf,* Boston 1943

Hitler, Adolf, *Mein Kampf,* München 1939

Hitler, Adolf, *Mein Kampf. Eine Abrechnung,* München 1925

Hitler, Adolf, *Monologe im Führerhauptquartier 1941–1944. Die Aufzeichnungen Heinrich Heims.* Hrsg. v. Werner Jochmann, Hamburg 1980

Hitler, Adolf, *Reden. Schriften. Anordnungen. Februar 1925 bis Januar 1933,* 5 Bde. (13 Teilbände), hrsg. vom Institut für Zeitgeschichte, München u. a. 1992–1996

Hitler, Adolf, *Sämtliche Aufzeichnungen 1905–1925,* hrsg. von Eberhard Jäckel und Axel Kuhn, Stuttgart 1980

Hitler, Adolf, *The Speeches of Adolf Hitler, April 1922–August 1939,* hrsg. von: Baynes, Norman H., London/New York/ Toronto 1942

Hitler. Reden und Proklamationen 1932–1945, hrsg. von Max Domarus. Zwei Halbbände, Wiesbaden 1973

Hitlers Tischgespräche im Führerhauptquartier, hrsg. von Henry Picker, Frankfurt a. M. 1989

Hoegner, Wilhelm (erschienen unter dem Pseudonym Karl-Ulrich Gelberg), *Hitler und Kahr. Die bayrischen Napoleonsgrößen von 1923. Ein im Untersuchungsausschuß des Bayerischen Landtages aufgedeckter Justizskandal,* II. Teil, hrsg. vom Landeshauptausschuß der SPD in Bayern, München 1928

Hofer, Walter (Hrsg.), *Der Nationalsozialismus. Dokumente 1933–1945,* Frankfurt a. M. 1957

Hofmiller, Josef, *Revolutionstagebuch 1918/19,* Leipzig 1938

Huhn, Willy, *Der Etatismus der Sozialdemokratie. Zur Vorgeschichte des Nazifaschismus,* Nachdruck, Freiburg 2003

Hundt-Radowsky, Hartwig von, *Ueber die große preußische Verschwörung,* Germanien 1819

Hurwicz, E., »Die Weltexpansion des Bolschewismus. Versuch einer Prognose«, in: »Die Ausbreitung des Bolschewismus«, *Süddeutsche Monatshefte,* Leipzig/München April 1919

Irving, David, *Hitlers Krieg. Die Siege 1939–1942,* München/ Berlin 1983

Jäckel, Eberhard u. a. (Hrsg.), *Enzyklopädie des Holocaust. Die Verfolgung und Ermordung der europäischen Juden,* München 1998

Jäckel, Eberhard, *Hitlers Weltanschauung. Entwurf einer Herrschaft,* Tübingen 1969

Jacob, Benno, *Krieg, Revolution und Judentum,* Berlin 1919

Jakowlew, Alexander N., *Ein Jahrhundert der Gewalt in Sowjetrussland,* Berlin 2002

Jesse, Eckhard/Backes, Uwe/Zitelmann, Rainer (Hrsg.), *Die Schatten der Vergangenheit: Impulse zur Historisierung des Nationalsozialismus,* Frankfurt a. M./Berlin 1992

Jetzinger, Franz, *Hitlers Jugend. Phantasien, Lügen – und die Wahrheit,* Wien 1956

Joachimsthaler, Anton, *Hitlers Weg begann in München 1913– 1923,* München 2000

Jung, Rudolf, *Der nationale Sozialismus. Seine Grundlage, sein Werden, seine Ziele,* Aussig 1919

Kampmann, Wanda, *Deutsche und Juden. Studien zur Geschichte des deutschen Judentums,* Heidelberg 1963

Karl, Josef, *Die Schreckensherrschaft in München und Spartakus im bayerischen Oberland,* München 1919

Kautsky, Karl, *Die Internationale und Sowjetrussland,* Berlin 1925

Keil, Lars-Broder/Kellerhoff, Sven Felix, *Deutsche Legenden. Vom »Dolchstoß« und anderen Mythen der Geschichte,* Berlin 2002

Kershaw, Ian, *Hitler,* Bd. I: *1889–1936,* Bd. II: *1936–1945,* Stuttgart 1998/2000

Kessler, Harry Graf, *Tagebücher 1918–1937,* Frankfurt a. M. 1961 (hier Eintrag vom 20. 1. 1919)

Keynes, John Maynard, *Die wirtschaftlichen Folgen des Friedensvertrages,* München/Leipzig 1920

Koenen, Gerd, »Überprüfungen an einem ›Nexus‹. Der Bolschewismus und die deutschen Intellektuellen nach Revolution und Weltkrieg 1917–1924«, in: *Tel Aviver Jahrbuch für deutsche Geschichte,* Tel Aviv 1995, S. 359ff.

Koeppen, Werner, *Herbst 1941 im »Führerhauptquartier«. Berichte Werner Koeppens an seinen Minister Alfred Rosenberg,* hrsg. und kommentiert von Martin Vogt, Koblenz 2002

Köhler, Henning, *Novemberrevolution und Frankreich. Die französische Deutschland-Politik 1918–1919,* Düsseldorf 1980

Kolb, Eberhard, *Der Frieden von Versailles,* München 2005

Kritzer, Peter, *Die bayerische Sozialdemokratie und die bayerische Politik in den Jahren 1918 bis 1923,* München 1969

Kroll, Frank-Lothar, *Utopie als Ideologie. Geschichtsdenken und politisches Handeln im Dritten Reich,* Paderborn 1998

Kubizek, August, *Adolf Hitler, mein Jugendfreund,* Graz/Göttingen 1953

Kühlwein, Klaus, *Warum der Papst schwieg. Pius XII. und der Holocaust,* Düsseldorf 2008

Kühn, Erich, *Die Gefahr des Bolschewismus,* München 1920

Lamm, Hans (Hrsg.), *Vergangene Tage. Jüdische Kultur in München,* München/Wien 1982

Landauer, Gustav, *Sein Lebenswerk in Bildern,* Frankfurt a. M. 1929

Langemann, Ludwig, *Der deutsche Zusammenbruch und das Judentum,* München 1919

Large, David Clay, *Hitlers München. Aufstieg und Fall der Hauptstadt der Bewegung,* München 1998

Lazitch, Branko, *Lenin and the Comintern,* vol. I, Stanford 1973

Lee, Albert, *Henry Ford and the Jews,* New York 1980

Lehmann, Dirk, »Die Erfindung des ›Kapitalismus‹. Hundert Jahre deutscher Antikapitalismus«, in: *Prodomo,* Nr. 2, Februar 2006

Lenin, Wladimir Iljitsch, *Ausgewählte Werke,* Bd. I, Berlin (Ost) 1961

Leviné, Eugen, *Ahasver Skizzen. Rede vor Gericht und anderes*, Berlin 1925

Liek, Walter, *Der Anteil des Judentums am Zusammenbruche Deutschlands*, München 1919

Longerich, Peter (Hrsg.), *Die Ermordung der europäischen Juden. Eine umfassende Dokumentation des Holocaust*, München 1989

Longerich, Peter, *Heinrich Himmler. Biographie*, München 2008

Longerich, Peter, *Politik der Vernichtung. Eine Gesamtdarstellung der nationalsozialistischen Judenvernichtung*, München 1998

Mallmann, Klaus-Michael (Hrsg.), *Deutsche, Juden, Völkermord. Der Holocaust in Geschichte und Gegenwart*, Darmstadt 2006

Mallmann, Klaus-Michael, *Kommunisten in der Weimarer Republik*, Darmstadt 1996

Mann, Thomas, *Briefe 1989–1936*, hrsg. v. Erika Mann, Frankfurt a. M. 1995

Mann, Thomas, *Tagebücher*, hrsg. v. Peter de Mendelsohn, Frankfurt a. M. 1979

Marr, Wilhelm, *Der Sieg des Judenthums über das Germanenthum – Vom nicht confessionellen Standpunkt aus betrachtet*, Berlin 1879

Maser, Werner, *Der Sturm auf die Republik*, Stuttgart 1973

Maser, Werner, *Hitlers Briefe und Notizen. Sein Weltbild in handschriftlichen Dokumenten*, Graz/Stuttgart 2002

Mayer, Michael, »NSDAP und Antisemitismus 1919–1933«, in: *Münchner Wirtschaftswissenschaftliche Beiträge*, Heft Juli 2002

Meining, Stefan, »Wege an die Isar«, in: Bokovoy, Douglas/ Meining, Stefan (Hrsg.), *Versagte Heimat. Jüdisches Leben in Münchens Isarvorstadt 1914–1945*, München 1994

Meinl, Susanne, »›Das gesamte bewegliche und unbewegliche Vermögen der in Deutschland aufhältlichen Angehörigen des jüdischen Volkstammes ist beschlagnahmt.‹ Antisemitische Wirtschaftspropaganda und völkische Diktatur-pläne in den ersten Jahren der Weimarer Republik«, in: »*Arisierung« im Nationalsozialismus. Volksgemeinschaft, Raub und Gedächtnis. Jahrbuch 2000 zur Geschichte und Wirkung des Holocaust,* hrsg. vom Fritz Bauer Institut, Stuttgart

Merz, Kai-Uwe, *Das Schreckbild. Deutschland und der Bolschewismus 1917–1921,* Frankfurt a. M./Berlin 1995

Messerschmidt, Manfred, »Juden im preußisch-deutschen Heer«, in: *Deutsche jüdische Soldaten 1914–1945.* Hrsg. vom Militärgeschichtlichen Forschungsamt, Bonn 1982

Mitchell, Allan, *Revolution in Bayern 1918/1919. Die Eisner-Regierung und die Räterepublik,* München 1967

Mühsam, Erich, *Alarm. Manifeste aus zwanzig Jahren. Manifeste und Gedichte aus der Reihe Dichter und Rebellen,* Bd. 1, Berlin 1925

Mühsam, Erich, *Tagebücher 1910–1924,* hrsg. v. Chris Hirte, München 1995 (hier S. 190)

Mühsam, Erich, *Von Eisner bis Leviné,* Berlin 1929

Musial, Bogdan, »*Konterrevolutionäre Elemente sind zu erschießen«. Die Brutalisierung des deutsch-sowjetischen Krieges im Sommer 1941,* Berlin/München 2000

Niedhart, Gottfried, *Deutsche Geschichte 1918–1933. Politik in der Weimarer Republik und der Sieg der Rechten,* Stuttgart 1996

Nimtz, Walter, *Die Novemberrevolution 1918 in Deutschland,* Berlin 1965

Nolte, Ernst, *Der europäische Bürgerkrieg 1917–1945,* München 1987

Nolte, Ernst, *Der Faschismus in seiner Epoche,* München 1963

Nolte, Ernst, *Die Weimarer Republik. Demokratie zwischen Lenin und Hitler,* München 2006

Noske, Gustav, »Die Abwehr des Bolschewismus 1918/19«, in: *Zehn Jahre deutsche Geschichte,* Berlin 1928

Noske, Gustav, *Erlebtes aus Aufstieg und Niedergang einer Demokratie,* Offenbach 1947

Noske, Gustav, *Von Kiel bis Kapp. Zur Geschichte der deutschen Revolution,* Berlin 1920

Nove, Alec/Newth, J. A., »The Jewish Population. Demographic Trends and Occupational Patterns«, in: *The Jews in Soviet Russia since 1917,* hrsg. v. Lionell Kochan, Oxford 1978

Paape, Walther, *Drum haben wir ein Tempelhaus gegründet. Der Neutemplerorden (Ordo Novi Templi, ONT) des Lanz von Liebenfels und sein Erzpriorat Staufen in Dietfurt bei Sigmaringen,* Meßkirch 2007

Pauwels, Louis/Bergier, Jacques, *Aufbruch ins dritte Jahrtausend. Von der Zukunft der phantastischen Vernunft,* Bern/München 1962

Peter, Matthias, *John Maynard Keynes und die britische Deutschlandpolitik. Machtanspruch und ökonomische Realität im Zeitalter der Weltkriege 1919–1946. Studien zur Zeitgeschichte,* Diessen 1997

Piper, Ernst, *Alfred Rosenberg. Hitlers Chefideologe,* München 2005

Pipes, Richard, »Jews and the Russian Revolution«, in: *Polin,* vol. 9 (1999)

Plewnia, Margarethe, *Auf dem Weg zu Hitler. Der »völkische« Publizist Dietrich Eckart,* Bremen 1970

Pohl, Dieter, *Verfolgung und Massenmord in der NS-Zeit 1933–1945,* Darmstadt 2003

Pommerin, Rainer, »Die Ausweisung von ›Ostjuden‹ aus Bayern 1923«, in: Bokovoy, Douglas/Meining, Stefan (Hrsg.), *Versagte Heimat. Jüdisches Leben in Münchens Isarvorstadt 1914–1945,* München 1994, S. 75 ff.

Pranckh, Hans von (Hrsg.), *Der Prozeß gegen den Grafen Anton Arco-Valley, der den bayerischen Ministerpräsidenten Kurt Eisner erschossen hat,* München 1929

Pretzsch, Paul (Hrsg.), *Houston Stewart Chamberlain. Briefe 1882–1924 und Briefwechsel mit Kaiser Wilhelm II.,* München 1928

Protokoll des Gründungsparteitages der Kommunistischen Par-

tei Deutschlands (30. Dezember 1918–1. Januar 1919). Hrsg. vom Institut für Marxismus-Leninismus beim ZK der SED, Berlin (Ost) 1972

Reinhardt, Klaus, *Die Wende vor Moskau. Das Scheitern der Strategie Hitlers im Winter 1941/42*, Stuttgart 1972

Reuth, Ralf Georg, *Goebbels. Eine Biographie*, München/Zürich 1990

Reuth, Ralf Georg, *Hitler. Eine politische Biographie*, München/Zürich 2003

Reuth, Ralf Georg, »Woher kam Hitlers Judenhass?« In: Wabbel, Tobias Daniel (Hrsg.), *Das Heilige Nichts. Gott nach dem Holocaust*, Düsseldorf 2007, S. 114 ff.

Ribbentrop, Joachim von, *Zwischen London und Moskau*, Leoni am Starnberger See 1961

Rindl, Peter, *Der internationale Kommunismus*, München 1961

Rogalla von Bieberstein, Johannes, *»Jüdischer Bolschewismus«. Mythos und Realität*, Dresden 2002

Röhl, John C. G., *Wilhelm II. Der Weg in den Abgrund, 1900–1941*, München 2008

Römer, Felix, *Der Kommissarbefehl. Wehrmacht und NS-Verbrechen an der Ostfront 1941/42*, Paderborn/München/Wien/Zürich 2008

Rosenbaum, Ron, *Die Hitler-Debatte*, München 1999 (hier S. 535)

Rosenberg, Alfred, *Die Protokolle der Weisen von Zion und die jüdische Weltpolitik*, München 1924

Rosenberg, Arthur, *Entstehung und Geschichte der Weimarer Republik*. Hrsg. und eingeleitet von Kurt Kersten, Frankfurt a. M. 1983

Rühs, Friedrich, *Über die Ansprüche der Juden auf das deutsche Bürgerrecht*, Berlin 1815

Sammet, Rainer, *»Dolchstoß«. Deutschland und die Auseinandersetzung mit der Niederlage im Ersten Weltkrieg (1918–1933)*, Berlin 2003

Sammons, Jeffrey L., *Die Protokolle der Weisen von Zion. Die Grundlage des modernen Antisemitismus – eine Fälschung. Text und Kommentar,* Göttingen 1998

Schacht, Hjalmar, *Abrechnung mit Hitler,* Hamburg/Stuttgart 1948

Schade, Franz, *Kurt Eisner,* Hannover 1961

Schivelbusch, Wolfgang, *Die Kultur der Niederlage. Der amerikanische Süden 1865, Frankreich 1871, Deutschland 1918,* Berlin 2001

Schmoll, Friedemann, »Die Verteidigung organischer Ordnungen: Naturschutz und Antisemitismus zwischen Kaiserreich und Nationalsozialismus«, in: Radkau, Joachim/Uekötter, Frank (Hrsg.), *Naturschutz und Nationalsozialismus,* Frankfurt a. M. 2003, S. 169 ff.

Schmolze, Gerhard (Hrsg.), *Revolution und Räterepublik in München 1918/19 in Augenzeugenberichten,* München 1978

Schüddekopf, Otto-Ernst, *Nationalbolschewismus in Deutschland 1918–1933,* Frankfurt a. M./Berlin/Wien 1973

Schulze, Hagen, *Weimar. Deutschland 1917–1933, Die Deutschen und ihre Nation,* o. O. 1982

Schwilk, Heimo, *Ernst Jünger. Ein Jahrhundertleben. Die Biographie,* München/Zürich 2007

Sigmund, Anna Marie, *Des Führers bester Freund. Adolf Hitler, seine Nichte Geli Raubal und der »Ehrenarier« Emil Maurice – eine Dreiecksbeziehung,* München 2003

Sloterdijk, Peter, *Zorn und Zeit. Politisch-psychologischer Versuch,* Frankfurt a. M. 2006

Solleder, Fridolin (Hrsg.), *Vier Jahre Westfront. Die Geschichte des Regiments List. Reserve-Infanterie-Regiment 16,* München 1932

Solschenizyn, Alexander, *Zweihundert Jahre zusammen. Die Juden in der Sowjetunion,* München 2003

Sombart, Werner, *Die Juden und das Wirtschaftsleben,* Leipzig 1911

Sommer, Theo, »Deutschland und Japan zwischen den Mächten 1935–1940«, in: *Tübinger Studien zur Geschichte und Politik,* Nr. 15, hrsg. v. Hans Rothfels u. a., Tübingen 1962

Spengler, Oswald, *Der Untergang des Abendlandes. Umrisse einer Morphologie der Weltgeschichte,* München 1920

Spengler, Oswald, *Preußentum und Sozialismus,* München 1919

Streicher, Julius, *Mein Bekenntnis, Mondorf in Luxemburg, Sommer 1945,* zit. nach: Baird, Jay W., »Das politische Testament Julius Streichers«, in: *Vierteljahreshefte für Zeitgeschichte* 26 (1978)

Stresemann, Gustav, *Von der Revolution bis zum Frieden von Versailles,* Berlin 1919

Striefler, Christian, *Kampf um die Macht,* Berlin 1993

Syring, Enrico, *Hitler. Seine politische Utopie,* Berlin 1994

Szajkowski, Zosa, *Jews, Wars and Communism,* vol. II, New York 1974

Thies, Jochen, *Architekt der Weltherrschaft. Hitlers Endziele,* Königstein 1976

Tilly, Michael, »Die ›Protokolle der Weisen von Zion‹ und der Mythos der jüdischen Weltverschwörung«, in: *Sachor. Beiträge zur jüdischen Geschichte* 19 (2000), S. 67 ff.

Toland, John, *Adolf Hitler,* Bergisch-Gladbach 1977

Toller, Ernst, *Eine Jugend in Deutschland,* Amsterdam 1933

Toller, Ernst, »Eine Jugend in Deutschland«, in: *Gesammelte Werke,* Bd. IV, hrsg. von John M. Spalek und Wolfgang Frühwald, München 1978

Toussenel, Alphonse, *Les Juifs, rois de l'époque. Histoire de la féodalité financière,* Paris 1847

Treue, Wilhelm, »Hitlers Denkschrift zum Vierjahresplan 1936«, in: *Vierteljahreshefte für Zeitgeschichte* 3 (1955)

Troeltsch, Ernst, *Die Fehlgeburt einer Republik. Spektator in Berlin 1918 bis 1922.* Zusammengestellt und mit einem Nachwort versehen von J. H. Claussen, Frankfurt a. M. 1924

Tyrell, Albrecht, *Vom »Trommler« zum »Führer«. Der Wandel von Hitlers Selbstverständnis zwischen 1919 und 1924 und die Entwicklung der NSDAP,* München 1975

Ueberschär, Gerd R./Wette, Wolfram (Hrsg.), *Der deutsche Überfall auf die Sowjetunion,* Frankfurt a. M. 1991

Versailles 1919. Aus der Sicht von Zeitzeugen. Mit Beiträgen von Sebastian Haffner, Lloyd George, Ernst Jünger u. a., München 2002

Victor, Walter, *Marx und Heine,* Berlin 1970

Wagener, Otto, *Hitler aus nächster Nähe. Aufzeichnungen eines Vertrauten 1929–1932,* hrsg. v. Henry Ashby Turner. Frankfurt a. M. u. a. 1978

Walter, Dirk, *Antisemitische Kriminalität und Gewalt. Judenfeindschaft in der Weimarer Republik,* Bonn 1999

Weber, Hans, *Das Gefangenenlager Traunstein 1914–1918,* Traunstein 1924

Wehler, Hans-Ulrich, *Deutsche Gesellschaftsgeschichte,* Bd. 4: *Vom Beginn des Ersten Weltkrieges bis zur Gründung der beiden deutschen Staaten 1914–1949,* München 2003

Wenzel, Otto, *1923. Die gescheiterte deutsche Oktoberrevolution. Diktatur und Widerstand,* hrsg. von Manfred Wilke, Bd. 7, Münster 2003

Wiedemann, Friedrich, *Der Mann, der Feldherr werden wollte. Erlebnisse und Erfahrungen des Vorgesetzten Hitlers im I. Weltkrieg und seines späteren persönlichen Adjudanten,* Velbert/Koblenz 1964

Wiener, Alfred, *Vor Pogromen? Tatsachen für Nachdenkliche,* Berlin 1919

Wildt, Michael (Hrsg.), *Die Judenpolitik des SD 1935 bis 1938. Eine Dokumentation,* München 1995

Wilke, Johann Hermann, *Die Weltrevolution – Deutschlands Erhebung. Die Weissagungen von Lehnin bis Lenin im Lichte ihrer Erfüllung,* Werder an der Havel 1920

Winkler, Heinrich August, »Die deutsche Gesellschaft der Weimarer Republik und der Antisemitismus – Juden als ›Blitzableiter‹«, in: Benz, Wolfgang/Bergmann, Werner, *Vorurteil und Völkermord,* Freiburg i. Br. 1997, S. 341 ff.

Wippermann, Wolfgang/Mecklenburg, Jens (Hrsg.), »*Roter*

Holocaust«? Kritik des Schwarzbuchs des Kommunismus, Hamburg 1998

Wörner, Hansjörg, »Rassenwahn – Entrechtung – Mord«, in: *Zeitgeschehen. Erlebte Geschichte – Lebendige Politik,* hrsg. v. Elmar Krautkrämer und Paul-Ludwig Weinacht, Freiburg i. Br. 1981

Wulle, Reinhold, *Das Schuldbuch der Republik,* Rostock 1932

Zitelmann, Rainer, *Hitler. Selbstverständnis eines Revolutionärs,* Stuttgart 1991

Hinweise auf genutzte Archivalien, Zeitungen und Zeitschriften finden sich in den Anmerkungen dieses Buches.

Personenregister

Altenberg, Jakob 27
Amann, Max 38, 142, 144
Andrejew, Leonid 121
Apfelbaum *siehe* Sinowjew,
  Grigori J.
Arco auf Valley, Anton von
  80–82, 248
Arendt, Hannah 13
Auer, Erhard 81, 83, 232
Auerbach, Hellmuth 138
Austerlitz, Friedrich 23, 101
Axelrod, Towia 92, 95, 101,
  129, 132f.

Backes, Uwe 10
Baldwin, Neil 212
Ballin, Albert 32
Bauer, Yehuda 12
Baumann, Albert 183
Beek, Gottfried zur *siehe*
  Müller von Hausen, Ludwig
Bell, Johannes 167
Bendt, Oberleutnant 140
Berger, Ernst 125
Bernstein, Eduard 52, 164,
  213

Bethmann Hollweg, Theobald
  von 121
Bismarck, Otto von 167
Blavatsky, Helena 200
Bloch, Eduard 29f.
Blum, Léon 280
Bormann, Martin 306f.
Bothmer, Karl Ludwig von 79,
  139, 161–163, 165f., 181
Brandmayer, Balthasar 37, 39f.,
  42f.
Brasil, Boris 222
Braunstein *siehe* Trotzki, Leo D.
Broszat, Martin 10, 16
Brüning, Heinrich 267
Bucharin, Nikolai I. 237
Buchner, Karl 106
Bulaschow, Dimitri 60
Bullock, Allan 17–19, 23, 29,
  40, 51, 64, 100, 147, 207, 231,
  255, 295, 312
Burckhardt, Carl Jacob 294
Butterfaß, Ludwig 43

Chamberlain, Houston Stewart
  25, 202–204, 250

Bildnachweis

Der Verlag hat sich bemüht, die Rechtegeber ausfindig zu machen. In einigen Fällen ist dies leider nicht gelungen. Für Hinweise sind wir dankbar.

akg: Seiten 33, 39, 47, 126, 155, 159, 200, 213, 243, 313
Bayerische Staatsbibliothek, München: Seiten 132f.
corbis: Seite 85
Egon Fein, München: Seite 41
Gerd Heidemann, Hamburg: Seite 88
Preußischer Kulturbesitz / Staatsbibliothek zu Berlin (bpk / SBB): Seite 196
ullstein: Seiten 37, 71, 273, 292

PIPER

Ralf Georg Reuth
Hitler

Eine politische Biographie. 688 Seiten mit zahlreichen
s/w-Abbildungen. Piper Taschenbuch

Ralf Georg Reuth zieht in dieser politischen Biographie
klare Linien, macht Zusammenhänge sichtbar. Bislang
unbeachtete Quellen werden erschlossen, um ein schärfer
konturiertes Bild Hitlers zu zeichnen. Ohne die unverstandene Niederlage im Ersten Weltkrieg, ohne Novemberrevolution und ohne die Demütigung von Versailles kein Hitler.
Denn nur im Chaos jener Nachkriegszeit formte sich seine
Weltanschauung, in der sich unterschwelliger Antisemitismus, bürgerliche Ängste vor dem Bolschewismus und
den Folgen von Versailles zu einem monströsen Bedrohungsszenario verdichteten. Konsequent sieht Reuth
Hitler als einen Getriebenen, der eine ganz andere, neue
Mission glaubte erfüllen zu müssen: Die »Rettung der
Welt vor dem Judentum und dem Bolschewismus«, die er
miteinander gleichsetzte. Diesem Ziel hat Hitler alles
untergeordnet, Innen- und Außenpolitik, auch den Krieg,
dafür mobilisierte und mißbrauchte er die Deutschen.
Deshalb befal er 1941 die »Endlösung«: Der Mord an
den Juden als Kompensation des militärischen Scheiterns.

01/1102/02/L